국제관계연구총서 XI

외 교 론

| 권 선 홍 외 공저 |

부산외국어대학교 출판부

국제관계연구총서 XI

외교론

2009년 2월 28일 초판 발행

저　자/ **성병욱 · 권선홍 · 고홍근 · 황영주 · 김호준 · 손기섭**

발행인/ **유선규**
발행처/ **부산외국어대학교 출판부**
등　록/ 제 카7-53호 (1988. 9. 1.)
주　소/ 608-738 부산광역시 남구 우암동 산 55-1
전　화/ 051)640-3439, 3440　팩스/ 051)640-3580
인터넷/ http://press.pufs.ac.kr
편　집/ 주간 · 김수환, 디자인 · 배영수
인쇄처/ 세종문화사 (051)463-5898
공급처/ 한국출판협동조합 (02)716-5616~9

ISBN 978-89-8312-315-2 94340

값 10,000원

책머리에

외교라는 말은 일상생활에서 자주 쓰는 용어이지만, 그 의미와 내용은 시대와 장소에 따라 차이가 있다는 사실에 유의할 필요가 있다. 사회과학의 용어들이 대부분 그러하듯이, 외교라는 용어도 적지 않게 논쟁적인 것이라 하겠다. 그러함에도 외교에 대한 학술적 관심이나 연구가 그리 활발하다고 보이지는 않는다. 서구문명권에서 자라난 외교라는 용어는 서구열강의 전세계적 팽창과 함께, 세계 전역으로 확산되어 널리 사용하기에 이르렀다. 유교문명권에서는 1870년대 이후 본격적으로 수용되기 시작하였으나, 그때까지 사용하여왔던 외교라는 낱말은 이와는 전혀 다른 의미를 지녔던 것이다. 여러 문명권들의 외교에 대한 비교분석이 매우 필요한 과제임을 강조하고자 한다.

이 책은 국제관계 연구총서 11번째 결과물이다. 연구총서를 발간한지 어느덧 11년이 지나갔다. 아쉬움이 적지 않기에, 좀 더 분발하자고 다짐해본다.

몇 년 전에 주요 문명권의 전쟁과 정치권력 문제를 연구총서로 각각 발간한데 이어, 이번에는 외교 문제에 관한 글들을 엮어보았다. 외교의 개념을 다룬 서장에 이어, 1부에서는 유교문명권과 힌두문명권의 외교를 살펴보았다. 중세 유럽과 르네상스 이탈리아의 외교를 2부에서 다루었고, 마지막 3부에서는 미국과 일본의 외교에 대해 알아보았다.

기초적인 분야에 대한 연구가 부진한 우리 사회에 조그마한 자극과 도움이 되기를 기대한다. 물론 부족한 점도 적지 않으리라 생각한다. 독자 여러분의 가르침을 받아, 앞으로 더 나은 내용으로 다듬어 나가고자 한다. 또한 고대 그리스나 로마시대, 비잔틴제국 그리고 이슬람 문명권 등의 외교에 관한 글을 함께 싣지 못하여 아쉽게 생각한다.

끝으로 해당 분야의 글을 집필하여 주신 여러 교수님들께 감사드리며, 이 책의 발간에 도움을 주신 학교 당국과 출판·인쇄를 맡아주신 관계자 여러분께도 감사드린다. 아울러 연구소의 연구원으로 여러 수고를 아끼지 않는 성병욱 박사에게도 고마운 뜻을 전한다.

2009년 2월

부산외국어대학교 국제관계연구소장

권 선 홍

차례

책머리에

외교의 의미 | **성병욱**

Ⅰ. 서 론 ········· 9
Ⅱ. 외교개념의 다의성 ········· 12
Ⅲ. 외교양상의 변화 ········· 20
Ⅳ. 세계화시대의 외교 ········· 27
Ⅴ. 결 론 ········· 35

제1부 비서구문명권의 외교

유교문명권의 외교 | **권선홍**

Ⅰ. 머리말 ········· 43
Ⅱ. 외교 개념 ········· 49
Ⅲ. 외교 규범 ········· 58
Ⅳ. 외교 제도 ········· 74
Ⅴ. 맺음말 ········· 80

힌두문명권의 외교 | **고홍근**

Ⅰ. 들어가면서 …… 89
Ⅱ. 라-자만달라(Rājamandala; Circle of Kings) …… 93
Ⅲ. 국력: 샥띠(Shakti) …… 97
Ⅳ. 외교 …… 105
Ⅴ. 마치면서 …… 119

제2부 서양외교의 변천

중세 유럽에서의 외교: 정치적 주체와 객체의 부재 | **황영주**

Ⅰ. 서 론 …… 125
Ⅱ. 하나의 사회와 중첩된 주체 …… 128
Ⅲ. 교황의 사절에서 군주의 사절로 …… 135
Ⅳ. 정치적 주체와 객체의 부재 …… 148
Ⅴ. 결 론 …… 152

르네상스 이탈리아 외교의 성격: 근대 외교와의 관계를 중심으로 | **황영주**

Ⅰ. 서론 …… 157
Ⅱ. 여러 가지 혼재성(complexity) …… 161
Ⅲ. 상주사절제도의 등장, 임무 및 확장 …… 169
Ⅳ. 국가이성과 국가체제의 부재 …… 178
Ⅴ. 결론 …… 183

제3부 미국과 일본의 외교

21세기 미국의 외교 | **김호준**

Ⅰ. 일극체제와 미국의 파워 189
Ⅱ. 미국외교의 목표 193
Ⅲ. 미국의 선택 199
Ⅳ. 미국외교의 평가 206

일본의 외교 : 미중일관계의 정치역학 | **손기섭**

Ⅰ. 머리말 219
Ⅱ. 일본 외교정책의 결정요인과 주요 행위자 222
Ⅲ. 일본 외교의 근간 구도로서의 미일동맹 224
Ⅳ. 일본외교에서의 중일관계의 전환 235
Ⅴ. 후쿠다 정권의 외교정책 245
Ⅵ. 맺음말 248

외교의 의미*

성 병 욱

Ⅰ. 서 론

외교는 인류 역사의 시작과 더불어 매우 긴 역사를 갖고 있다. 외교는 어느 한 순간에 시작하여 어느 한 순간에 끝나는 그런 성질의 것이 아니다. 이 세상에 국가가 존재하고 이들이 외부 세계와의 관계를 단절하지 않는 한, 계속되는 것이 바로 외교이다. 외교는 인류 역사가 존재하는 한 지속성을 갖게 된다.

외교는 국가가 국제정치무대에서 그 정치적 목적을 달성하기 위하여 사용할 수 있는 수단 중 가장 일반적이고 평화적인 방법으로 자국이 기대하는 목적을 달성하려는 행위 중의 하나이다. 상호의존적인 국제사회에서 한 나라의 국가정책인 외교정책을 달성하기 위해 각국은 타국의 영향을 미치는 수단과 방법을 선택하고 추진한다.

---

* 이 글은 동아시아국제정치학회 "외교의 의미와 변천: 전통시대에서 현재의 외교까지," 『국제정치연구』 제10집 2호(2007)에 실린 논문을 보완한 글이다.

외교는 국제적 정치 환경에서 국가와 세계와의 관계를 매개하는 기능을 영위하는 것이며, 한 국가의 대외적 협상의 통로라고 할 수 있기 때문에 외교는 교섭에 의한 국가 간 관계의 처리를 말한다. 또한 외교는 외교관들의 국제적 활동뿐만 아니라, 한 나라가 다른 나라에 대한 관계 또는 사무를 처리하는 방법이나 기술을 말한다. 이러한 외교는 방법에 있어 교섭에 의한 것이기 때문에 가능한 알력을 최소한으로 줄여 최대한의 국가적 이익을 추구하는 방법이나 기술이라 할 수 있다.[1)]

외교는 국제법상 국가로 승인된 주권을 가진 독립 국가들이 등장하여 국제정치의 수단으로 더욱 다양하게 전개되었다. 국가 간의 상호작용이나 관계가 복잡하고 다양하여 국제사회의 정치, 군사, 경제 등 여러분야가 더욱 발전되면서 외교는 다양한 형태로 변화하여 전개되었다. 지금까지 외교의 의미는 너무 확대되어 한 국가의 외교정책 또는 외교정책 목표뿐만 아니라 다른 국가와의 우호 및 협력관계의 증진, 국가 간의 분쟁해결 등을 위해 국가의 관리가 국가의 이름으로 행하는 모든 대외행위[2)]를 의미하게 되었다.

정보화나 세계화에 의한 국제사회의 급속한 변화는 세계정치뿐만 아니라 외교를 새로운 시각에서 바라보지 않을 수 없게 되었다. 오늘날 세계는 정보화의 발달과 세계화로 하나의 마을처럼 가까워져 지구촌 곳곳에서 일어나는 일이 다른 나라의 사람들이 영향을 받게 되었다. 국가나 집단은 물론이고 개인마저도 국제사회의 중요

1) 정인흥 외, 『정치학대사전』(서울: 박영사, 1984), p.1084.
2) 송영우, 『현대외교론』(서울: 평민사, 1998), p.22.

한 행위자로 등장하여 외교가 더욱 변화된 모습으로 인식되고 이해된다. 최근 세계화와 정보화가 진전되면서 개별 국가들에 있어 국민들의 해외활동은 날로 증가되어 외교나 통상의 전반에 대한 국민적 관심이 높아졌다. 따라서 국가뿐만 아니라 기업이나 시민사회단체와 같은 다양한 비국가행위자들(NGOs)이 외교 활동에 대한 참여 욕구가 날로 커져가고 있다.

이러한 시대적 변화는 결국 국민들의 공감이나 지지를 받지 못하는 외교는 성공할 수 없다는 인식이 널리 퍼지고, 외교정책에 대한 사전 의견 수렴과 국민적 지지 확보의 중요성이 더욱 부각되고 있다. 세계는 이러한 외교 환경의 변화에 적극 대응하여 국민과의 의사소통과 의견수렴을 위해 단기적이고 일방적인 메시지 전달에서 탈피하여 개방적인 자세로 국민의 참여에 의한 열린 외교의 실현을 위해 노력하고 있다. 변화하는 시대의 이러한 외교적 노력은 국민들의 알권리를 충족시키고, 주요 외교사안과 외교정책에 대한 국민들의 이해를 제고하기 위해 반드시 필요하다. 따라서 세계화나 정보화에 의해 국가의 역할이 감소되고, 지식과 정보기술의 발달 그리고 정치, 군사뿐만 아니라 확대되어 가는 다양한 이슈들이 중요하게 부각되어 국제정치에 패러다임을 변화시켜 이런 현상들이 외교양상에 많은 변화를 초래하고 있다.

외교는 시대의 변천에 따라 보는 시각과 논자에 의해 여러 가지 개념으로 사용될 수 있지만 외교라는 의미는 결코 불명확하고 애매모호한 개념이 아니다. 이러한 인식의 기반 위에서 이 글은 먼저 외교의 본질에 접근할 수 있도록 다양하게 쓰이고 있는 외교에 대한 개념을 정의해 보고, 외교의 양상이 고대에서 근래까지 어떻게 변천되어 왔는지를 살펴볼 것이다. 또한 오늘날 다양하게 행해지는 외교를 교섭의 수단이나 방법 등의 전통적인 의미만으로 설명하기 어려운 현재의 외교를 잘 이해하기 위해서 세계화시대의 외교의 형태를 분석하고 고찰할 것이다. 이러한 연구는 외교의 본질적 의미를 규정하여 다의적으로 사용되는 오늘날의 외교를 잘 이해하고 분석하는데 지식을 제공할 뿐만 아니라, 새로운 미래의 외교를 예측하거나 외교의 대안을 제시하는데 필요한 실마리를 제공해 주기 때문이다.

Ⅱ. 외교개념의 다의성

외교(diplomacy)는 사용자에 따라서 다양한 의미로 쓰이는 국제정치학 개념 중의 하나[3])로 지금까지 여러 가지 개념으로 사용되어 왔다. 외교는 외교정책이라는 의미로도 사용되고 국가 간의 분쟁을 해결하기 위한 교섭을 말하기도 하고, 교섭을 행하는 과정 및 기구나 대외업무를 담당하는 기관이라는 표현으로 사용되고 있다. 그 밖에 교섭에 의한 국제관계의 관리, 국가 간의 업무를 처리하는 기술 등 다양한 의미를 갖고 있다.

이러한 외교의 다양한 의미를 확인해 보자. 첫째, 외교를 정적인

3) James Der Derian, *On Diplomacy: A Genealogy of Western Estrangement*(London and New York: Basil Blackwell, 1987).

외교와 동적인 외교로 나누어 설명한다.[4] 먼저 오늘날 외교가 폭넓게 행해지고 있어 어떤 문제가 발생했을 때, 이 문제의 당사국들이 문제의 발생과 해결의 필요성을 같이 인지하고 호혜적이고 평등한 입장에서 문제의 해결을 위해 행하는 대외행위로서 교섭의 수단, 과정, 기술 등을 의미하는 정적인 측면의 외교가 있다. 또한 한 국가가 자국의 정책이나 목표를 실현하기 위해 그 대상이 되는 국가에 대해 행하는 모든 대외행위를 말하는 가령 정상외교, 핵외교, 다자외교 등과 같이 교섭의 한계를 훨씬 뛰어 넘는 정치적 성격을 띤 동적인 외교로 나눈다. 전자는 합리적이고 합법적으로 문제를 해결하려고 하고, 후자는 정치적 힘에 기초하여 자국의 목적을 달성하려는 대외행위를 말한다. 외교는 과거의 정적인 외교에서 시작해 동적인 외교로 발전하여 왔다.

둘째, 외교를 일상적 의미와 학문적 의미 그리고 정치적 의미로 구분하여 설명한다.[5] 먼저 사전적 용례에서 그 어의의 통념적 의미를 살펴보면, 외교를 의미하는 diplomacy는 라틴어의 diploma에서 연유하였다. diploma의 본래의 뜻은 '둘로 접은 서장'이다. 이것은 어느 지방이나 외국영토를 여행하는 사람에게 주는 나라의 추천장이다. 일반적으로 군주에 의하여 작성되고 발급된 문서로서 이 문서에는 그 소지자에게 일정의 특별한 친절과 호의 또는 특권을 보장하는 내용이 적힌 공문서장을 의미하여 공식문서나 조약집의 뜻으로 사용되었다. 이러한 어원을 갖는 외교는 교섭에 의하여 국제관계를

4) 송영우, 앞의 책, pp.21-22.

5) 김홍철, 『외교제도사』(서울: 민음사, 1985), pp.11-31.

유지하고 처리하는 일종의 기술이나 수완을 말하였다. 따라서 정정당당하고 품의를 지키면서 일의 공평하고 합리적 해결을 위해 취할 수 있는 언행의 정도를 존중하고 강조하였다. 경우에 따라서는 은밀하고 비공식적인 수단, 방법을 원용하여 떳떳하지 못할지라도 서로의 이익을 위한 것이라면 이를 호혜적으로 양보하고 활용하는 수단과 성질로서의 외교라는 것을 이해하게 된다. 그리고 외교의 학문적 정의내용을 학자들에 따라 구분해 보면, 세토우(Ernest Satow)경은 외교란 독립국가 간의 공적인 관계를 다루는데 원용되는 지략과 책모수완이라 하였다. 달리 표현하면, 평화적 방법에 의한 국가 간의 사업을 처리하는 일[6]이라고 정의하였다. 외교라는 것이 사실 국제관계의 운용관리나 국가 대외관계의 운용조화, 그리고 평화관계이든 적대관계이든 국민들이 서로 접촉하는 가운데 각기 정부와 국민의 이익을 획득하고 관리할 줄 아는 훌륭한 처리방식과 생각을 일깨워 주는 아주 복합적인 의미를 갖는 것으로 이해하기도 한다. 헤롤드 니콜슨(Harold Nicolson)은 옥스퍼드 영어사전『Oxford English Dictionary』의 개념 정의를 원용하여 외교를 협상에 의한 국제관계의 업무로서, 대사나 외교사절이 국제관계를 조정하고 관리하는 방법이며, 외교관들의 전문적인 일이며 기술[7]로 규정했다. 또한 외교란 본질적으로 주권국가 간의 교섭에 관한 조직적인 제도[8]라 하였다. 외교는 국가들을 대표하는 사람들 간의 협상행위로

6) 김홍철, 앞의 책, p.17. 재인용.
7) Harold Nicolson, *Diplomacy*, 3rd edition(London: Oxford University Press, 1963), p.15.
8) Harold Nicolson, *Peacemaking 1919*(Methuen & Co., Ltd., London 1943), pp.3-5.

정부와 정부 간의 직접적인 상호작용 행위이다. 따라서 이런 협상행위 과정에서는 상대방을 설득시키거나 이해시킬 뿐만 아니라, 때로는 상대방을 위협해서라도 국가의 외교정책 목표를 최대한 구현하는 다양한 협상기술과 형태들이 필요해진다. 카이에르(Philippe Cahier)는 대외정책과 외교를 구분하여 생각해야 한다는 입장을 취하면서 외교는 평화적 방법을 통하여 주로 교섭에 의하여 국제법의 문제대상과 관계되는 대외관계 사무를 지도하고 경영하는 수단[9])이라고 정의하였다. 플리슈케(Elmer Plischke)는 교섭에 의한 국제관계를 운영하고 처리하는 것, 정부 간의 커뮤니케이션을 위해 신임파견된 관원을 활용하는 것, 국제법에 준하여 파견된 신임 사절대표에 의한 주권국가 간의 사업을 취급하고 처리하는 기술 혹은 과학, 국제교류를 관장하고 처리하는 사업 또는 기술, 국제관계를 운영하고 처리하는 매너를 외교라 하였다. 따라서 외교는 전략과 더불어 정치의 유일한 기술로서 국가이익을 증진하기 위해 다른 나라와의 관계를 운영하고 처리하는 기술[10])이라 했다. 또한 외교의 정치적 의미는 국가 간의 공적 관계인 국제관계에 있어서 국가의 정치적 권익을 가장 평화적이고 합리적인 방법으로 보전하는 수단과 방편이라는 사실이다. 외교라는 낱말이 국가 간의 정치적 관계 운영의 총체적 절차과정을 지칭하는데 있는 것이고, 가장 보편적으로 사용되는 예는 국제정치의 한 방법으로서 원용하는데 있는 것이다. 외교

9) 김홍철, 앞의 책, p.19. 재인용.

10) Elmer Plischke, "Diplomacy-Search for Its Meaning"in Elmer Plischke ed., *Modern Diplomacy: The Art and The Artisans*(American Enterprise Institute for Public Policy Research, Washington D.C., 1979), pp.27-34.

란 대외정책 실시의 일차적 방법이고 국제관계 운용의 처리에 정상적 수단이며, 정부 간의 관계를 운영하는 사업인 동시에 국민국가들이 서로 평화관계에 있는 동안 각기 상호간의 정치문제와 기타 사업을 운영, 처리하는 절차도구라고 정의하거나 해석하는 것이다.[11)]

셋째, 외교를 포괄적 의미와 구체적 의미로 대별하여 논의한다. 우선 포괄적인 의미에서의 외교로서 국제적 분쟁이 전쟁으로 비화되는 것을 방지할 목적으로 갈등을 평화적으로 해결하고 협력을 이끌어내는 과정을 의미한다. 외교는 지구적 체제 내에서의 질서를 관리하고 창출하려는 시도이며, 그 목적은 갈등이 전쟁으로 확대되는 것을 방지하는 것이다.[12)] 가령 국제관계에 있어 특별히 사용하는 외교의 개념은 전쟁이 가능한 정치체제 내에서 최소의 비용으로 최대의 그룹목적을 성취하기 위한 교섭의 기술[13)]로 보는 입장이다. 다음으로 구체적 의미에서의 외교는 국가가 대외정책의 목표를 달성하기 위하여 정책행위의 과정에서 채택하는 중요한 정책수단의 의미를 갖는다. 즉 상대국에게 자기의 정책을 이해시키고 자기가 바라는 방향으로 인식시키고 행동하도록 만드는 일, 달리 표현하면 외교정책을 수행하기 위한 교섭을 뜻하기도 한다. 그리고 설득의

---

11) 다양한 국가들의 외교정책이 조정되는 수단으로서 대화와 협상의 과정에서 국제사회가 공식적인 세계정부가 부재한 상태에서 실질적인 거버넌스를 가능하게 등장할 것이라 보는 견해도 이러한 외교의 정치적 의미에서 표현한 것이다. James N. Rosenau & Ernst-Otto Czempiel, eds., *Governance without Government: Order and Change in World Politics*(Cambridge: Cambridge University Press, 1992).

12) John Baylis and Steve Smith eds., 하영선 외 옮김, 세계정치론』(서울: 을유문화사, 2003), p.336.

13) Quincy Wright, *The Study of International Relation*(New York: Appleton-Century-Crofts, 1955), p.153.

기술로서 외교정책을 시행하는 방법, 또는 수단인 기법을 나타내기도 한다. 또한 다른 나라와 협조관계의 유지 및 증진, 대립관계의 개선 또는 악화방지, 문제해결 등을 위한 전략을 말하기도 한다. 따라서 외교는 외교정책의 교섭이나 기법 또는 전략을 의미한다.[14) 외교는 한 국가의 외교정책의 집행과정이며, 대외관계에서 최소의 비용으로 최대의 국가이익을 달성하려는 평화적인 노력을 말한다.[15) 이와 같이 외교는 외교정책과 밀접한 관련을 갖는다. 외교정책을 비폭력적으로 실천하는 수단과 과정이 바로 외교이다. 외교정책이 무엇(what)을 하는 것이라면, 외교는 그것을 어떻게(how) 하는 것이다.[16) 외교정책이 목적의 차원이라면 외교는 수단과 방법의 차원이다. 외교정책이 한 국가의 필요를 반영하는 가치, 이익, 그리고 권력을 반영한 것이라면 외교는 그것을 성취하는 행동기술인 것이다. 이렇게 볼 때 외교란 협상에 의한 국제관계의 관리, 이들 관계가 대사나 외교사절에 의해 조정, 관리되는 방법, 외교관들의 업무나 기술을 의미한다. 외교정책이란 한 국가의 정책결정자들에 의해 확인된 국가의 필요가 국가의 목적으로 정의되고, 그 목적은 다시 국가의 추구가치로 공식화된 계획 또는 결정들로 구성되는 것이다. 따라서 외교정책은 목적과 가치를 포함하고 있고, 외교는 수단과 방법을 의미하는 것이라고 할 수 있는 것이다.[17) 따라서 외교는 정책결정자가 설정한 목표를 달성하기 위해 특정한 타국의

14) 김주영, 『외교의 이론과 실제 -정보, 대화, 교섭-』(서울: 외무부 외교안보연구원, 1992), pp.13-14.

15) 구영록, 『인간과 전쟁』(서울: 법문사, 1986), p.84.

16) Paul Gore-Booth, *With Great Truth and Respect*(London: Constable, 1974), p.15.

17) 김순규, 『현대국제정치학』(서울: 박영사, 2000), p.382.

정책과 행위 또는 일반적인 외부환경을 변화시키기 위해 정부가 취하는 조직적 행위[18]를 말한다. 외교란 국제무대에서 그 국가의 목표를 달성할 수 있도록 국력 구성의 여러 요소를 최대화하여 통합하는 기술로서 평화시기의 외교관의 역할은 전쟁시기 군사지도자의 역할과 같다[19]고 지적했다. 이는 국제무대에서 국가와 다른 행위자들이 취하는 대외정책에서 외교가 중심적이라는 것을 보여준다.

넷째, 외교를 군사적 의미와 상업적 의미로 나누어 설명한다.[20] 외교이론의 발전은 군사적 개념과 상업적 개념이 혼합되어 이루어졌다. 군사적 개념은 권력정치를 지향하여 국가위신, 신분, 우월성, 영광 등을 주장함으로써 외교를 다른 수단에 의한 전쟁으로 간주하고 협상의 목적도 승리에 있다. 외교는 궁극적 승리를 지향하는 끈질긴 활동이고, 적을 계략으로 누르는 기술로 보는 관점이다. 이에 반해 상업적 개념은 이익정치를 지향하여 유화, 조정, 협상, 신용에 주로 의존함으로써 외교를 평화적 상업에의 보조수단으로 간주한다. 외교는 주고받기의 상업적 교류에 기초하여 경합자간 타협이 유익하다는 가정에서 출발한다. 좋은 결과에 도달하기 위해 상호양보의 태도를 취하고 솔직한 토의, 신뢰와 공정한 거래에 기초하여 두 협상자간의 중간지점에서 갈등적 이익을 조정하려는 접근이다. 이와 같이 외교는 무력을 강조하거나 신뢰, 신용을 강조하기도 하지

---

18) K. J. Holsti, "The Study of Diplomacy," in James N. Rosenau, Kenneth W. Thompson and Gavin Boyds, eds., *World Politics: An Introduction*(New York: Free Press, 1976), p.293.

19) H. J. Morgenthau, *Politics Among Nations*(N.Y.: Alfred A. Knopf, Inc. 1948), p.159.

20) 전 웅, 『외교정책론』(서울: 법문사, 1995), pp.286-287.

만 현실적으로는 두 가지 접근방법이 혼용되고 있다. 따라서 외교란 합리적이고 평화적으로 국제적 갈등을 해결하고, 공동의 이익을 추구하는 국제적 행위나 협상의 원칙, 방법, 기술을 의미한다.

요컨대 외교는 국가 간의 대립과 갈등을 조정하고 처리하는 것을 말한다. 외교는 어떠한 행태로 이루어지든 단순히 외교정책을 집행하는 수단일 뿐만 아니라 안정과 번영의 국가 기본목표를 달성하는데 필요한 아주 중요한 요소들 중의 하나이다. 외교를 국력의 중요한 요소로서 국가의 독립과 안정을 확보하고, 번영을 촉진시킬 수 있는 국제환경을 마련하는데 중추적인 역할을 수행한다. 외교는 전쟁과 같은 갈등상태를 회피하면서, 국제사회에서 국가의 이익과 목적을 최대한 실현시킬 수 있는 유일한 방법이다. 그러므로 외교는 국가 간의 상충되는 이해문제를 교섭을 통해 상호조정하고 타협하여 상호 이익을 창출해 내는 수단이고 기술이다. 따라서 외교는 국가 간의 관계를 관리해 나가는 과정과 방법으로 국제정치에서 필수 불가결한 존재이다.

앞에서 살펴본 바와 같이 외교라는 용어는 여러 가지 기준에 의해서 다소 중복된 의미로 다양하게 쓰이고 있다는 사실을 확인하였다. 외교는 외교정책과 같은 뜻으로 사용되는 경우도 있고, 국가 간의 교섭 전반을 말할 수도 있고, 외교부서 및 외교에 능숙한 외교관을 지칭하기도 한다. 그래서 국제정치 일반과 혼동하여 쓰기도 하는 등 외교의 의미는 다양하게 사용자의 목적에 따라 정의하여 사용됨으로써 개념정의에 다의성을 갖고 있다.

Ⅲ. 외교양상의 변화

외교는 국가 간의 조정제도 중의 하나로 주로 국가관계를 원활하고 부드럽게 하려는 분명한 의도에서 나왔다. 이러한 과정에서 외교는 고대로부터 현대에 이르기까지 시간과 장소에 따라 다양한 형태를 취해왔다. 고대 그리스의 외교는 르네상스기의 외교와 달랐으며, 또한 18세기의 고전적 외교는 20세기의 지구적 외교와 달랐고[21] 더욱 21세기의 지구사회의 세계화의 외교형태는 지난 과거보다는 현격하게 다른 양상으로 변화를 보이고 있다.

비록 외교(diplomacy)라는 어휘가 일반적으로 사용된 것은 18세기 말엽의 유럽의 궁정에서 비롯되기는 하였지만, 외교의 역사는 실로 인류의 역사만큼이나 오래되었다. 외교의 역사는 인간이 조직적으로 사회생활을 영위한 때부터 외교가 존재해 왔으며, 한 인간의 집단이 그들과의 이질적인 집단과의 관계를 질서있게 처리한다는 의미로서 외교는 인류의 역사만큼이나 오래되었다.

최초의 외교관은 천사들로서 하늘과 땅 사이의 사자(使者) 역할을 했다. 낮 동안의 전투가 끝나면 부상자들을 모아들이고 전사자들을 매장하기 위한 휴전을 위한 사자의 존재가 필요했을 것이며, 외교의 면책 특권도 이때 필요하여 생겼을 것이다. 외교관의 원형이 원시시대의 전령으로서 신체건강하고 우렁찬 목소리를 가진 족장의 사자였다. 그리스 시대가 오면 문명이 발전하고 도시국가들 간의 통상활동 및 경쟁적인 상태가 되어 교섭기술에 능숙한 직업적인 사자의

21) Harold Nicolson, *Diplomacy*, 3rd edition(London: Oxford University Press, 1963).

발굴과 역할이 한층 중요하였다. 상대국의 사절로 파견되어 상대국의 왕을 웅변으로 설득하여 전쟁을 회피하거나 동맹을 맺고 돌아오는 유형이었다. BC 6세기경부터 그리스 도시국가들은 차츰 대사의 선임제도를 채택하게 되고, 이들 대사는 가장 훌륭하고 빼어난 웅변가여야 하고 연설가일 것을 필요로 하였다.

외교제도의 생성과 발전을 촉진하게 된 정치형태의 기반은 고대도시(polis) 및 도시국가체제였다. 공존적 여러 도시들은 전쟁과 평화의 관계 속에 대표사절을 보내어 휴전을 성립시키기도 하고, 또한 여러 신에 서약하여 조약을 체결하고 국제협약을 성취하여 동맹관계를 결성하였다. 그리고 도시국가들은 그 시대에 알맞은 국제법을 싹트게 했을 뿐만 아니라 전쟁법, 외교법의 생성과 기원을 촉진하는 전쟁과 평화관계 속의 폴리스사회였다. 도시국가 간의 관계질서는 본질적으로 대립과 경쟁 속에 있었으므로 패권을 잡기 위한 정복과 전쟁이 끊임없이 벌어졌다. 이러한 상황에서 외국과의 동맹관계의 형성과 세력균형정책을 도모하는 사업이 대외정책 수행의 주요한 국가사업이고 대외활동의 주요 목표였다. 이와 같이 고대 그리스·로마시대의 국제법 질서와 도시국가 간의 국제관계 설정 및 국가이익 개념과 대외정책 태도 등은 외교제도양식의 생성과 기원 그리고 발전에 기초가 된 시대질서의 배경이었다.22)

고대와 근대의 과도기적인 시대배경을 형성했던 중세사회는 근대 상주외교제도가 싹터 갈 때까지 근대 외교제도 발달의 역사단계를 만들고 기초를 다져준 시기이기도 했다. 하지만 근대적 의미의

---

22) 김홍철, 앞의 책, pp.73-80.

주권평등, 독립이라는 시각에서 유럽의 중세사회는 오늘날과 같은 외교관계나 국제관계체제는 존립할 수 없었다. 오직 중세적인 외교관계나 국제관계 및 모든 사회질서를 강력히 통제할 수 있는 유일한 신념체제는 기독교 사회의 공동체의 존립, 번영, 유지를 위한 사명의식이 지배되었을 뿐이다. 중세 유럽은 주권을 행사할 수 있는 독립국가가 없어서 국가 간의 외교는 전개될 수 없었으며, 교황의 정치, 종교적 입장을 따르도록 강요하였다. 따라서 중세 유럽은 외교가 존재할 수 없었고, 국가가 없으면 외교도 존재할 수 없다는 원칙이 확립되었다.[23)]

외교의 암흑시기라고 말한 중세[24)]의 말기에 해당하는 13・14세기 이탈리아 도시국가들 간의 외교적 행위를 근대외교의 출발로 간주한다. 근대적 의미의 외교는 전통적인 봉건 제도의 권외에 있는 이 시기의 이탈리아 도시국가들에서 외교관적 정치가가 등장하였다. 중세 말기부터 번성하게 된 지중해권의 국제통상과 금융의 중심지였던 이탈리아 도시국가들이 근대적 외교제도 발달을 촉진하는 결정적인 진원지였다. 중세 이탈리아 도시국가들은 오늘날에도 활용되고 있는 상주공관 제도를 창출하였다. 최초의 상주 사절은 로마교황청 사절 대사로서 1455년 밀라노 대공인 스포르자(Francesco Sforza)에 의해 제노바에 설치된 공관이다. 그 후 5년이 지난 후 사보이(Duke of Savoy) 대공은 베르첼리의 부주교인 마르가리아

23) 김홍철, 앞의 책, pp.89-93; 송영우, 앞의 책, p.135.

24) Robert B. Mowat, *Diplomacy and Peace*(London: Oxford University Press, 1969); Harold Nicolson, *Diplomacy*, 3rd edition(London: Oxford University Press, 1963), p.15.

(Eusebio Margaria)를 로마에 파견하여 상주공관을 설립하였다. 이로부터 이탈리아의 반도 국가들도 런던이나 파리 등에 대사를 파견하여 상주공관을 설치하였다.[25] 상주외교라 불리는 근대적 스타일의 외교는 이탈리아 르네상스의 창조물의 하나라고 지적하면서 계속되는 전쟁의 위험에 대비하여 빈틈없는 경계와 주의의 책략을 마련하는 방법은 새로운 스타일의 외교에서 발견되었다. 이것은 날로 더해 가는 상호간의 압력과 절박감을 해소하고 제거하기 위한 이탈리아 도시국가들의 가장 특징적인 적응방책이었다.[26] 이와 같은 외교적 환경들이 불안과 긴장의 현실 극복을 위한 가장 현명한 방책을 새로운 형태의 외교방식을 중히 여기고 인식하게 됨으로써 근대외교의 발전에 성숙과 발전을 예고하는 환경을 조성하게 되었다.

르네상스기의 교황권은 비록 정실과 부패로 오명을 얻고 있었지만 외교의 혁신에 기여했다. 그것은 상주대사관이라든지 로마주재 외교관들에 대한 규칙 등이 만들어졌기 때문이다. 교황권이 초기 근대국제사회의 제도화와 확장을 방해하고 저항함과 동시에 그것을 부추기도 했다는 점은 유럽역사가 보여주는 진기한 역설적 현상이기도 한다. 16세기 이후 대사라는 이름의 호칭과 직급 등이 보편적으로 사용되었다. 근대 외교제도 용어로서 외교언어, 외교관 등급, 외교사절의 종류와 명칭, 외교사절에 대한 예우와 의전, 일국의

25) Harold Nicolson, *Diplomacy*, 3rd edition(London: Oxford University Press, 1963), pp.12-13.

26) Garrett Mattingly, *Renaissance Diplomacy*(Jonathan Cape, London, 1955), pp.58-59.

외교업무 전담기관의 창설과 운용 그리고 해외공관설치제도 등 다방면에 걸친 외교제도양식과 외교법 일반이 크게 발전되거나 개선되고 보편제도로서 외교제도는 정착되어 발전의 시기를 경험하였다.

이후 17·18세기를 거치면서 상주대사제도는 제반의 운용기술 및 이론과 더불어 근대 외교제도로서 널리 퍼져 발전되었다. 이 시기 세력균형체제는 유럽질서를 유지해 주고, 많은 전쟁을 치르면서도 당시의 국제관계를 질서있게 이끌어 주었다. 이들 세력질서 간에는 상호작용 속의 체제유지 및 발전을 거듭하였고, 때로는 세력 간의 정치적인 조화와 균형을 산출해내기도 하고, 유연성 있는 대외정책의 기초가 되기도 하였으며, 나아가서는 많은 경우에 동맹관계의 변화를 자초하기도 하였다. 이 때문에 유럽의 강력한 지배자간에는 빈번한 외교교섭을 필요로 했던 것이다. 이와 같은 새로운 정치환경의 변화에 직면하고, 나라 사이의 통상무역 관계는 날로 증대되고 복잡해진 가운데 외교의 중요성은 더욱 증폭되어 외교의 황금시대를 맞이했던 것이다.[27)]

근대외교의 본격적인 대두는 1648년 웨스트팔리아조약 이후 교황이나 모든 군주들이 평등의 기초 위에서 독립주권의 국가를 형성하면서 시작되었다. 중세의 봉건적 위계질서에서 벗어나 국가 간의 평등한 위치에서 '주권개념'에 따라 성립된 최초의 국제조약이 체결됨으로써 외교를 더욱 발전시켜 일반화시키는 계기를 만들었다. 여기서 군주는 상호 권리를 존중하며 국제법에 의해서만 국가와

27) 김홍철, 앞의 책, pp.164-165.

군주에 의무와 책임을 지울 수 있다고 규정하였다. 절대적 주권에 근거한 왕권이 자율적으로 정치적, 경제적 권력과 이해를 전략적으로 추구하는 행위로서 무력에 호소하지 않고, 국가 간의 관계를 맺고 유지하는 행위이기 때문에 근대적 외교라 부르는 것이다.

이로써 각 군주는 독자적인 외교정책을 실행할 수 있어 조약서명국들은 상호균형을 유지하면서 외교목적을 적극적으로 추구하게 되었고, 균형과 안정의 상태에서 영구적 평화와 질서를 창조하려는 고상한 욕구를 표출하였다. 루이 14세는 외교제도의 발전개선에 눈부신 업적을 남겼다. 이 시기 프랑스 외교가 외교제도의 발전과 개선에 있어 외무성 창설, 외교관 양성소 창설, 외교관 등용절차 마련, 외무대신을 독립된 영구적인 각료직으로의 정착과 제정 등 기여를 하였다. 외교제도의 개선과 발전은 18세기 이후 전 유럽으로의 확산되고 정착되었으며 근·현대 외교제도는 곧 프랑스 외교제도의 모델이 그 주축을 형성하였다.

고대와 중세의 외교와 뚜렷이 구별되는 근대국가들의 외교는 국가들 간의 관계가 확대됨에 따라 전제군주들은 정기적으로 협상을 해야 할 필요성이 점차 증가하게 되었다. 그러나 거리상 간접적으로 협상이 이루어질 수밖에 없었고, 외교관들이 이러한 목적으로 파견되었다. 두 국가 간 상호 중요한 관계로 발전하면 상설 대표부를 교환하고, 그것을 통해 외교를 수행하는 것이 일반화 되었다.

19세기 초엽부터 제1차 세계대전 연간까지의 유럽의 외교적 형태는 각료대신급 교섭가를 포함하여 대사와 공사 등 외교전문가들이 회동하여 행해진 '회의외교'의 교섭방식이 지배적이었던 시대이다.

회의외교는 주요 교섭안건을 공개하지 않고 비공개로 관계당사자간의 비밀접촉 또는 비밀교섭 방식을 통해 협조와 타협의 외교적 결실을 추구하는 외교방식이다. 이러한 외교의 특징은 첫째, 국제정치상 유럽을 중심으로 하는 외교이며, 둘째, 유럽협조체제의 구성모체인 강대국 위주의 외교이며, 셋째, 유럽 각국에는 외교를 전문직업으로 하는 잘 훈련된 직업외교관들이 있어서 국가의 대외업무활동에 종사했고, 넷째, 프랑스식 외교제도의 모델과 틀이 전 유럽에 확립되어 더욱 절차과정이 지배했으며, 마지막으로 모든 교섭의 진행과정은 비밀에 붙여져야 한다는 가정이 존중된 방식을 운용하였다.[28)]

19세기가 구외교(old diplomacy)의 시대라면 20세기는 신외교(new diplomacy)의 시대라 부르기도 한다. 앞의 시기를 유럽식 외교가 주도했다면, 뒤의 시기는 미국식 외교가 이끌었다.[29)] 미국에서 윌슨(Woodrow Wilson)의 국제연맹 창설과 그의 평화안이야말로 미국적 외교의 기원이다.[30)] 1916년 윌슨의 제창으로 국제연맹이 창설되고 비밀외교가 배척되었고 민주외교가 시작되었다. 외교라는 것이 예전처럼 내각의 폐쇄적인 전관사업도 아니고, 특정 직업외

28) 김홍철, 앞의 책, p.210.

29) 한편 소련의 외교에 대한 개념의 변천 특징으로 외교가 외교정책의 목적을 달성하는데 가장 중요한 수단임을 강조하고, 외교활동과 목표를 공산주의 명분이라 내세우고 있으며 부르조아(구미) 학자들의 외교 개념을 주관적이라고 소련 학자들이 비판하고 있다. 김용구, "공산권에 있어서의 외교 개념-소련의 외교 개념 중심으로-," 서울대학교 국제문제연구소, 『세계정치』 제8권 1호(1984).

30) 하지만 윌슨보다 앞선 미국외교의 세계플랜을 마련한 루즈벨트(Theodore Roosevelt)의 세계연방(World Federation)안이 미국 현대외교의 기원으로 보는 견해도 있다. 최정수, "미국 '현대외교'의 기원: 시어도어 루즈벨트의 '세계 연방'," 한국미국사학회, 『미국사연구』 제17집(2003).

교관들에 의한 한정된 비밀교섭 사항이 아니었다. 외교업무는 곧 한 나라의 대외정책 개념과 일치되고 국민적 이익 및 국민생활 일반과 직결되었다.

제1차 세계대전 이후의 외교는 전통적인 형태와 새로운 체제간의 전환기를 맞게 된다. 즉 외교는 공개화, 민주화되어 대외정책 실시 업무에 관하여 국민이 알아야 할 권리행사의 명분이 강조되고, 외교정책에 있어 국민여론의 중요성이 가중되었다. 외교는 차츰 업무의 비전문가나 비직업인들인 정치가, 학자, 경제인, 법조인, 군인 심지어 일반민간 등 비직업외교관 출신에 의해서 외교가 행해지는 결과를 가져왔다. 또한 국가는 이제 더 이상 외교에서 유일한 행위자가 될 수 없다는 것이다. 국가는 외교에 개입하는 국제기구와 같은 다른 행위자들과 함께 국제무대를 공유해야만 했다. 외교적 활동도 점차로 경제, 통상, 사회, 복지, 문화, 기술 및 정치, 이데올로기, 언론 등 그 어느 것도 국제관계, 대외정책 그리고 외교문제와 관계되지 않는 것이 별로 없어 모든 분야에 초점을 맞추게 되었다. 이러한 상황들은 전통적 외교의 본질적 성격을 고려한다면 중요한 변화의 의미를 갖고 발전과 변천을 거듭하여 왔다.

Ⅳ. 세계화시대의 외교

세계화의 핵심에는 정보혁명이 자리 잡고 있으며, 정보혁명에 힘입은 바 크다. 정보통신기술의 발달과 인터넷의 보급에 따른 정보화의 확산이 세계화와 상호작용하면서 급속히 국제관계의 틀을 변형시키고 있다. 이제 재화, 자본, 기술, 사람 등은 더욱 가속도를 내면서 국경을 가로질러 자유롭게 이동하고 있으며, 세계는 빠르게 상호 연결되면서 하나의 통합된 공동체로 변해가고 있다. 20세기 후반 이래 세계는 하나의 지구촌이 되어가고 있으며, 화해와 협력이 강조되는 시대이다.

오늘날 정보화 사회에 있어 지구화된 세계정치는 현대적 의미를 포함하는 외교의 본질을 이해하는데 도움을 준다. 인터넷의 확산으로 외교 업무에서 기술, 정보, 지식이 갖는 의미를 새롭게 인식시켰으며, 나아가 외교의 내용과 형식을 양적으로나 질적으로 변화시킴으로써 근대 외교의 기본 전제들을 변화시킬 조짐마저 보여주고 있다. 정보화시대는 외교의 본질을 바꾸어 놓고 있다. 냉전 종식 이후 세계화시대에 정보화가 급속히 진행되어 전통적인 외교 양상은 크게 변화하였다.[31]

첫째, 외교 주체의 변화이다. 오늘날의 외교환경은 다양한 행위자들이 복잡하고도 밀접하게 얽혀져 있다. 오늘날 외교행위자는 국가와 정부에 국한되지 않고, 개인, 각종 국제기구, 비정부기구, 다국적 기업 등 다양하다. 과거 일반 국민은 외교에서 크게 고려되지 않았다. 민주정치가 발달되면서 국민의 정치참여가 확대되고, 교통통신의 발달로 자국인과 외국인과의 교류나 접촉이 확대되어 국민에 대한 외교의 관심이 날로 증대되고 있다. 무엇보다도 외교는 더

31) 김상배, 『IT시대 국가주권의 변화와 글로벌 정치질서의 형성』(서울: 정보통신정책연구원, 2004), pp. 94-100.

이상 국가나 정부의 전유물이 아니라는 사실이다. 이제는 민간부문에서 많은 정보를 신속하게 접속할 수 있게 되어 종래 정부가 필요한 정보를 독점하는 가운데 대외관계를 다룰 수 없다는 것이다. 그래서 외교정책이나 방침을 정부가 독점적으로 결정하는 것이 현실적으로 불가능하게 되었다. 정부 이외의 일반 국민들도 직접적인 외교활동의 대상이 되어 다른 정부는 물론이고, 그 나라의 국민들의 마음을 움직여야 하는 것이다. 또한 다른 국가의 국민이나 집단들이 그들의 정부에 영향을 끼치게 한다.[32] 상대방 국가의 자발적인 행동을 유도하는 것이 보다 더 효과적인 상황이 되었다. 소위 연성권력(soft power)의 중요성이 부각되었다. 이제는 일반 시민들이 외교문제에 보다 많은 관심을 가지게 되었고, 외교문제가 그들의 이해관계에 직접 영향이 미치게 되었다.

정보화시대의 직업외교관들은 더욱 전문화, 세분화되고 있다.[33] 기존의 위계적이고 공식화된 조직이 탈집중화 되는 것과 함께 정부조직 전체에 걸쳐서 외교의 주체가 다원화된다는 점이다. 이는 직업외교관들이 해당 국제업무와 관련된 창구로서 독점력을 잃게 된다는 것이다. 비전통적인 외교이슈들이 부상하는 상황에서 직업외교관들은 국가의 공식적 대표로서 유일한 목소리를 내는 존재일 수 없다. 외교는 단순히 양국의 이해관계를 조정하는 정도에 그치는 것이 아니라 본국 정부의 정책과 구상을 대내외적으로 거시적인 맥락에서 파악하고, 이를 바탕으로 해당 국가와의 관계를 재해석하

32) K. J. Holsti, *International Politics*, 5th ed.(Englewood Cliffs, New Jersey: Prentice-Hall, 1988), p.191.

33) 김상배, 『IT시대의 디지털외교』(서울: 정보통신정책연구원, 2005), p.33.

는 종합적인 업무인 것이다.

모든 나라는 예나 지금이나 자국의 이미지를 긍정적으로 심어주고자 애쓴다. 미국의 호감도는 외교정책의 내용과 형식을 통해 표명되는 여러 가지 가치에 따라서도 크게 좌우된다. 모든 나라는 외교정책을 통해 저마다 국익을 추구한다. 그런데 이러한 국익을 추구하는 수단은 위협을 가하거나 보상을 제공하지 않고도 다른 나라로부터 원하는 협력을 이끌어내는 힘이 있어야 한다. 물리적인 힘이나 보상보다는 호감도나 매력에 의해 많은 국가들을 포용하고 또 먼 장래를 내다보는 입장에서 국익을 설정한다. 그런 바탕 위에서 정책을 수립하고 집행한다면 편협하고 근시안적인 입장에서 수립된 정책보다 더욱 수월하게 다른 나라로부터 호감을 살 수 있어[34] 효과적인 외교로 국익이 추구된다. 미국은 이른바 '테러와의 전쟁' 이후 중동을 비롯한 세계 각 지역에서 국가 이미지 실추 현상이 각종 여론조사를 통해 구체적으로 드러나자, 대외적인 홍보외교를 적극 추진하고 있다. 이라크전 이후 확산되는 중동의 반미, 반부시 정서를 차단하기 위하여 부시 대통령은 제2기 정권을 구성하면서 대통령선거 당시 선거본부의 홍보를 총괄했던 캐런 휴즈(Karen Hughes)를 대외적인 홍보업무를 담당하는 공공외교담당 국무차관으로 임명하여 공보외교를 강화했다. 21세기 초에 일어나고 있는 다양한 국제정치의 변화 가운데 특히 미국은 외교영역에서 냉전종식과 테러 시대의 개막을 외교적 차원의 전략을 추진하여 미국의 보편주의적 질서를 확산시켜, 자국의 안보를 추구하는 국가전략을 수립하고

34) 조지프 S. 나이 지음, 홍수원 옮김, 『소프트 파워』(서울: 세종서적, 2004), pp.117-118.

있다. 이는 외교를 통해 연성권력을 극대화하는 전략으로 21세기를 자신의 세기로 만들기 위해 정보화시대에 걸맞는 제국지향적 지식외교를 추진하고 있다.[35] 이렇듯 오늘날의 세계는 국가적 이미지가 다른 나라뿐만 아니라 일반 국민들을 상대로 외교를 수행하고 있다.

둘째, 외교과정에서 변화이다. 정보기술의 발달과 외교과정의 변화는 밀접한 관계를 가지면서 발전되어 왔다. 정보기술이 외교관의 역할과 위상에 미친 영향은 점차로 커다란 부분을 차지하고 있다. 컴퓨터와 인터넷 그리고 이동통신 등 정보혁명의 산물들이 고품질의 실시간 커뮤니케이션을 가능하게 함으로써 전통적인 외교과정의 재조정을 야기하고 있다. 이와 같이 인터넷에 의해서 창출되는 사이버공간은 새로운 사이버외교의 장으로 획기적인 의미를 지니고 있다. 상주공관은 이제 더 이상 독점적 지위를 가지고 있는 유일한 외교창구 또는 정보원이 아니라는 사실이다.[36] 이는 인터넷이 전통적인 외교의 영역에서 버추얼외교(virtual diplomacy)나 버추얼공관(virtual embassy)의 가능성을 제기하고 있다.[37] 오늘날 국제사회에 있어서 통상, 국제협력, 과학기술의 교류 등을 포함한 각 분야에 있어서 국제적 협력관계가 복잡해지고 상호의존도가 나날이 높아가고 있다. 교섭 상대국가의 수효는 크게 증가하여 외교정책의

---

35) 전재성, "정보화시대의 제국외교: 미국의 제국지향적 지식외교," 한국정치학회, 2005년 추계학술회의 논문(2005).

36) 김상배(2005), 앞의 책, p.21.

37) Sheryl Brown and Margarita S. Studemeister, "Virtual Diplomacy: Rethinking Foreign Policy Practice in the Information Age," *Information and Security*, 7, (2001); Richard Rosecrance, *The Rise of the Virtual State: Wealth and Power in the Coming Century*(New York: Basic Books, 1999).

수립에는 다량의 그리고 양질의 정보를 조직적으로 수집하고 이를 합리적으로 처리하는 능력이 갖추어 높은 수준의 지식과 기술이 필요하다.

인터넷을 통한 사이버외교의 예[38]에서도 알 수 있듯이 2001년 4월 미군 정찰기와 중국전투기가 충돌한 사고가 발생하여 미·중 양국이 이 문제의 처리를 놓고 팽팽하게 대립하고 있었다. 중국은 미국의 사과를 요구했고, 미국은 사과할 수 없다는 입장을 견지하고 있었다. 이런 가운데 중국은 미국 측이 보낸 서한에 사과내용이 있는 것처럼 발표했다. 미국은 인터넷 웹사이트를 이용하여 이러한 중국 측 조치에 대응하였다. 중국에 보낸 서한 내용을 중국어로 번역하여 인터넷에 올린 것이다. 중국 정부를 향한 외교가 아니고 중국 네티즌을 상대로 한 사이버외교를 전개했다. 중국 네티즌들은 이 웹사이트를 2주 만에 13만 5천회를 조회하였다. 이와 같은 변화는 기술이나 자본, 정보 등이 국경선을 자유롭게 넘나들어 상호 의존성이 더욱 깊어가는 세계화, 정보화 현상뿐만 아니라 세계 여러 나라의 민주화 진척, 교육수준의 상승, 나아가 산업화에 따른 조직력의 증대로 일반 시민이 외교정책을 포함한 정책결정과정에 참여하여 영향력을 미칠 수 있는 여지가 확대되었고, 외교문제에 대한 일반 시민들의 이해관계가 다원화되었기 때문에 가능해졌다.

한국의 외교통상부에서는 국민이 필요로 하는 정보를 신속히 제공하고, 국민과의 대화를 확대하기 위해 다양한 활동을 전개하고 있다. 국민과의 직접적인 만남과 대화의 장을 마련하기 위해 지방순

38) 최병구, 『외교 외교관』(서울: 평민사, 2004), p.269. 재인용.

회 정책 강연회, 견학, 방문 행사 등 직접 대화를 추진하였다. 그리고 주요 외교 사안과 관련된 상세한 정보를 적시에 제공하고, 국민여론 수렴의 장으로 활용하기 위하여 전면적인 홈페이지 개편과 정부 중앙부처 커뮤니티 포털사이트인 'e-세상'을 개설하여 온라인상에 네티즌과 외교부 직원간의 대화 통로를 마련하였다. 이러한 국민과의 대화 활동이 수렴된 국민 여론을 정책입안 및 정책과정에 반영하는 시스템을 정착하려는데 있다. 한편 해외에서 수집되는 유용한 정보를 해외근무 공무원과 중앙부처 공무원이 보다 용이하게 공유하고 업무에 활용할 수 있도록 해외정보 공유망 즉 국내외 공무원들이 실시간 연결하는 최초의 네트워크 프로그램을 개발하였다. 이처럼 국내 근무 공무원들은 해외정보 공유망을 통해 재외공관에서 등록한 해외정보를 실시간 열람하고 필요한 정보를 검색할 수 있도록 하였다.[39)]

셋째, 외교영역의 변화이다. 전통외교에서는 국가 간의 전쟁과 평화의 문제만이 핵심적인 영역으로 간주되었다. 과거에는 순수 국내정치와 정책의 문제였던 것이 현재에는 외교의 문제가 되고 있다. 과거에는 국가와 정권에 대한 지지나 불만의 표시, 군사적 협력, 무기거래 등 정치군사적 사안이 외교의 주된 과제였다. 이제는 무역이나 투자와 같은 경제협력은 물론 국가의 거시경제정책, 나아가 국내 상거래 관행마저도 외교교섭의 대상이 되었다. 이제 변화하는 세계정치의 환경에서 상위정치(high politics)들은 더 이상 국제관계와 외교에서 지배적인 영역이 아니며, 기존의 정치군사적

---

39) 외교통상부, 『2006년 외교백서』(외교통상부, 2006), pp.204-207.

관심을 넘어서 새로운 이슈들이 세계정치에 부상하고 있다.40) 이는 전통적으로 국가안보를 담당했던 정부관계자의 범주를 넘어서 광범위한 비정부행위자들을 대상으로 자국의 이익을 대변하고 홍보하며 설득하는 공공외교41)의 중요성이 더욱 부각되었다.

인터넷의 보급과 활용에 의해서 정보기술의 발달은 공공외교를 새롭게 재조명하는 계기를 만들었다. 이제까지 외교의 주된 과제는 정치군사, 안보 문제의 상대적 중요성이 떨어지는 반면 경제관계의 규율이 주요 외교문제가 되었다. 나아가 외교의 의제들이 정치적, 군사적인 것에서 인신매매, 에이즈 문제, 유전자 조작 문제, 다국적 범죄조직, 의약품과 컴퓨터 소프트웨어와 관련된 지적 재산권 문제, 난민 인권 문제, 빈곤 문제, 사형 문제 등으로 다변화되고 확대된 것은 정보기술의 발달 때문이다.42) 따라서 오늘날 정치와 경제, 군사의 물질적 권력자원에 못지않게 기술, 정보, 지식 등의 비물질적 자원이 외교에서 차지하는 위상이 증대하고 있다.

이와 같이 정보화에 의한 세계화는 외교의 핵심적인 개념을 기존의 주권국가를 중심으로 이해되던 외교주체의 다양화로의 변화뿐만 아니라 외교과정에 있어 외교범위의 확대를 가져왔다. 또한 외교중심이 이동함으로써 외교영역의 새로운 모습으로 나타나게 되어

40) 김상배(2005), 앞의 책, pp.25-26.

41) 공보외교(public diplomacy)는 다른 나라 사람들을 대상으로 한다는 점에서 자국민을 대상으로 이루어지는 공보활동(public affairs)과 구분된다. 그러나 오늘날과 같은 정보화시대에 외국인과 자국민이 네트워크로 연결되어 있어 공보외교와 공보활동은 전혀 별개의 것이 아니다. 최병구, 앞의 책, p.267.

42) Howard Cincotta, "Post-Modern Diplomacy and the New Media," *Information Impact*(July, 2001), pp. 2-3.

근대외교의 기본 전제들이 변화하여 발전하게 되었다. 이러한 환경의 변화에 우리는 세계화시대의 외교의 정확한 의미의 이해를 바탕으로 우리 외교의 발전방향이 모색되어야 할 것이다.

V. 결 론

외교의 본질은 다양한 의미를 가지고 영속성을 갖는다는 것이다. 국가 간의 끊임없는 대화인 외교는 결코 중단하지 않는 과정이다. 이러한 영속적인 과정에서 외교는 국제환경이 끊임없이 변화하듯이 외교의 모습과 형태는 변화하게 된다. 변화를 촉진시키는 요소는 그 시대의 세기적 변화인 국제정치적 상황과 국내정치적 상황의 변화에 기인한다. 그래서 외교는 변화하는 환경에 대한 적응과정이다. 외교는 서로 다른 역사, 문화, 심리, 가치관 등을 가진 국가들의 상호작용이기 때문에 외교에 대한 개념이나 인식, 그리고 수행하는 방식이 서로 다른 모습으로 변천하여 왔다.

외교는 오랫동안 국제사회에서 중요한 역할을 수행해 왔으며, 인류의 평화에 지대한 공헌을 했다. 외교의 수단과 방법을 잘 활용하면 국가관계의 호혜적 협력관계를 만들어낼 수 있고 국제적 이익의 도구로 승화시킬 수 있지만, 대립과 공격적 자세의 일방적 자기주장만 내세울 경우, 종국에는 국가관계나 국제관계에서 갈등적 외교관계의 형성을 촉진하는 결과를 낳고 만다. 외교는 기본적으로 타국의 이익을 희생시켜 자국의 이익을 추구하는 것이 아니라, 조정과 타협의 원칙에 기초하여 추진하며 정치, 사회, 문화, 기술, 경제 등의 분야에서 다양한 평화적 수단에 의해 외교정책의 평화적 이미지를 부각시킨다. 현대의 외교는 타국과의 공동이익을 발굴하여 이익의 영역을 확대하고 평화와 질서에 대한 공동의 외교정책을 전개한다.

고대 그리스·로마 시대의 외교란 변론외교 또는 화술이나 웅변외교의 특징을 지녔다. 그리고 외교가 완전히 와해된 암흑시대를 지나 13, 14세기의 이탈리아 도시국가들의 외교적 행위에 의한 경쟁과 권력투쟁, 동맹정치가 활발한 외교의 시대를 관통하면서 유럽의 국제적인 제도로서 외교이론이 체계화 되었다. 이후 인류공동체의 이념에 기초하여 비밀외교를 배척하고 민주외교의 시대를 열었고, 현재에는 정보화에 의해서 외교의 내용과 형식을 양적으로나 질적으로 변화시킴으로써 근대 외교의 기본 전제들을 변화시킬 조짐마저 보여주고 있다.

과거에는 외교적 교섭과 함께 전쟁과 무력행사가 국제정치의 중요한 수단이었다. 그러나 오늘날의 외교는 교섭만으로는 국가의 모든 대외적인 문제를 해결하는데 한계가 있다. 국가가 독점하고 있던 정보가 개인, 시민사회, 이익집단, 국제기구에 이르기까지 다차원의 행위자가 참여하게 되고, 다차원적인 의사소통과 영향력의 행사가 가능해진 것이다. 외교환경이 변화되어 한 나라의 대외정책이나 외교행위의 주체뿐만 아니라 기술이나 정보, 지식에 의해 외교의 방법이나 속도까지도 급격히 변화하게 되었다. 또한 정치, 군사, 경제 분야의 물질적 분야는 물론이고 비물질적 영역까지 확대되어 외교가 차지하는 위상이 증대하고 있다. 따라서 정보화나 세계화시대의 외교의 성공적 보장을 위해 자국과 자국민에 대한 이해와 지지의 폭을 넓히기 위한 노력과 다른 국가의 국민들에게 자국의 위상을 제고시키기 위한 다양한 대외행위를 위한 전략을 위해 노력하고 있다.

세계적인 민주화의 추세 속에서 한국의 외교도 민주화, 대중화시대로 접어들고 있다. 한국은 그동안 대외정책의 중요한 문제가 극소수의 정책결정자들에 의해 선택되고 강요되어 중요한 외교문제의 결정과정에 국민의 알권리와 참여가 배제되어 왔다. 또한 정부의 중요 정책결정기구의 전문지식과 경험을 겸비한 인물의 등용이 차단되어 외교의 역기능적인 요소가 오랫동안 지속[43]된 측면이 있어 왔다. 우리는 전통적 외교에서 탈피하지 못하고 근대적 외교에 아직도 적응하지 못하고, 더구나 탈 근대적 외교에 대해서는 아직 제대로 이해하지 못하고 있다. 우리의 외교에서 가장 본질적인 문제는 바로 우리가 우리의 위치에서 우리와 세계를 어떻게 이해하는가의 문제이다.[44] 따라서 한국은 종래의 경제와 산업중심의 사고에서 벗어나, 정보화에 의한 세계정치와 새로운 세계 질서의 형성과정을 통해 외교라는 의미의 인식을 새롭게 파악하여 한국의 국가이익 관계를 투영하려는 학문적, 외교적 노력이 필요할 것이다.

---

43) 구영록, “국가이익과 한국의 대외정책,” 한국국제정치학회, 『국제정치논총』 제31집(1991), pp.25-26.

44) 최정은, “한국 외교에 있어서의 전통, 근대성 그리고 탈근대성,” 서울대학교 한국정치연구소, 『한국정치연구』 제12집 제1호(2003).

참고문헌

구영록, "국가이익과 한국의 대외정책," 한국국제정치학회, 『국제정치논총』 제31집 (1991).

______, 『인간과 전쟁』. 서울: 법문사, 1986.

김상배, 『IT시대 국가주권의 변화와 글로벌 정치질서의 형성』. 서울: 정보통신정책연구원, 2004.

______, 『IT시대의 디지털외교』. 서울: 정보통신정책연구원, 2005.

김순규, 『현대국제정치학』. 서울: 박영사, 2000.

김용구, "공산권에 있어서의 외교 개념-소련의 외교 개념 중심으로-," 서울대학교 국제문제연구소, 『세계정치』 제8권 1호(1984).

김주영, 『외교의 이론과 실제-정보, 대화, 교섭-』. 서울: 외무부 외교안보연구원, 1992.

김홍철, 『외교제도사』. 서울: 민음사, 1985.

송영우, 『현대외교론』. 서울: 평민사, 1998.

외교통상부, 『2006년 외교백서』. 외교통상부, 2006.

전 웅, 『외교정책론』. 서울: 법문사, 1995.

전재성, "정보화시대의 제국외교: 미국의 제국지향적 지식외교," 한국정치학회, 2005년추계학술회의 논문(2005).

정인흥 외, 『정치학대사전』. 서울: 박영사, 1984.

조지프 S. 나이 지음, 홍수원 옮김, 『소프트 파워』. 서울: 세종서적, 2004.

최병구, 『외교 외교관』. 서울: 평민사, 2004.

최정수, "미국 '현대외교'의 기원: 시어도어 루즈벨트의 '세계 연방'," 한국미국사학회, 『미국사연구』 제17집(2003).

최정은, "한국 외교에 있어서의 전통, 근대성 그리고 탈근대성," 서울대학교 한국정치연구소, 『한국정치연구』 제12집 제1호(2003).

Baylis, John and Steve Smith eds., 하영선 외 옮김, 『세계정치론』. 서울: 을유문화사, 2003.

Brown, Sheryl and Margarita S. Studemeister, "Virtual Diplomacy: Rethinking Foreign

Policy Practice in the Information Age," *Information and Security*, 7,(2001).

Cincotta, Howard, "Post-Modern Diplomacy and the New Media," *Information Impact*(July, 2001).

Derian, James Der, *On Diplomacy: A Genealogy of Western Estrangement.* London and New York: Basil Blackwell, 1987.

Gore-Booth, Paul, *With Great Truth and Respect.* London: Constable, 1974.

Holsti, K. J., "The Study of Diplomacy," in James N. Rosenau, Kenneth W. Thompson and Gavin Boyds, eds., *World Politics: An Introduction.* New York: Free Press, 1976.

__________., *International Politics*, 5th ed. Englewood Cliffs, New Jersey: Prentice-Hall, 1988.

Mattingly, Garrett, *Renaissance Diplomacy.* Jonathan Cape, London, 1955.

Morgenthau, H. J., *Politics Among Nations.* N.Y.: Alfred A. Knopf, Inc. 1948.

Mowat, Robert B., *Diplomacy and Peace.* London: Oxford University Press, 1969.

Nicolson, Harold, *Peacemaking 1919.* Methuen & Co., Ltd., London 1943.

______________, *Diplomacy*, 3rd edition. London: Oxford University Press, 1963.

Plischke, Elmer, "Diplomacy-Search for Its Meaning" in Elmer Plischke ed., *Modern Diplomacy: The Art and The Artisans.* American Enterprise Institute for Public Policy Research, Washington D.C., 1979.

Rosecrance, Richard, *The Rise of the Virtual State: Wealth and Power in the Coming Century.* New York: Basic Books, 1999.

Rosenau, James N. & Ernst-Otto Czempiel, eds., *Governance without Government: Order and Change in World Politics.* Cambridge: Cambridge University Press, 1992.

Wright, Quincy, *The Study of International Relation.* New York: Appleton-Century-Crofts, 1955

제1부

비서구문명권의 외교

유교문명권의 외교*

권 선 홍

Ⅰ. 머리말

외교라는 용어는 사용자나 용법에 따라 다른 의미를 지니기도 하는 대단히 모호한 용어 중의 하나이다.[1] 예컨대 조선왕조의 개항 이후 일본에 유학하여 정치학을 공부한 안국선(1878-1926)이 일본 외교관의 저서를 번역한 「외교통의」에서 외교는 "국가와 국가의 관계를 처리하는 술(術)이라"고[2] 정의하였다. 해방 이후 신상우는 외교를 "나라와 나라 사이의 관계를 해결하는 수단"이라[3] 하였고,

---

* 이 논문은 2006년도 부산외국어대학교 학술연구조성비 지원으로 연구되었음.

1) Brian White, "Diplomacy," in John Baylis & Steve Smith (eds), *The Globalization of World Politics*, 3rd ed. (Oxford: Oxford University Press, 2005), p. 388; 하영선 외 옮김, 「세계정치론」 (서울: 을유문화사, 2006), 400쪽. 외교에 대한 다양한 정의는 Chas. W. Freeman, Jr., *The Diplomat's Dictionary*, rev. ed. (Washington, D. C.: U. S. Institute of Peace Press, 1997), pp. 73-75 참조.

2) 長岡春一, 「外交通義」상, 安國善 역(서울: 보성관, 1907), 서론 제1장 외교의 관념, 김효전, 「서양 헌법이론의 초기수용」(서울: 철학과현실사, 1996), 455-456쪽에서 재인용. 외교의 정의에 이어서 "외교 관념의 요소는 두 나라 이상의 국가가 상호 교통함에 필요하니 각국이 쇄국주의를 고집하여 고립하거나 혹 일국이 천하를 병유하여 통일제국을 형성하면 외교가 자연히 없어"진다고 하였다.

강상운은 넓은 뜻으로서는 "국민 간의 교섭"이라 할 수 있으며, 좁은 뜻으로서는 "외교기관을 통하여 다른 국가의 외교기관과 절충하는 것" 곧 "국가의 외교기관이 국민의 이익을 도모하기 위하여 행하여지는 대외교섭의 일체"를[4] 말하는 것이라 하였다.

서양에서는 외교를 주로 국가 또는 정부 간의 교섭, 사무처리 방식과 기술 그리고 대인관계에 있어서 다른 사람을 다루는 수완 등으로 설명하고 있다.[5] 예컨대 이 분야의 고전적 저서를 낸 사토는 외교를 "독립국가 정부들 간의 공식관계를 처리하는데 지혜와 기교를 적용하는 것이며 … 더 간단히 말하면 국가 간의 사무를 평화적인 수단으로 처리하는 것"이라[6] 하였다. 또한 영국의 저명한 외교관이자 학자였던 니콜슨도 외교는 "국제관계를 교섭으로 처리하는 것이며, 대사나 사절이 이러한 국제관계를 조정하고 처리하는 방법이며, 외교관의 직무 또는 기술"이라[7] 하였다.

---

3) 申常雨, 「외교학대의」(서울: 삼일출판사, 4282[1949]), 15쪽. 그는 "나라와 나라의 관계라는 것은 국가적으로는 정치 · 경제 · 문화 · 통상 · 종교에 관한 이해점을 자국에 유리하게 처리하는 것이요, 국제적으로는 세계의 평화와 복리를 여러 국가의 공동 책임과 협조로써 행하게 되는 것을 의미한 것이다"라는 주석을 달아놓았다.

4) 姜尙雲, 「근대외교사」(서울: 민중서관, 1954), 2쪽.

5) 동덕모, "동양에 있어서의 전통외교의 개념," 서울대학교 국제문제연구소 「논문집」, 제8호(1984), 41-42쪽. 이 글은 「조선조의 국제관계」(서울: 박영사, 1990) (제2장 한국의 전통외교)에 재수록되었다.

6) Lord Gore-Booth (ed.), *Satow's Guide to Diplomatic Practice* (London: Longman, 1979), p. 1. 사토는 1862년 일본에 부임하여 1883년까지 근무하였고 1895년 주일공사로 부임하였다가 이어서 1900~06년 주청 공사로 근무하였던, 19세기 후반기 동아시아 국제정치에 막강한 영향력을 미친 영국 외교관이었다. 그의 「외교실무 안내」(초판 1917년)는 외교 분야의 필독서라고 평가받는다. 김용구, 「세계관 충돌과 한말 외교사, 1866~1882」(서울: 문학과 지성사, 2001), 269쪽 주10 참조.

7) Sir Harold Nicolson, *Diplomacy*, 3rd ed. (Oxford: Oxford University Press, 1969), pp. 4-5; 신복룡 옮김, 「외교론」, 개정판(서울: 평민사, 1998), 24쪽.

외교를 뜻하는 영어의 diplomacy나 프랑스어의 diplomatie는 잘 알려진 대로 '접는다'는 의미의 그리스어 동사 'diploun'에서 유래하였는데, 이에 대해서는 니콜슨의 설명을 인용하고자 한다.

> 그 말[diplomacy]은 "접는다(to fold)"는 의미의 그리스어 동사 "diploun"에서 유래하였다. 로마제국 시대에 모든 통행증, 제국 도로의 여행증 및 운송장은 이중 금속판에 날인되어 둘로 접은 다음 특수한 방식으로 꿰매어 붙였다. 이러한 금속통행증을 "diplomas"라고 불렀다. 그 후에 "diploma"라는 말은 그 의미가 확대되어 다른 준금속 공문서, 특히 특권을 부여하거나 또는 외국인 집단이나 종족과의 협정을 구체화하는 공문서까지 포함하게 되었다.[8)]

이와 같이 영어나 프랑스어의 외교라는 용어의 기원은 공문서와 관련이 있었던 것이다. 시간이 흐르면서 이러한 공문서들은 더 많이 쌓이게 되고, 따라서 이러한 공문서를 정리하고 해독하고 보관하는 전문 인력을 고용할 필요가 생겼다. 이에 문서보관이라는 전문 직업이 등장하게 되었고, 이와 함께 고문서를 조회하고 해독하는 고문서학(palaeography)이 등장하였다. 이 두 직업은 17세기 후반까지 고문서나 공문서를 다루는 직업, 즉 문서직(diplomatic business)이라 불렸던 것이다.[9)]

diplomacy라는 용어가 '고문서 연구'라는 뜻이 아니라, '국제관계

8) Nicolson(1969), p. 11. 또한 신복룡 옮김(1998), 34쪽 참조.
9) Nicolson(1969), p. 11; 신복룡 옮김(1998), 34쪽.

의 행위나 처리'라는 의미로 사용되기 시작한 것은 비교적 근래의 일이었다. 즉 나라 사이의 교섭을 지칭하는 용어로 프랑스어 diplomatie가 사용되기 시작한 것은 나폴레옹전쟁 시기였으며,10) 영국에서는 1796년에 이르러 버크(Edmund Burke)가 처음으로 이와 같은 의미로 사용하였다.11) 다시 말해 문서를 지칭하던 diplomacy, diplomatie가 18세기 말에 이르러서야 오늘날과 같은 의미로 사용되기 시작하였던 것이다. 나폴레옹전쟁 이전에는 국제사회의 행위자들 간의 교섭을 negotiation이라 부른데 반하여, 근대 국제질서의 행위자들의 교섭은 diplomacy라고 부르기 시작하였으니, 이는 새로운 현상을 지칭하는 새로운 용어가 필요하였던 시대적 산물이라 하겠다.12)

이에 따라 많은 사람들은 외교가 근대에 형성되었다든가13) 근대

---

10) 김용구, 「만국공법」(서울: 소화, 2008), 80쪽. 저명한 외교사가였던 드 플라상(de Flassan)이 그의 「프랑스 외교사」(1811)에서 "수년 전부터 diplomatie라는 낱말이 대외관계의 학문을 지칭하는 것으로 사용되어 오고 있다"고 지적하고 있는 것은 이러한 사정을 말해주고 있다. 한편 1716년에 발간된 외교관의 지침서이자 프랑스식 외교의 고전으로 알려진 칼리에르(François de Callières)의 「군주들과 교섭하는 방법에 관하여(*De la manière de négocier avec les Souverains*)」라는 저서에서도 diplomatie, diplomate와 같은 단어를 전혀 찾아볼 수 없다. 김용구(2008), 80-81쪽. 칼리에르의 책은 몇 년 전 남경태 옮김, 「어느 원로대신의 협상에 대한 충고」(서울: 위즈덤하우스, 2001)라는 이름으로 국내에 번역 출판되었다.

11) Nicolson(1969), pp. 11-12; 신복룡 옮김(1998), 35쪽.

12) 김용구(2008), 81-82쪽. 한편 중세 서구의 외교원칙과 명분은 무엇보다 신의 평화(pax Dei)를 위하고 나아가 기독교사회의 평화(pax Christiana)를 위하여 존재하는 것이었다. 16세기에 이르러서야 외교는 중세적 성격을 탈피하고 기독교적 평화의 수립이나 유지보다는 자국의 이익만을 추구하는 정치의 술(art)로 일변하였다. 이용희, 「일반국제정치학(상)」(서울: 박영사, 1962), 119-120쪽; 김홍철, 「외교제도사」(서울: 민음사, 1985), 99-101쪽; Garrett Mattingly, *Renaissance Diplomacy* (Boston: Houghton Mifflin, 1955), pp. 48-51, 108-118.

13) 金正昆, 「현대외교학개론」(북경: 중국인민대학출판사, 1999), 14쪽; Stephen P.

국가체제(modern state system)의 제도라고 주장한다. 즉 외교라는 용어는 15세기 이탈리아에서 시작되어 17~18세기에 프랑스에서 완성된 외교체제에 사용되어야 한다는 것이다. 니콜슨이 이러한 주장의 대표적 옹호자이며 최근에는 베리지(G. R. Berridge)를 들 수 있다고 한다.[14] 외교의 근대기원론이라 할 수 있는 이러한 주장에 대하여, 외교란 과거 5백년의 주권·영토국가보다 앞서서부터 존재하여 온 영속적 국제제도라는 반론도 있다. 다시 말해 외교는 근대라는 특정시간에 구애받지 않는 실존적 현상으로 보는 견해이다.[15]

한마디로 외교를 1450년대 이탈리아 도시국가 간의 상주외교사절제도의 등장이나[16] 외교사절의 파견과 접수 등 외교권을 국가가 독점하는 근대주권국가의 등장[17] 또는 근대국제사회의 형성 이후

Duggan, "The Fundamentals in a Scientific Study of Inernational Relations," in Edmund A. Walsh (ed.), *The History and Nature of International Relations* (Freeport, New York: Books for Libraries Press, 1969[1922]), p. 5.

14) Christer Jönsson, "Diplomacy, Bargaining and Negotiation," in Walter Carlsnaes, Thomas Risse & Beth A. Simmons (eds), *Handbook of International Relations* (London: Sage, 2002), p. 213.

15) Paul Sharp, "For Diplomacy: Representation and the Study of International Relations," *International Studies Review*, 1: 1 (1999), p. 51; Christer Jösson & Martin Hall, *Essence of Diplomacy* (Basingstoke: Palgrave, 2005), p. 3.

16) 이를 근대외교의 시발점으로 삼는 것이 일반적이다. 김홍철(1985), 142-156쪽; Mattingly(1955), Part 2; Nicolson(1969), pp. 12-13; Riccardo Fubini, "Diplomacy and Government in the Italian City-States of the Fifteenth Century," in Daniela Frigo (ed.), *Politics and Diplomacy in Early Modern Italy*, translated by Adrian Belton (Cambridge: Cambridge University Press, 2000), p. 11.

17) J. L. Holzgrefe, "The Origins of Modern International Relations Theory," *Review of International Studies*, Vol. 15, No.1 (1989), pp. 16-17. 또한 Alan James, "Diplomacy and International Society," *International Relations*, Vol. 6, No. 6 (1980), pp. 936, 941; Adam Watson, *Diplomacy: The Dialogue between States*

로[18] 한정시키려는 주장과, 이와는 달리 영토적이든 아니든 주권적이든 아니든 모든 종류의 정치체(polities)에 해당한다는 통시적 시각에서[19] 나아가 의사소통(communication)이나 외교적 대표(diplomatic representation)라는 기능면에서[20] 근대 이전 시대에서부터 존속하여 왔다는 주장으로 크게 나눌 수 있다. 여기서는 후자의 주장을 따르고자 한다. 이는 외교라는 말이 근대 이전 내지 비서구의 경우에 대해서도 이미 널리 사용되어 오고 있으며,[21] 따라서 더 적절한

(London: Methuen, 1982), pp. 11, 120 참조.

18) James Der Derian, *On Diplomacy* (Oxford: Basil Blackwell, 1987), Chap. 6; Costas M. Constantinou, *On the Way to Diplomacy* (Minneapolis: University of Minnesota Press, 1996), pp. 112-113. 또한 이동주(용희) 「국제정치원론」(서울: 장왕사, 4288[1955]), 179-184쪽; 황영주, "르네상스 이탈리아외교의 성격," 「국제관계연구」, 제12권 제1호(2007), 121-143쪽 참조.

19) Jönsson & Hall(2005), p. 31. 또한 Keith Hamilton & Richard Langhorne, *The Practice of Diplomacy* (London: Routledge, 1995), p. 1 참조. 최근에는 외교를 국가와 분리시켜 그 개념을 재구성해야 한다는 주장도 있다. John Hoffman, "Reconstructing Diplomacy," *British Journal of Politics and International Relations*, Vol. 5, No. 4 (2003), pp. 525-42. 또한 Stuart Murray, "Consolidating the Gains Made in Diplomacy Studies: A Taxonomy," *International Studies Perspectives*, Vol. 9, No. 1 (2008), pp. 22-39 참조.

20) Jönsson & Hall(2005), Chaps. 4-6; Sharp(1999), pp. 33-57; Raymond Cohen, "The Great Tradition: The Spread of Diplomacy in the Ancient World," *Diplomacy & Statecraft*, Vol. 12, No. 1 (2001), pp. 23-38. 최근의 대표적인 국제정치학 개론서에서도 외교란 거시적 시각으로는 의사소통의 과정(process of communication)을 의미하며 미시적 시각에서 보면 세계적 의사소통 과정이라기보다는 정책수단(policy instrument)을 지칭하는데, 이러한 의미의 외교는 근대국가체제보다 앞서는 것이라 하였다. White(2005), pp. 388-89, 402; 하영선 외 옮김(2006), 400-401, 415쪽.

21) 雷海宗, "古代中國的外交," 「사회과학」, 1941년 제3권 제1기, 「伯倫史學集」(북경: 중화서국, 2002), 223-235쪽에 재수록; W. A. P. Martin, "Diplomacy in Ancient China," in his *The Lore of Cathay* (New York: Fleming H. Revell, 1912[1901]), pp. 450-472; Richard Louis Walker, *The Multi-State System of Ancient China* (Hamden: The Shoe String Press, 1953), Chap. 6; Ragnar Numelin, *The Beginning of Diplomacy: A Sociological Study of Intertribal and International Relations* (New

용어로 대체하지 않는 한, 그 의미를 좀 더 넓혀서 사용하는 것이 타당하고 여기기 때문이다.

이 글에서는 아편전쟁 이후 서구 외교를 수용하면서 사라진 유교 문명권의 외교에 대해 시론적 차원에서 그 개념과 규범, 제도에 대해 간략히 살펴보고자 한다.

Ⅱ. 외교 개념

유교문명권의 외교 나아가 국제관계에 대한 이해를 좀 더 넓히기 위하여 제1세대 국제정치학자로서 큰 영향력을 남긴 고 이용희 교수의 견해를 다소 길더라도 인용하고자 한다.

> 본래 나라의 국제관계에는 두 가지 형이 있다. … 하나는 국제관계가 동일 권위관념에 의하여 규정되는 경우인데, 이러한 정치권위는 본질상 초국가적이 아닐 수 없으며, 또 따라서 권위가 해당하는 범역은 한 개의 초국가적인 국제사회를 형성한다. 그런 고로 이러한 국제권위가 통용하는

York: Philosophical Library, 1950); Raymond Cohen & Raymond Westbrook (eds), *Amarna Diplomacy* (Baltimore: The Johns Hopkins University Press, 2000); Sir Frank Adcock & D. J. Mosley, *Diplomacy in Ancient Greece* (London: Thames and Hudson, 1975); Jonathan Shepard & Simon Franklin (eds), *Byzantine Diplomacy* (Aldershot: Ashgate, 1992); A. Nuri Yurdusev (ed.), *Ottoman Diplomacy* (Basingstoke: Palgrave, 2004); Mohammad Ali Nasir Homoud, *Diplomacy in Islam* (Jaipur, India: Printwell 1994); Gandhi Jee Roy, *Diplomacy in Ancient India* (Patna: Janaki Prakashan, 1981).

국제사회에 있어서 나라가 지니고 있는 성격은 유아독존적 근대국가와는 전연 유형이 다르지 않을 수 없으며, 또 형식으로는 서로 마치 형제자매국가인 양하다. 그리고 국제권위가 지배하는 국제사회 속의 국가관계 혹은 국제정치는 본질상 계층적이며 서열적인 정치관계에서 이루어지며, 따라서 주권사상 같은 정치신화가 용납될 여지가 없다. 예컨대 중세 기독교사회의 국가관계, 회교사회 간의 국가관계 그리고 구불교・유교권 내의 국제정치를 들 수 있다.

이에 대하여, 또 하나의 형은 무엇일까. 그것은 곧 권위관념이 서로 다른 나라 사이의 국제관계이다. 하기는 국제권위가 지배하는 문명권이라 하여도, 그것이 다른 문명권 혹은 권 밖의 다른 나라에 대한 관계는 결국 이 형에 귀착한다. 이 형의 근본적인 특색은 다름 아니라 어디까지나 배타적이며 적대적이요, 그리고 「내」「남」이 첨예하게 구별되는 차별관이었다. 무릇 권위는 그 권위가 통용 아니 되는 고장에서는 아무런 적극적인 위력을 발휘할 수 없다. 따라서 권위관념이 다른 나라 또는 문명권 사이의 관계는 자연히 「힘」의 남은 반면(半面) 곧 강제력에 귀결될 것이다.

다시 말하자면, 권력의 양면에서 볼 때에 제1형의 국제관계가 주로 국제권위에 의거한 데 반하여, 제2형은 그 핵심이 주로 강제력에 있었다. 제1형을 권위형이라고 한다면, 제2형은 강제력형이라 이름 붙일 수 있다.[22)]

즉 국제관계는 초국가적 국제권위 아래 계층적이며 서열적인 권위형과, 서로 다른 권위관념 속에 배타적이며 차별적인 강제력형의 두 가지 형으로 귀결된다는 주장이다. 한마디로 국가와 국가 간의

22) 이동주(용희), (1955), 270-271쪽.

관계는 상하차등의 계층적이며 위계적・서열적인 수직형과, 상호 대등・평등의 배타적이며 병렬적인 수평형으로 양분할 수 있다.23)

서구외교제도는 서구국제사회가 전세계적으로 확대해나가고 그에 수반하여 서구문명기준이 보편화하면서 전세계적으로 수용되기에 이르렀으며, 유교문명권 또한 그 예외가 아니었다.24) 이러한 과정에서 diplomacy, diplomatie라는 서양 용어는 유교문명권에서 이미 오랫동안 사용되어온 '외교'라는 낱말로 번역됨으로써, 기존의 외교와 새로이 번역된 외교 개념이 충돌하게 되었다. 즉 1864년에 미국인 선교사 마틴(W. A. P. Martin, 丁韙良: 1827~1916)이 저명한 국제법학자였던 휘튼(Henry Wheaton, 惠頓: 1785~1848)의 「국제법원리(*Elements of International Law*)」를 「만국공법(萬國公法)」이란

23) 영국의 저명한 국제정치학자였던 와이트는 국제사회의 양대 유형으로 고대 그리스나 근대 유럽처럼 주권적 구성국들 간의 상호 승인에 기초하는 국제국가체제(international states-system)와, 페르샤제국과 같이 제국 중심부와 그 주변 속국들과의 관계를 의미하는 종주국가체제(suzerain state-system)를 들고 있다. 한편 영국의 외교관이자 학자인 왓슨은 정치체들 간의 관계를 네 부류로 나누어, 독립(independence)과 제국(empire)이 스펙트럼의 양극에 있고 그 사이에 패권(hegemony)과 지배(dominion)가 위치하여 시계추 운동을 하는 것으로 보았다. Martin Wight, *Systems of States,* ed. by Hedley Bull (Leicester: Leicester University Press, 1977), pp. 22-26; Adam Watson, *The Evolution of International Society* (London: Routledge, 1992), pp. 13-16. 또한 F. S. Northedge, *The International Political System* (London: Faber & Faber, 1976), Chap. 2; Stuart J. Kaufman, Richard Little & William C. Wohlforth (eds), *The Balance of Power in World History* (Basingstoke: Palgrave, 2007), Chap. 1 등 참조.

24) 이에 대하여는 이용희(1962), 제2장 제2절; Hedley Bull & Adam Watson (eds), *The Expansion of International Society* (Oxford: Clarendon, 1984); Gerrit W. Gong, *The Standard of 'Civilization' in International Society* (Oxford: Clarendon, 1984) 등 참조.

제목으로 한역 출판하였으며, 이어서 1876년에 마르텐스(Karl Freiherr von Martens, 馬爾頓: 1790-1863)의 저서 「외교지침(*Guide diplomatique*)」을 「성초지장(星軺指掌)」이란 제목으로 한역하였는데, 이 책의 서론(Considération générales sur l'étude de la diplomatie)을 '외교연유(外交緣由)'라고 번역하였다.[25] 즉 오랫동안 이 방면의 연구를 해온 김용구의 지적대로, 서양 용어인 diplomacy · diplomatie를 유교문명권에서 '외교'라고 번역하여 사용하기 시작한 것은 1876년 「성초지장」에서 비롯된 것이었다.[26]

또한 마틴은 영국의 국제법학자 홀(William Edward Hall)의 저서 [*A Treatise on International Law*]를 1902년에 「공법신편(公法新編)」이란 제목으로 한역 출판하였는데, 그 서두에 중서자목합벽(中西字目合璧 Terms and Phrases)이란 항목을 두어 당시 국제법 용어의 번역을 알 수 있게 하였다. 예컨대 Foreign Intercourse는 외교로, Diplomacy는 방교(邦交)로 번역하고 있다.[27]

---

25) 「외교지침」은 1832년 초판이 발간되었으며, 1866년에 프로이센의 외교관이며 국제법학자였던 게프켄(M. H. F. Geffcken)이 크게 증보하여 출간하였는데, 마틴의 번역 저본은 이 증보판이다. 김용구(2008), 3~4장; 김효전, 「근대 한국의 국가사상」(서울: 철학과 현실사, 2000), 제2편 제1장; 윤영도, "중국 근대 초기 西學 번역 연구: 「만국공법」 번역사례를 중심으로," 연세대학교 대학원 박사학위논문, 2005.

26) 김용구, "공산권에 있어서의 외교 개념," 서울대학교 국제문제연구소 「논문집」, 제8호(1984), 97쪽; 김용구, 「세계관 충돌과 한말 외교사, 1866~1882」(서울: 문학과지성사, 2001), 32쪽; 김용구, 「외교사란 무엇인가」(인천: 원, 2002), 124쪽; 김용구(2008), 36, 80쪽. 한편 diplomacy를 '외교'로 먼저 번역한 것은 일본에서였을 것이라는 주장도 있다. 즉 막부 말기와 명치 초기의 문서에 자주 보이는 '외국교제(外國交際)'라는 말의 생략형으로서 '외교'라는 말이 정착되어 갔고 1880년대에 상당히 널리 사용되었으며, 청나라 말기에 재일본 중국유학생 등을 통해 이 용어가 중국으로 전해졌을 것으로 추정하고 있다. 渡辺昭夫, "外交とは何か-その語源的考察," 「外交フォラム」, no. 56(1993), 8-9쪽. 또한 김용구(2002), 125쪽 주82; 김수암, "한국의 근대외교제도 연구," 서울대학교 대학원 정치학박사 학위논문, 2000, 37쪽 주67 참조.

이와 같이 서양의 Diplomacy는 유교문명권에 수용되는 초기 과정에서 외교나 방교로 번역하였으며, 이러한 용어와 함께 교제·교섭과 같은 낱말도 사용하였던 것이다.[28)]

그렇다면 유교문명권에서 '외교'라는 낱말은 본래 어떤 의미였는지 살펴보자. 노(魯)나라 은공 원년(기원전 722년)에 제(祭)나라 국군(國君)이 노나라를 방문하였는데, 「춘추」에서는 "제백래(祭伯來)"라 기록하였을 뿐, 제백 "내조(來朝)"라고 하지 않았다. 이에 대하여 「춘추곡량전」에서는 다음과 같이 해석하고 있다.

> 경기(京畿) 안에 있는 제후는 천자의 명령이 없으면 제후들의 모임에 나가지 못한다. 그 외교가 바르다고 여기지 않아 조회에 참여했다고 하지 않은 것이다.[29)]

또한 「춘추좌전」에서도 다음과 같은 주석을 달고 있다.

> 천자의 내신은 외교를 할 수 없다.[30)]

---

27) 김용구(2008), 86-88쪽. 또한 김효전(2000), 486-88, 731-32쪽 참조.

28) 김용구(2002), 124쪽; 김용구(2008), 127쪽 주191; 김효전(2000), 435, 449, 461, 479, 485, 488쪽. 마틴은 1904년 「방교제요(邦交提要)」라는 책을 번역 발간하였다. 한편 마르텐스의 저서 「외교지침」은 1869년 일본에서 「외국교제공법」이란 제목으로 부분 번역되어 발간되었다. John Peter Stern, *The Japanese Interpretation of the "Law of Nations," 1854-1874* (Princeton: Princeton University Press, 1979), pp. 52-53.

29) 「춘추곡량전」隱公 원년 12월: 寰內諸侯 非有天子之命 不得出會諸侯. 不正其外交 故弗與朝也.
제나라는 본래 주공(周公)의 아들(다섯째라고 알려짐)이 분봉 받은 나라이다. 呂文郁, 「周代的采邑制度」, 增訂版 (북경: 사회과학문헌출판사, 2006), 97-100쪽.

30) 「춘추좌전」은공 원년 12월 제백래 疏: 天子內臣 不得外交.

즉 제나라는 천자 기내(畿內)의 제후인데 '왕명'을 받지 않고 사사로이 다른 나라 제후를 만났으므로 '내조(來朝)'라 하지 않고 '내(來)'라고 하였으니, 이는 '예'에 부합하지 않는 대외활동에 대한 비판과 폄하를 나타낸 것이었다. 이처럼 '외교'라는 낱말은 신하가 사사로이 대외교제를 하는 것을 지칭하였다. 다시 말해 '경계 바깥과의 교제[境外之交]'를 뜻하였으며, '드러나지 않게 다른 나라와 내통한다'는 뜻을 함유하였던 것이다.31)

이러한 외교의 의미를 좀 더 분명히 규정한 것은 「예기」에서 찾아볼 수 있다.

> 군주(제후)가 친히 다른 나라에 행차하여 조근할 때에 수행한 대부가 사사로이 그 나라 군주를 배알하는 것은 예가 아니다. …남의 신하된 사람은 외교를 할 수 없다[爲人臣者無外交]. 이는 감히 (다른 나라) 군주에게 두 마음을 갖지 못하기 때문이다.32)

즉 인신은 자신의 군주만을 오로지 섬겨야 하며, 자기 군주를 수행하여 다른 나라에 갔을 때 감히 그 나라 군주에 대해 두 마음을 품어서는 안 되는 것이었다. 이와 같이 외교는 '남의 신하된 사람이 사사로이 다른 나라 군주를 만나는 행위'로서, 예에 어긋나는 것이었다. 따라서 "남의 신하된 사람은 외교를 할 수 없다[人臣無外交]"는 원칙이 등장하게 되었다.33)

---

31) 黎虎, 「漢唐外交制度史」(난주: 난주대학출판사, 1998), 前言 1쪽.

32) 「예기」교특생: 朝覲, 大夫之私覿, 非禮也. … 爲人臣者無外交, 不敢貳君也.

33) 김용구(2008), 35, 80쪽; 김수암(2000), 36-37쪽 참조. 한편 고대 근동지역에서 봉신

「한비자」에서도 “벼슬아치들이 직무를 적당히 처리하면서 다른 나라와의 교제에만 힘쓴다”라고[34] 하였고, 「국어」에서도 외교를 ‘(뇌물 성격의) 예물을 두터이 선물한다’는[35] 뜻으로 쓰고 있다. 전국시대에 소진(蘇秦)은 “무릇 남의 신하된 자들이 군주의 땅을 떼어다가 호랑이 같은 진(秦)나라와 외교(밖으로 교분을 맺음)하여 천하를 침해하고 있다”며[36] 약소 제후국들이 함께 진나라를 섬기자는 연횡(連橫) 주장을 강력히 반대하였는데, 그는 ‘외교’라는 말을 일찍 사용했던 인물 중의 하나였다.[37] 이와 같이 외교는 “신하가 군주 몰래 남 나라와 통한다”[38] 또는 “비밀리에 다른 제후를 섬기는 행위”를[39] 지칭하였다. 따라서 매우 나쁜, 부정적인 의미로 사용하여왔던 것이다. 한마디로 고대 유교문명권의 외교는 ‘사교(私交)’였다고 하겠다.

한편 외교라는 용어는 외국인과의 사사로운 교제나 내왕뿐 아니라, 개인 간의 교제나 내왕을 의미하기도 하였다. 예컨대 「묵자」에 보면 “친척들이 붙좇지 아니하면 남들과 사귀려 해서는 안 된다[親戚不附, 無務外交]”라[40] 하였고, 「대대예기(大戴禮記)」나 「소학」에

국은 종주국의 허가 없이는 (주로 강요된 조약에 따라) 다른 국가들 특히 종주국의 적대국들과 외교행위를 할 수 없었다(그 위반은 반란이었음). 김영진, 「조약과 언약: 고대 근동의 국제조약과 구약성서의 언약 연구」(서울: 한들출판사, 2005), 47-48, 80-82, 85, 96쪽; Rodolfo Ragionieri, "The Amarna Age," in Cohen & Westbrook (eds) (2000), p. 48. 여러 문명권들의 외교에 대한 비교분석이 필요하다고 여겨진다.

34) 「韓非子」八姦: 吏偷官而外交.

35) 「國語」晉語 8: 乃厚其外交而勉之.

36) 「戰國策」楚策 1: 夫爲人臣而割其主之地, 以外交强虎狼之秦, 以侵天下.
「史記」권69, 소진전에도 유사한 내용[…以求外交]이 나온다.

37) 葉自成, 「春秋戰國時期的中國外交思想」(香港: 香港사회과학출판사, 2003), 260, 296쪽.

38) 이용희, 「한국민족주의」, 노재봉 편 (서울: 서문당, 1977), 147쪽.

39) 김용구(1984), 97쪽.

서도 "어버이가 좋아하지 아니하면 바깥사람들과 사귀지 아니한다[親戚不說, 不敢外交]"고[41] 하였다. 또한 「사기」에서 외교를 '다른 사람과의 교제'라는 의미로도 사용하였다.[42] 이와 같이 외교는 가족 외의 사람들과 사귀는 행위를 의미하기도 하였다.

한마디로 유교문명권에서의 외교는 다른 나라 군주와의 사사로운 만남이나 다른 나라 사람 또는 가족 외 사람과의 사귐을 뜻하였으며, 따라서 오늘날의 외교라는 낱말과는 매우 다른 의미였던 것이다.[43]

'인신무외교' 원칙은 중국이 조공국들의 외교행위를 힐책할 때에 내세운 명분이기도 하였다. 예컨대 명나라 태조는 "조선국왕이 어찌 사사로이 연왕(燕王: 후일 영락제)과 교제할 수 있느냐"라면서 조선 측 사절을 유배시키기도 하였다.[44] 또한 조선왕조가 초기에 여진인(야인)을 울타리로 여기며 회유정책을 적극 펴나가자, 명나라는 이를 힐책하기도 하였다. 즉 '중국 조정으로부터 이미 관직을 받은 야인들에게 조선이 또 관직을 주는 것은 중국 조정에 지지

---

40) 「墨子」수신.

41) 「대대예기」증자질병; 「소학」소학내편 권2, 명륜 통론(通論).
고대에는 친척이 부모를 뜻하기도 하였다.

42) 「사기」권125, 佞幸傳: (鄧)通…不好外交.

43) 何茂春・師曉霞, 「中國歷代外交家」(북경: 중국경제출판사, 1993), 전언 4쪽; 黎虎(1998), 전언 1~2쪽; 金正昆(1999), 23쪽; 魯毅・黃金祺 등, 「외교학개론」, 재판 (북경: 세계지식출판사, 2004), 2쪽; 李渤 편, 「신편 외교학」(천진: 남개대학출판사, 2005), 10쪽; 이용희, 「정치와 정치사상」(서울: 일조각, 4291[1958]), 335쪽; 김용구(2001), 31쪽; 김용구(2002), 123-24쪽; 권선홍, 「전통시대 동아시아국제관계」(부산: 부산외대출판부, 2004), 15쪽. 또한 朱建民, 「外交與外交關係」(대북: 정중서국, 1980[1977]), 2-3쪽; 陳志奇, 「중국근대외교사」, 상책 (대북: 남천서국, 1993), 1-11쪽 참조.

44) 「조선태조실록」권8, 4년 11월 6일 병인: 朝鮮王, 何得私交.

않으려고 대항하는 것'이라며, "이후로 왕은 법도를 삼가 지켜서 사사로운 교제를 끊"으라고[45] 하였다. 뿐만 아니라 청나라 말기에 서양인들이 국교 수립이나 통상을 요구할 때, 중국 관리들이 이를 거절하는 명분으로 '인신무외교'를 내세우기도 하였다.[46]

조선 또한 '인신무외교'라는 명분을 중시하였다. 「조선왕조실록」에서도 "인신은 외교의 의가 없다[人臣無外交之義]"거나[47] "인신은 의리상 사사로이 교제할 수 없다[人臣義無私交]"라고[48] 하였다. 중국에 갔던 조선 사절들도 이러한 명분 때문에 근신하고 외교활동에 제한을 받기도 하였으며,[49] 조선후기에 서양인들의 통상요구를 거절할 때에도 '인신무외교'를 내세웠다.[50]

이와 함께 신하는 군주의 명령이 없으면 국경을 넘지 못하였다.

> 경은 군주의 명령이 아니면 국경을 넘지 않는다.[51]

> 신하는 국경을 넘어 외교를 할 수 없다.[52]

---

45) 「조선세조실록」권17, 5년 7월 19일 무술: … 謹守法度, 以絕私交.

46) 王曾才, 「淸季外交史論集」(대북: 대만상무인서관, 1972), 17-18쪽; Immanuel C. Y. Hsü, *China's Entrance into the Family of Nations: The Diplomatic Phase, 1858-1880* (Cambridge, Mass.: Harvard University Press, 1960), p. 23.

47) 「조선태종실록」권33, 17년 5월 30일 을묘.

48) 예컨대 「조선세종실록」 3년 7월 13일 계유; 4년 4월 8일 갑오; 4년 8월 8일 임진; 5년 정월 24일 병오; 6년 4월 27일 임신; 15년 2월 17일 신축; 15년 윤8월 9일 기미; 16년 3월 21일 무술; 16년 5월 8일 갑신 등 참조.

49) 김용구(2008), 25쪽 주19; 김경록, "조선시대 사대문서의 생산과 전달체계," 「한국사연구」, 제134호(2006), 39쪽.

50) 「조선순조실록」권32, 32년 7월 21일 을축; 32년 12월 25일 정묘: 藩臣無外交之義. 「通文館志」권11, 今上(고종) 3년: 藩臣無外交.

51) 「춘추좌전」장공 27년 봄: 卿非君命不越竟.

52) 「춘추좌전」희공 23년 杜預 注: 臣無竟(境)外之交.

이와 같이 신하는 군주의 명령이 아니면 사사로이 외교를 해서는 안 되는 것이었다. 되풀이 하지만, 유교문명권에서 외교는 예에 어긋나는 행위로 비난의 대상이었다.

그러나 이러한 사실이 고대 유교문명권에서 외교활동이 없었다는 뜻은 아니다. 즉 외교라는 말이 오늘날의 외교와는 다른 의미였지만, 오늘날의 외교에 해당하는 또는 그와 유사한 용어는 존재하였음은 물론이다. 고대에 외교를 뜻하는 대표적인 낱말은 '방교(邦交)'였으니, 「주례」에 "제후들의 방교[諸侯之邦交]"라[53] 하였다. 또한 오늘날에도 사용하는 '외사(外事)'라는 용어가 이미 「서경」에 보인다.[54] 이외에 '내(來)', '왕(往)', '교(交)', '통(通)', '결(結)', '내왕', '왕래' 등과 같은 낱말도 외교의 의미를 지니고 있었으며, 한나라 이후에는 조공·초유(招諭)·내조·유원(柔遠) 등도 그러하였다.[55]

Ⅲ. 외교 규범

기원전 1122년에 세워진 주나라 때 이르러 유교문명의 중요한 기반이 마련되었다고 평가받는다. 무엇보다 혈연에 기반하고 윤리도덕을 중시한 종법제도와 함께, 이에 근거하여 정치적인 봉건(분

53) 「周禮」추관 대행인.

54) 「書經(尙書)」강고.

55) 何茂春·師曉霞(1993), 전언 5-7쪽; 黎虎(1998), 전언 2쪽; 何茂春, 「中國外交通史」(북경: 중국사회과학출판사, 1996), 4-5쪽.

봉)제도를 만들어 시행하였다.[56)]

정치적으로 주나라 왕과 각 지방의 제후들 간에는 상하 군신관계가 성립하고 그에 상응하는 권한과 책무가 주어졌으며, 종법제도에서 본다면 이들 관계는 대종(大宗)과 소종(小宗)의 관계였다. 따라서 주나라 왕은 천하의 최고 통치자 곧 천하공주(天下共主)였으며, 동시에 주 왕실 대가족의 족장이자 천하의 대종이었던 것이다.

> 천자가 천하를 다스리고 제후가 봉토를 다스리는 것은 예로부터의 제도이다. 봉토 내의 어디인들 왕의 땅이 아니며, 봉토 내의 누구인들 왕의 신하가 아니겠는가? 그러므로 「시경」에서 '드넓은 하늘 아래 왕의 땅 아닌 곳이 없으며, 온 땅 끝까지 왕의 신하 아닌 사람이 없다'고 하였다.[57)]

> 천자는 제후국을 세우고, 제후는 경대부의 가를 세우고, 경(卿)은 측실(側室)을 두고, 대부(大夫)는 이종(貳宗: 대부의 둘째 아들)을 두고, 사(士)는 허드렛일 하는 자제를 둔다.[58)]

이와 같이 천자-제후-경대부-사에 이르는 위계 구조와 질서가 이루어졌으며, 이는 천자가 다스리는 천하(天下)와 제후가 다스리는

---

56) 이춘식, 「중국고대의 역사와 문화」(서울: 신서원, 2007), 제2장 제2절; 楊寬, 「西周史」(상해: 상해인민출판사, 2003), 제3편; 瞿同祖, 「중국봉건사회」(대북: 이인서국, 1984); 王德培, 「西周封建制考實」(북경: 광명일보출판사, 1998); 錢杭, 「周代宗法制度史研究」(상해: 학림출판사, 1991) 등 참조.

57) 「춘추좌전」소공 7년 2월. 「詩經」의 글[溥天之下 莫非王土, 率土之濱 莫非王臣]은 「시경」소아 북산장에 보인다.

58) 「춘추좌전」환공 2년 겨울.

국(國) 그리고 경대부가 다스리는 가(家) 사이에서도 마찬가지였다.[59] 따라서 '윗사람은 아랫사람을 부리고, 아랫사람은 윗사람을 섬겨야' 하였던 것이다.[60]

이와 같이 주나라 왕(천자)이 제후들을 책봉하고 그에 대해 제후들은 왕에게 조공함으로써, 명분상 군신관계에 있는 국가 간의 관계가 등장하게 되었다.[61]

피라미드형의 통치구조, 즉 위계적이며 상하등급적인 종법 봉건제도를 제대로 이끌어 나가기 위하여 주공(周公)을 비롯한 주나라 위정자들은 이른바 예악을 만들었다[制禮作樂]. 이는 친인척으로 구성된 지배계층들을 강제적 · 물리적 힘을 수반하는 방식(법이나 형벌 등)보다는 주나라 왕을 정점으로 상하 · 존비 · 귀천의 가부장적 사회질서를 유지하는 '예(禮)'로써 제어하고 규제하려 하였던 것이다.[62]

예의 대원칙에 대하여 「예기」에서는 다음과 같이 언급하고 있다.

> 무릇 예는 관례(冠禮)에서 시작하여, 혼례(昏禮)에 근본을 두고, 상례(喪禮)와 제례(祭禮)로 융중하게 하고, 조례(朝禮)와 빙례(聘禮)로 존경하게

---

59) 김한규, 「천하국가」(서울: 소나무, 2005), 47-48쪽; 陳劍峰, 「文化与東亞 · 西歐國際秩序」(상해: 상해대학출판사, 2004), 31-35쪽. 또한 이용희(1977); 趙汀陽, 「天下體系」(남경: 강소교육출판사, 2005) 참조.

60) 「춘추좌전」소공 7년 2월.

61) 김한규(2005), 63쪽.

62) 잘 알려진 대로, 예는 신과 인간을 이어주는 제사의식에서 유래하였으며, 시간이 흐르면서 인간 사이의 윤리관계 나아가 정치 · 종교 · 사회 등 각 방면의 규범을 총칭하게 되었다.

하고, 사례(射禮)와 향음주례(鄕飮酒禮)로 화목하게 한다.[63)]

이처럼 예를 8종류로 나누고 있으며, 외교규범에 해당하는 조례와 빙례도 그 일부였음을 알 수 있다. 한편 「주례」에서는 오례로 나누며, 그 기능에 대해서 다음과 같이 설명하고 있다.

길례(吉禮)로써 천신 · 인귀 · 지신을 섬기고 …
흉례(凶禮)로써 우환을 애도하고 부조하며 …
빈례(賓禮)로써 서로 친근하게 하며 …
군례(軍禮)로써 제도를 통일시키며 …
가례(嘉禮)로써 모든 백성들을 친애하게 한다.[64)]

이처럼 외교나 전쟁까지도 예의 적용 대상이었다. 즉 천자와 제후, 제후와 제후 간의 관계는 빈례에 따라야 하였던 것이다.

유교문명권에서 예는 무엇보다 인간과 금수를 구별하는 기준이었으니, 「예기」에는 다음과 같은 언급이 나온다.

무릇 사람이 사람답다는 것은 예의가 있기 때문이다.[65)]

앵무새는 말을 하지만 나는 새에 지나지 않고, 성성이는 말을 하지만 금수에서 벗어나지 못한다. 이제 사람으로서 예가 없다면 비록 말은 잘하더라도 역시 금수의 마음이 아니겠는가? 무릇 금수에게는 예가 없다.

---

63) 「예기」혼의(昏義).
64) 「주례」춘관 大宗伯.
65) 「예기」관의(冠義): 凡人之所以爲人者, 禮義也.

> … 그러므로 성인이 … 예를 만들어 가르쳐서, 사람으로 하여금 예를 가지게 하고 스스로 금수와 다르다는 것을 알게 하였다.[66]

이처럼 '예'가 있어야만 사람은 사람다워질 수 있다고 여겼던 것이다.

뿐만 아니라 '예'는 중화와 이적을 구별하고 문명과 야만을 분별하는 표지이기도 하였다. 즉 중화와 이적을 구별하는데 습속이나 생활방식 등 문화·문명의 차이가 지역이나 종족·혈연보다도 더 중요한 기준이라고 여겼던 것이다.[67] 일찍이 공자는 "(제나라 환공을 도와 천하를 하나로 바로잡게 한) 관중(管仲)이 아니었다면 지금 우리들은 모두 (오랑캐처럼) 머리를 풀어헤치고 옷섶을 왼쪽으로 여미고 있을 것"이라며,[68] 중국인들이 오랑캐처럼 '피발좌임(被髮左衽)'하지 않게 만든 관중의 공을 높이 평가하였다. 중화와 이적의 분별과 함께 예의 중요성에 대해서는 송나라 때 학자 호안국(胡安國)이 다음과 같이 명쾌하게 지적하고 있다.

> 중국이 중국이 되는 까닭은 예의(禮義) 때문이다. (예의를) 한번 잃으면 이적이 되고, 두번 잃으면 금수가 되어 인류는 멸망한다.[69]

---

66) 「예기」곡례 상.

67) 권선홍(2004), 28-30, 195-200쪽; 김한규(2005), 11, 350-352쪽; 鄒昌林, 「中國禮文化」(북경: 사회과학출판사, 2000), 55, 215-220쪽; 勾承益, 「先秦禮學」(성도: 파촉서사, 2002), 305-307쪽; 馮天瑜, 「中華元典精神」(무한: 무한대학출판사, 2006), 49-53쪽.

68) 「논어」헌문 17장.

69) 「春秋胡傳」권12, 희공 23년 11월.

한마디로 '예'는 유교문명권에서 사회규범의 총칭이자 그 정수였다고 하겠다. 따라서 '예'는 원칙적으로 중국문명권 내지 유교문명권 내에서만 적용되었던 것으로, 권 밖의 이적에 대해서는 다만 이를 준용할 따름이지 굳이 엄격하게 적용하려고는 하지 않았던 것이다. 이는 서구 국제법이 기독교적인 문명국가들에게만 적용될 뿐, 비서구 국가들에게는 적용되지 않는다고 생각하였던 것과 마찬가지라 하겠다.[70)]

유교문명권의 외교규범과 관련하여 조빙과 사대자소에 대해 알아보고자 한다.

우선 조빙(朝聘)은 조공과 빙문을 가리키며, 조공의 '조'는 (제후가) 천자를 배알한다는 뜻이고, '공'은 천자에게 바치는 물건을 의미하였다.

> 봄에 (천자를) 뵙는 것을 조(朝)라 하고, 여름에 뵙는 것을 종(宗)이라 하고, 가을에 뵙는 것을 근(覲)이라 하고, 겨울에 뵙는 것을 우(遇)라 한다. (정벌 등 큰 일이 있을 때) 불시에 뵙는 것을 회(會)라 하고, 여러 제후들이 함께 뵙는 것을 동(同)이라 한다.[71)]

---

70) 이용희(1977), 18-20, 142, 149-150쪽; 김용구(1997), 16-17, 72-76쪽; 徐杰令(2004), 전언 19쪽. 예컨대 이적은 아무리 크다 하더라도 (공·후·백이 아닌) '자(子)'라 불렀으며(「예기」곡례 하), 이적과의 싸움은 (상대가 대등한 경우에 부르는) '전(戰)'이라 하지 않고 '몰아내다[驅之]'(「춘추공양전」장공 30년 겨울) 또는 '쳐부수다[敗之]'라(「춘추곡량전」성공 12년 가을) 하였다. 또한 이적의 군주가 오더라도 '조(朝)'할 자격이 없다고 하여 '내조(來朝)'라 하지 않고 단지 '내(來)'라고만 적기도 하였다(「춘추공양전」 희공 29년 봄; 같은 책, 양공 18년 봄). 한마디로 이적에게는 예의로 대우하거나 책망할 필요가 없다고 여겼던 것이다.

71) 「주례」춘관 대종백.

천자가 의(依) 앞면에 서 있고 제후가 북쪽을 향하여 천자를 뵙는 것을 근(覲)이라 하고, 천자가 저(宁)에 서 있고 제공(諸公)들이 (천자의 서편에서) 동쪽을 향하고 제후(諸侯)들이 (천자의 동편에서) 서쪽을 향하는 것을 조(朝)라고 한다.[72)]

봄에 제후가 (천자를) 뵙고[春朝] 1년 간 해야 할 큰일에 대해 도모하고, 가을에 뵙고[秋覲] 각 제후국의 정치 실적에 대해 평가하여 차례를 매기고, 여름에 뵙고[夏宗] 제후의 통치 결정의 시비를 진술하고, 겨울에 뵙고[冬遇] 각 제후국의 우려하는 바에 대해 협조한다.[73)]

이와 같이 조근에 대해 계절이나 장소 또는 내용에 따라 다양한 설명을 하고 있음을 알 수 있다.[74)]

조공의 횟수는 왕이 직접 다스리며 천하의 중심이라 여겨지는 왕기(王畿)로부터 지리적인 원근과 작위의 고하, 또는 문화적 수준에 따라 차등 있게 정하여졌다.

제후는 천자에 대하여 해마다 한번 대부(大夫)를 보내 예물을 바치고 문안을 드리며[小聘], 3년에 한번 경(卿)을 보내 예물을 바치고 문안을 드리며[大聘], 5년에 한번 친히 조근(朝覲)한다.[75)]

---

72) 「예기」곡례 하. 의는 부의(斧依)라고도 하며, 도끼 모양을 수 놓은 병풍 같은 것이었다. 저는 정문과 병풍 사이를 말한다.

73) 「주례」추관 대행인.

74) 이춘식(1997), 131-37, 296-312쪽; 徐杰令, 「春秋邦交研究」(북경: 중국사회과학출판사, 2004), 58쪽; 李云泉, 「朝貢制度史論」(북경: 신화출판사, 2004), 205쪽; 李无未, 「周代朝聘制度研究」(장춘: 길림인민출판사, 2005), 36-47쪽.

천자의 직할지[邦畿]는 사방 1천리이다. 그 바깥 사방 5백리를 후복(侯服)이라 하는데 (후복 내의 제후는) 1년에 한번 조근하고… 그 바깥 사방 5백리를 전복(甸服)이라 하는데 2년에 한번 조근하고… 그 바깥 사방 5백리를 남복(男服)이라 하는데 3년에 한번 조근하고… 그 바깥 사방 5백리를 채복(采服)이라 하는데 4년에 한번 조근하고… 그 바깥 사방 5백리를 위복(衛服)이라 하는데 5년에 한번 조근하고… 그 바깥 사방 5백리를 요복(要服)이라 하는데 6년에 한번 조근하고… 구주(九州, 즉 중국) 바깥을 모두 번국(蕃國)이라 하는데 새로 왕이 즉위하면 한번 조근하고…[76]

이와 같이 조공의 횟수에 대해서도 일정한 규정이 있었다. 또한 제후가 천자에게 조근할 때에는 토산물이나 특산물 위주로 공물을 바쳤는데, 몇몇 기록을 인용한다.

후복(의 제후들)은… 제사에 쓸 물건[祀物]을 바치고,… 전복은… 손님 접대에 쓸 물건[嬪物]을 바치고,… 남복은… 귀중한 예기(禮器)[器物]를 바치고,… 채복은… 의복의 재료[服物]를 바치고,… 위복은… 옥이나 돌 등 원재료[材物]를 바치고,… 요복은… 거북이나 조개 등[貨物]을 바치고,… 번국은… 자기 나라에서 나는 진귀한 물품을 바친다.[77]

전복은 천자가 매일 제사지낼 때 드는 제수품을 바치고[日祭], 후복은 천자가 매달 제사지낼 때 드는 제수품을 바치고[月祀], 빈복(賓服)은 천자

---

75) 「예기」왕제.
76) 「주례」추관 대행인. 한편 「서경」禹貢篇에는 오복(五服)에 대한 이야기가 나온다.
77) 위와 같음.

가 매 계절 제사지낼 때 드는 제수품을 바치고[時享], 요복은 1년에 한번 특산물을 바치고[歲貢], 황복은 새로 왕이 계승하면 한번 천자에게 조공한다[終王].[78]

이와 같이 제후가 천자를 조근하는 기한은 5년이고, 조근할 때에는 조근예를 거행할 때 드는 물품(玉帛 · 馬匹)뿐 아니라 자국의 토산물을 가지고 가서 천자에게 바쳐야 하였다.

한편 제후가 천자에게 조공하는 것은 하나의 중요한 의무였으며, 따라서 조공의 불이행은 예에 어긋나는 행위로서 징벌의 대상이기도 하였다.[79]

(제후가) 한번 조근하지 않으면 그 작위를 깎아내리고, 두번 조근하지 않으면 그 땅[封地]을 줄이고, 세번 조근하지 않으면 군대[六師]를 동원하여 제후를 갈아치운다.[80]

매일 제사지내는 물품을 바치지 않으면 형벌로 다스리고, 매달 제사지내는 물품을 바치지 않으면 군대로 공벌하고, 매 계절 제사지내는 물품을 바치지 않으면 정토하고, 매년 해야 할 조공을 하지 않으면 견책하고, 왕위에 있는 동안 한번도 조공하지 않으면 문서로 효유하였다.[81]

---

78) 「국어」주어 상. 또한 「荀子」정론편에도 같은 내용이 나온다.
79) 김용구(2008), 28-29쪽.
80) 「맹자」고자 하 7장.
81) 「국어」주어 상.

또한 제(齊)나라 환공(桓公)이 초(楚)나라를 침공하면서 '초나라가 포모(包茅)를 바치지 않아 왕의 제사에 쓸 술을 만들 수 없게 되었다'는 이유를 들었다. 그러자 초나라 측에서 '이를 바치지 않는 것은 자기 나라 군주의 잘못'이라고 인정하면서 '이후 어찌 감히 바치지 않겠는가'라며 조공의 의무를 받아들이고 있다.[82)]

조근의 구체적인 과정은 매우 번거롭고 자질구레할 정도였다. 우선 제후가 왕성(王城) 근교에 도착하면 천자는 사람을 보내 위로하고[郊勞], 왕성에 들어오면 관사를 지급하며[賜舍], 대부를 보내어 조근할 시기를 통고하였다[戒期]. 제후는 조근하기 하루 전 날 부사를 보내어 조근할 때의 석차 등에 대해 명을 받으며[受次], 조근하는 날 새벽에 예물을 진설하고 천자를 조근하게 된 것을 조상의 신위 앞에 고한다[釋幣]. 그리고 절차에 따라 천자를 조현하였던 것이다.[83)]

물론 이와 같은 제도상의 규정들은 그 신빙성이 약한 경우도 있으며, 문자 그대로 시행되었다고 보기도 어렵다.[84)] 그러나 "조근은 제후의 신하 구실을 가르치기 위한 것"이라거나[85)] "조근의 예는 군신의 의를 밝히고자 함이요… (이러한 예가 없어지면) 군신의 지위를 잃게 된다"고[86)] 하였듯이, 군신관계가 존재하였던 것은 명백

82) 「춘추좌전」희공 4년 봄.

83) 李无未, 「中國歷代賓禮」(북경: 북경도서관출판사, 1998), 22-24쪽; 徐杰令(2004), 60-63쪽. 자세한 내용은 「儀禮」근례; 오강언 역주, 「의례: 고대사회의 이상과 질서」, 제3권(수원: 청계, 2000), 1011~49쪽 참조.

84) 이춘식(1997), 132, 134-36, 144, 300쪽; 김한규(2005), 65쪽.

85) 「예기」제의(祭義).

86) 「예기」경해(經解).

하다고 보겠다.

이상에서 살펴본 대로 조근은 천자(왕)를 배알하는 의미이며, 특히 '조'는 그와 관련된 여러 용어들을 대표하는 것이기도 하였다. 뿐만 아니라 '조'는 제후들 간의 만남이나 제후의 경대부가 다른 제후를 뵙는다는 의미로도 사용되었다.[87]

조근과 함께 빙문(聘問) 또한 빈례에 속하는 중요한 예절의 하나였다. 빙문은 주로 천자와 제후, 제후와 제후 간에 행하여졌는데, 구체적으로 3종류로 나눌 수 있다. 하나는 제후가 조근 간격기간에 천자에게 사절을 보내 문후하고 자국의 상황을 보고 드리는 경우이다. 위에서 말한 바와 같이, 제후는 천자에 대하여 해마다 한번 소빙을 하고 3년에 한번 대빙을 하였는데, 소빙은 대부를 보내 빙문하는 것이고 대빙은 경을 보내 빙문하는 것이었다.[88] 소빙의 경우보다 대빙이 격식도 높고 예물도 많았으며 받는 접대도 더 융숭하였다.[89]

다음은 제후와 제후 간에 사절을 보내 문후하고 우호관계를 맺는 경우이다. 「예기」에는 "제후가 대부를 파견하여 다른 나라 제후를 방문하게 하는 것을 빙(聘)"이라[90] 하였다. 또한 「주례」에서는 "제후들 간의 외교[邦交]는 해마다 서로 대부를 보내 빙문하고, 2~3년

87) 李无未(2004), 86-90쪽; 徐杰令(2004), 65-71쪽; 陳顧遠, 「中國國際法溯源」(대북: 대만상무인서관, 1972[1931]), 119-22쪽. 예컨대 "무릇 제후가 즉위하면 소국에서는 (군주가) 조현을 가고 대국에서는 (군주를 대신하여) 경대부가 빙문을 한다"고 하였다. 「춘추좌전」양공 원년 겨울.

88) 「예기」왕제.

89) 楊志剛, 「中國禮儀制度硏究」(상해: 화동사범대학출판사, 2000), 389쪽.

90) 「예기」곡례 하.

마다 경을 보내 빙문하고, 제후가 바뀌면 친히 다른 제후국에 가서 조현한다"고[91] 하였다.

끝으로 천자가 제후에게 사절을 보내 빙문하는 경우이다. 물론 천자가 제후에게 빙문하였다는 것을 부인하는 주장도 있으나, 당시 유물이나 기록을 보면 천자도 제후에게 사신을 보내 빙문하였음을 알 수 있다.[92]

또한 주나라 때의 빙문사례를 보면 사절파견이 필수적이었는데, 정기빙문과 비정기빙문으로 나눌 수 있다. 예컨대 제후는 정기적으로 사절을 보내 천자에게 빙문하고 공물을 바쳐야 하였다. 천자가 비정기적으로 제후에게 빙문하는 것은 때로 제후에 대한 감독이나 통제 등을 위한 경우도 있었으나,[93] 빙문의 목적은 무엇보다 천자와 제후, 제후 상호간의 친선도모, 우호증진과 결속강화에 있었다.[94]

빙문의 예의는 무엇보다 대상의 차이에 따라 구별이 있었다. 예컨대 제후들이 천자에게 사절을 보내 빙문하는 경우에 요복(要服) 이내의 제후의 사신은 대객(大客)으로 천자에게 안내되어 조현하였으나, 번국(蕃國)의 사신[小客]은 담당관리[小行人]가 그 공물을 접수하고 건의사항을 천자에게 전하였다.[95] 뿐만 아니라 이미 말한 바와

---

91) 「주례」추관 大行人: 凡諸侯之邦交, 歲相問也, 殷相聘也, 世相朝也.

92) 李无未(2005), 124-126쪽; 徐杰令(2004), 72쪽; 김용구(1997), 85쪽; 이춘식(1997), 215쪽.

93) 李无未(2005), 127-132쪽.

94) 이춘식(1997), 215-216쪽; 李无未(2005), 171-183쪽. 예컨대 조빙을 통해 "기존의 우호관계를 더욱 두텁게 하고 서로 대외 원조할 것을 약속하며, 이웃나라들을 우호적으로 대하여 나라(사직)를 지킨다"(「춘추좌전」 문공 원년 10월), 또는 "우호관계를 다지고 신임을 얻으며, 국사를 논의하고 과실을 보완한다"고(「춘추좌전」양공 원년 겨울) 하였다.

95) 「주례」추관 小行人.

같이 조근의 경우 사사로운 만남[私覿]은 비례로서 허용되지 않았으나, 빙례에서는 사신의 사사로운 만남이 허용되었다.[96]

이외에 이른바 회맹(會盟)도 있었다. 이는 원칙적으로 천자만이 소집하고 주재할 수 있었으나, 주 왕실이 쇠미해지면서 제후 사이에, 제후와 타국 경대부 사이 및 각 제후 경대부 사이에서도 회맹이 행하여졌다.[97]

다음으로 사대자소는 종법적 봉건제도 내에서 크고 작은 제후국들 간의 우호증진과 친목도모 및 결속강화를 위한 이른바 '교린의 예[交隣之禮]'에서 비롯되었다. 우선 「춘추좌전」에 사대자소에 대한 언급이 나온다.

> 예라는 것은 작은 나라가 큰 나라를 받들고 섬기며, 큰 나라가 작은 나라를 어여삐 여기고 돌보아주는 것을 말한다. 사대는 큰 나라의 명령을 공손히 받드는데 있고, 자소는 작은 나라의 모자라거나 없는 것을 걱정하고 도와주는데 있다.[98]

> 작은 나라가 큰 나라를 섬기는 것은 신(信)이고, 큰 나라가 작은 나라를 돌보아주는 것은 인(仁)이다. 작은 나라가 큰 나라를 배신하는 것은 신의를 저버리는 일[不信]이고, 큰 나라가 작은 나라를 침공하는 것은 인의를 저버

96) 楊寬(2003), 795, 804쪽; 李无未(2005), 135-136쪽. 한편 「순자」대략편에서도 "사적(私覿)은 사절이 개인 신분으로 또한 신하의 예로써 다른 나라 제후를 뵙는 것[私見]"이라 하였다.

97) 徐杰令(2004), 85-101쪽. 또한 이춘식(1997), 200-212쪽; 陳顧遠(1931), 184-212, 218-261쪽; 呂靜, 「春秋時期盟誓硏究」(상해: 상해고적출판사, 2007) 참조.

98) 「춘추좌전」소공 30년(기원전 512) 8월: 禮也者, 小事大, 大字小之謂. 事大在共其時命, 字小在恤其所無.

리는 일[不仁]이다. …우(禹)임금이 도산(塗山)에서 제후들과 회합할 때 옥백(玉帛)을 들고 모인 나라가 1만 나라였다. 지금 남아있는 나라는 수십 개에 불과하다. 이는 큰 나라가 작은 나라를 돌보아주지 않고, 작은 나라는 큰 나라를 섬기지 않았기 때문이다.[99]

작은 나라가 큰 나라를 섬기는 것은 신의 때문이다. 신의를 잃으면 스스로 서지 못한다.[100]

무릇 작은 제후국들은 모두 진(晉)·초(楚) 두 나라로부터 무력에 의한 위협을 받고 있다. 작은 나라들이 (큰 나라를) 두려워한 연후에야 위아래가 자애롭고 화목해질 수 있고, 그래야 나라를 안정시킬 수 있다. 큰 나라를 섬기는 것은 (작은) 나라를 보전하기 위한 것이다. (큰 나라의) 위협이 없으면 작은 나라는 교만해지고, 교만해지면 화란이 일어나고, 화란이 일어나면 반드시 망하게 된다. 이것이 바로 작은 나라가 멸망하는 원인이다.[101]

한편 「주례」에도 사대자소와 관련된 기록을 볼 수 있다.

(큰 나라는) 작은 나라를 가까이 하고 (작은 나라는) 큰 나라를 섬기어, 서로 화목하게 한다.[102]

작은 나라는 큰 나라를 섬기고, 큰 나라는 작은 나라를 가까이 한다.[103]

---

99) 「춘추좌전」애공 7년(기원전 488) 여름: 小所以事大, 信也. 大所以保小, 仁也. 背大國, 不信. 伐小國. 不仁. … 唯大不字小, 小不事大也.

100) 「춘추좌전」양공 22년 가을: 小所以事大, 信也. 失信不立.

101) 「춘추좌전」양공 27년 7월: …以事大國, 所以存也….

102) 「주례」하관 대사마(大司馬): 比小事大, 以和邦國.

103) 「주례」하관 형방씨(形方氏): 小國事大國, 大國比小國.

사대자소에 대한 구체적 설명은 '이웃나라와 사귀는 방법이 있는가'라는 제(齊)나라 선왕(宣王)의 물음에 "있다"라며 이어지는 맹자의 답변에서 찾을 수 있다.

> 오직 어진 사람만이 큰 나라로서 작은 나라를 섬길 수 있다. …오직 지혜로운 사람만이 작은 나라로서 큰 나라를 섬길 수 있다. …큰 나라로서 작은 나라를 섬기는 것은 하늘의 뜻을 즐거워하는 것이고, 작은 나라로서 큰 나라를 섬기는 것은 하늘의 뜻을 두려워하는 것이다. 하늘의 뜻을 즐거워하는 사람은 천하를 지키고, 하늘의 뜻을 두려워하는 사람은 자기 나라를 지킨다.[104]

이와 같이 사대자소는 신(信)과 인(仁)에 바탕을 두는, 대소 제후국들이 지켜야 하는 하나의 예(禮)였던 것이다.[105] 다시 말해 사대자소는 단순한 물리적 힘의 관계가 아니라, 유교문명권의 나라 사이의 법 곧 천하법이었다.[106] 예컨대 남송(南宋) 때의 주희는 "큰 나라가 작은 나라를 돌보아주고 작은 나라가 큰 나라를 섬기는 것은 모두 천리의 당연함이다"고[107] 하였으며, 명(明)태조 주원장도 "이적이 중국을 받드는 것은 예의 변치 않는 원칙이고, 작은 나라가 큰 나라를 섬기는 것은 예나 지금이나 똑같은 이치"라[108] 하였다.

---

104) 「맹자」양혜왕 하 3장. 惟仁者 爲能以大事小 … 惟智者 爲能以小事大 … 以大事小者 樂天者也, 以小事大者 畏天也. 樂天者 保天下, 畏天者 保其國.

105) 이춘식(1997), 241-52쪽,

106) 이용희(1977), 141, 148, 150쪽.

107) 「맹자」양혜왕 하 3장 주희 注: 大之字小, 小之事大, 皆理之當然也.

108) 「명태조실록」권90, 홍무 7년 6월 을미: 夷狄奉中國, 禮之常經. 以小事大, 古今一理.

물론 한비자 등 비유가 사상가들은 사대자소를 힘의 강약에서 보고 있기도 하였다.[109)]

> 나라가 작으면 큰 나라를 섬기고, 군사력이 약하면 강한 군대를 두려워해야 한다. 큰 나라에서 요구하는 것이 있으면 작은 나라는 반드시 응해야 하고, 강한 군대가 밀고 들어오면 약한 군대는 반드시 굴복해야 한다.[110)]

그러나 유가에서는 힘보다는 덕과 예를 중시하고 문치(文治)를 숭상하였으며, 대외침략이나 정복보다는 수비와 방어를 강조하였다. 일찍이 공자는 "먼데 사람이 복종하여 오지 않으면 (무력을 사용하기보다는) 문덕(文德)을 닦아서 스스로 오게 해야 한다"고[111)] 하였으며, 후한(後漢) 초기의 하휴(何休)도 "왕자(王者)는 이적을 다스리지 않는다. 오는 자는 막지 않고 가는 자는 쫓지 않는다[來者勿拒, 去者勿追]"고[112)] 하였는데, 이는 후대에도 되풀이 강조되어왔다.

대체로 유교문명권에서 외교사상의 주류는 법가나 병가 등의 현실주의보다는 유가나 도가·묵가 등의 이상주의였다.[113)] 유가의 이상주의적 외교사상을 가장 잘 드러낸 것은 「중용」의 9경(九經)장이라 하겠다.

---

109) 이용희(1977), 141쪽.

110) 「한비자」八姦: 國小則事大國, 兵弱則畏强兵. 이처럼 힘의 강약관계에서 사대자소를 접근하는 한비자는 "힘이 많으면 남들이 조현해오나, 힘이 적으면 남에게 조현해야 한다"며 무엇보다 힘을 기르는데 힘써야한다고 역설하였다. 「한비자」顯學: 力多則人朝, 力寡則朝於人. 故明君務力.

111) 「논어」季氏 1장.

112) 「춘추공양전」은공 2년 봄 하휴 注.

113) 何茂春·師曉霞(1993), 제1장; 葉自成(2003), 제3, 6-7장.

무릇 천하 국가를 다스리는데 9가지 원칙이 있다. …먼데 사람들을 어루만져주는 것[柔遠人]과 제후들을 품어주는 것[懷諸侯]이다. …먼데 사람들을 어루만져주면 사방의 사람들이 스스로 따르게 되고, 제후들을 품어주면 천하가 경외하게 된다. …

떠나갈 때 잘 보내주고 올 때 잘 맞이하며, 잘하는 일은 칭찬해주고 잘못하는 일은 동정해주는 것이 먼데 사람들을 어루만져주는 방법이다. 끊어진 대를 이어주고 무너진 나라를 일으켜주며, 어지러운 것을 다스려주고 위태로운 것을 붙잡아주며, 조근과 빙문을 때에 맞추어 하고, 보내는 예물은 후하게 하고 받는 공물은 적게 하는 것[厚往而薄來]이 제후들을 품어주는 방법이다.[114]

이와 같은 '먼데 사람을 품어주고 어루만져주며[懷柔遠人]' '후하게 주고 적게 받는다[厚往薄來]'는 유교 원칙과 이상은 후대에도 큰 영향을 주었음은 물론이다.

Ⅳ. 외교 제도

본래 은(상)나라와 주나라 때 왕은 '하늘의 명령[天命]'을 받아 천하를 다스린다는 이른바 천명사상이 확립되었다. 당시 '하늘[天]'은 우주 만물을 주재하는 최고신으로서, 인간사회를 다스리는 것도 하늘의 뜻을 받아야만 된다고 여겼던 것이다.[115]

114) 「중용」제20장.

특히 주나라는 천명사상에 근거하여 정권의 정통성을 수립하였으며, 주나라 왕은 곧 '하늘의 아들[天子]'이라 부르게 되었다. 「서경」 홍범편에서 "천자는 백성의 부모가 되어 천하를 다스린다"고[116] 하였으며, 후일 공자도 "오직 천자만이 하늘로부터 명을 받는다"라[117] 하면서 "하늘에는 두 해가 없고 땅에는 두 왕이 없다"고[118] 말하였다. 일종의 왕권천수설(王權天授說)이라 하겠다.[119] 따라서 천명을 받은 천자 곧 주나라 왕이 하늘의 뜻을 받들어 지상에서 정치를 대행하는 유일한 지배자라고 여겼던 것이다.[120]

하나의 통치자, 곧 천자가 천하를 다스려야 한다는 사상은 자연스럽게 대일통(大一統)사상으로 이어졌다.[121] 한나라 때 동중서는 "천자는 하늘로부터 명을 받고, 제후는 천자로부터 명을 받는다",[122] "오직 천자만이 하늘로부터 명을 받고, 천하는 천자로부터 명을 받는다"라[123] 하였는데, 이러한 사실을 잘 나타내준다고 하겠다.

따라서 유교문명권에서 천명을 받은 천자 곧 중국황제로부터 책

---

115) 이춘식(1997), 108-121쪽; 김충열, 「중국철학사 I」(서울: 예문서원, 1994), 제3장 제1절.

116) 「서경」홍범: 天子作民父母, 以爲天下王.

117) 「예기」表記: 惟天子受命於天.

118) 「예기」坊記: 天無二日, 土無二王. 또한 같은 책 喪服四制篇에도 보이며, 「맹자」만장 상 4장에도 "天無二日, 民無二王"이란 공자의 말을 인용하고 있다.

119) 권선홍, "유교문명권의 정치권력론," 권선홍 외, 「정치권력론」(부산: 부산외대출판부, 2006), 1-24쪽.

120) 다시 말해 하늘이나 땅, 나라나 집에 두 개의 해나 두 명의 왕, 군주나 가부장이 없다는 것은 반드시 한 사람이 다스려야 한다는 뜻을 밝힌 것이었다. 「예기」상복사제.

121) 楊松華, 「大一統制度与中國興衰」(북경: 북경출판사, 2004); 黃朴民, 「秦漢統一戰略研究」(북경: 중국인민대학출판사, 2007) 등 참조.

122) 동중서, 「춘추번로」順命: 天子受命於天, 諸侯受命於天子.

123) 동중서, 「춘추번로」爲人者天: 唯天子受命於天, 天下受命於天子.

봉을 받는다는 것은 왕권의 정통성을 인정받는다는 의미였으며, 나아가 유교문명권에서 문명국으로서 대우받는다는 뜻이기도 하였다.[124)]

책봉·조공업무는 고대 유교문명권 외교의 주요 내용이었다. 일찍이 상나라 때에는 빈(賓)이란 관직을 두어 제후들이 상나라 왕에게 조근하는 제반 업무를 관장하였다고 전해진다.[125)]

주나라에 이르러 외교부서는 더 한층 정비되었다. 우선 천자를 조근하러 오는 제후들을 접대하기 위해 대행인(大行人)을 두었으며,[126)] 빈객과 사신접대를 위해 소행인(小行人)과[127)] 먼데 사람과 그들의 공물을 관장하는 회방씨(懷方氏)를[128)] 두었다. 뿐만 아니라 조공사절들에 대한 음식접대를 맡은 장객(掌客),[129)] 그 숙소업무를 맡은 장아(掌訝)라는[130)] 관직도 있었다. 또한 외교업무에서 통역의 중요성에 비추어 이민족과의 통역을 담당하는 상서(象胥)를 두었다.[131)]

제후나 이민족 사절은 주 왕실과의 친소관계 및 작위의 고저에

---

124) 이용희(1977), 150, 161-163, 165쪽; 권선홍(2004), 85-89, 158쪽. 또한 조동일, "책봉체제," 「문명권의 동질성과 이질성」(서울: 지식산업사, 1999), 11-109쪽 참조.

125) 「상서」홍범 八政. 또한 何茂春(1996), 13쪽; 李云泉(2004), 10-11쪽; 馬大正 편, 「中國邊疆經略史」(정주: 중주고적출판사, 2000), 27-28쪽; 龔蔭, 「中國民族政策史」(성도: 사천인민출판사, 2006), 51-52쪽 참조.

126) 「주례」추관 대행인.

127) 「주례」추관 소행인. 행인제도에 대해서는 黃寶實, 「중국역대행인고」, 증정판 (대북: 대만중화서국, 1969) 참조.

128) 「주례」하관 회방씨.

129) 「주례」추관 장객.

130) 「주례」추관 장아.

131) 「주례」추관 상서.

따라 접대와 예우에서 차등적이었음은 물론이다.[132] 예컨대 석차문제에서 주왕실과 동성(同姓) 제후는 앞에, 이성제후는 뒤로 하였고,[133] 동성 제후가 많으면 작위의 고하에 따라 서열을 정하였다. 경대부들 간의 석차에 대해서는 "차국(次國)의 상경(上卿)은 대국의 중경, 중경은 대국의 하경, 하경은 대국의 상대부에 해당"하고, "소국(小國)의 상경은 대국의 하경, 중경은 대국의 상대부, 하경은 대국의 하대부에 해당"한다는 상하위계제도가 존재하였다.[134]

외교사절은 '사(使)'·'사인(使人)'·'사신(使臣)'·'사자(使者)' 등으로도 불렀다. 사절(使節)'은 본래 명을 받고 사신으로 가는 사람이 소지하였던 일종의 신표[符信]였는데, 뒤에 사신을 지칭하는 것으로 사용되었다.[135] 이와 관련하여 「주례」에는 다음과 같은 규정이 있다.

> 무릇 제후국의 사신이 소지하는 절(節)은 산이 많은 국가[山國]는 호랑이 모양의 절[虎節]을 사용하고, 평지 국가[土國]는 사람 모양의 절[人節]을 사용하고, 못과 늪이 많은 국가[澤國]는 용 모양의 절[龍節]을 사용하는데, 모두 금으로 만든다. …
>
> 천하 각지를 다니며 알려주는 사람은 반드시 절을 지녀야 하며, 증빙물로 쓰기도 한다. 절이 없는 경우에는 조사를 받고 통행이 금지되거나 옥에 가두기도 한다.[136]

---

132) 李云泉(2004), 12쪽.

133) 「춘추좌전」은공 11년 봄.

134) 「춘추좌전」성공 3년 11월.

135) 徐杰令(2004), 12쪽. 중국의 역대 통행증제도에 대해서는 范振水, 「中國護照」(북경: 세계지식출판사, 2003) 참조.

136) 「주례」지관 장절(掌節).

이처럼 나라에 따라 사신이 지니고 가는 신표가 서로 달랐음을 알 수 있다.

또한 사절은 일반적으로 부사(副使)를 두는데, 개(介)라고도 하였다. 예컨대 빙문 사절의 경우, 정사는 경(卿)으로 임명하고 상개(上介) 1인은 대부가 맡고 중개(衆介) 4인은 사(士)가 맡았다.[137] 「예기」에는 "빙례를 행할 때 상공(上公)이 파견하는 사신은 7명의 개를 두고, 후・백이 보내는 사신은 5명의 개를 두고, 자・남이 보내는 사신은 3명의 개를 둔다"면서, 이는 "제후들 간의 귀천을 밝히는 것"이라[138] 하였다.

아울러 외교사절은 필요한 자질을 갖추어야 하였다. 무엇보다 규율을 엄격히 지켜야 하였고, 나아가 사심을 가져서는 안 되었다. 즉 "군주의 명령을 받드는데 사심이 없어야 하고, 국가를 위한 계책을 도모하는데 두 마음을 품어서는 안 된다"는[139] 것은 외교사절의 최고 준칙이었던 것이다.[140] 따라서 이미 언급한 바와 같이 '인신무외교'나 '군주의 명이 없으면 경계를 넘어서는 안 된다'는 등의 원칙이 등장하게 되었다. 또한 외교사절은 풍부한 학식은 물론 자국과 상대국의 국정에 대해 잘 알아야 하고 언변의 재능을 가져야 하며, 국가의 입장을 대변하는 외교문서에 특히 삼가고 조심해야 하였다.[141] 일찍이 공자도 "사신으로 외국에 나가 혼자서 경우에 맞게 응대"를 잘 해야 하며,[142] "외국에 사신으로 나가 군주의 명을 욕되

137) 「의례」빙례. 또한 徐杰令(2004), 14쪽 참조.
138) 「예기」빙의
139) 「춘추좌전」성공 6년 9월.
140) 裴默農, 「春秋戰國外交群星」(중경: 중경출판사, 1994), 서언 39쪽.
141) 邱鎮京, 「論語思想体系」(대북: 문진출판사, 1992), 173-177쪽; 徐杰令(2004), 44-52쪽.

게 하지 않"아야 한다고[143] 강조하였다.

한편 유교문명권의 외교사절은 근대 이후에 등장한 상주사절이 아니라 그 당시 오히려 보편적이었던 임시사절로서, 자국의 군주를 대표하고 나아가 자국을 대표하였으며, 국가 간에 상황통보·예물전달·의심해소·우호증진 등의 임무를 수행하였다.[144]

주나라 때의 종법분봉제도에서 비롯된 책봉·조공관계는 중국을 통일한 이후, 특히 한나라 무제 이후 중국과 다른 나라 사이에도 적용되기 시작하였다. 위진남북조시대에 이르러 그 특징적 양상들이 다수 등장하였으며, 수당시대에 제도적으로 더욱 성숙하여 동아시아국제사회의 견실한 기초를 마련하게 되었다. 이후 송대에 북방이민족의 끊임없는 침략으로 한족의 민족감정이 크게 자극을 받았으며, 특히 성리학이 대두하면서 중국과 외국 관계는 천리(天理)에 기초하는 매우 규범적인 것으로 만들어 놓았다. 특히 이민족 왕조였던 원나라를 물리치고 들어선 명나라는 이민족 통치의 잔재 청산과 중화질서의 회복을 적극 내세우면서, 엄격한 해금정책의 시행과 함께 그와 표리관계에 있는 책봉·조공제도로 대외관계를 일원화하여 나갔다. 조공에 대해서도 구체적이고 세밀한 규정을 만들어 이행하도록 요구하였으니, 예컨대 조공횟수나 노선·인원수·조공물품이나 의례 등이 그러하였다. 즉 명대에 이르러 제도적으로 완비되었다고 하겠으며, 청나라는 이를 이어받아 더욱 세밀하고 견고하

142) 「논어」자로 5장.
143) 「논어」자로 20장.
144) 徐杰令(2004), 12쪽.

게 지켜나갔던 것이다.[145]

이상에서 살펴본 외교 규범과 제도들이 유교문명권을 형성하게 하고, 아울러 내부적 동질성과 결속을 이루어주는데 결정적인 역할을 수행하였던 것이다.

Ⅴ. 맺음말

외교는 인류문명의 역사와 함께 시작되었다고 할 수 있으며, 그 내용과 형식은 시대와 장소에 따라 다르기도 하였다. 서양의 외교는 18세기 말에 이르러 오늘날과 같은 의미로 시용되기 시작하였으며, 서국국제사회의 전세계적 팽창과 함께 1870년대 이후 '외교'라는 말로 동아시아지역에서 번역 사용하게 되었다. 그러나 유교문명권에서 이미 사용하여왔던 외교라는 용어는 신하의 사사로운 대외교제 등을 뜻하는, 매우 부정적인 의미를 지닌 것이었다.

서양외교가 들어오기 이전의 유교문명권에서는 근현대적 의미의 외교나 국제관계가 없었다는 주장도 많이 하고 있으나, 이러한 용어를 좀 더 넓은 의미로 사용하는 것이 좋겠다는 생각이다(물론 외교나 국제관계의 근대적 특성을 밝히는 것은 매우 필요하고 중요하지만).

---

145) 권선홍(2004), 66-69쪽; 김한규(2005); 万明,「中國融入世界的步履: 明与淸前期海外政策比較研究」(북경: 사회과학문헌출판사, 2000); 陳尙勝 ,「閉關与開放: 中國封建晩期對外關係研究」(제남: 산동인민출판사, 1993); 李慶新,「明代海外貿易制度」(북경: 사회과학문헌출판사, 2007). 또한「明會典」,「明集禮」나「淸會典」,「淸會典事例」 등의 조공 관련 항목 참조.

유교문명권은 인류역사에서 오히려 보편적이었다고 여겨지는 상하차등적 위계구조를 특징으로 하며, 따라서 외교 또한 그러한 내용을 지닐 수밖에 없었다. 무엇보다 유교문명권의 천하법이라 할 수 있는- 또는 서양 용어로 굳이 표현한다면 자연법에 해당된다고 볼 수 있는[146]- '예' 규범이 통치 분야 나아가 외교 분야에도 적용되었다. 즉 조빙은 물론 사대자소 또한 '예' 차원에서 접근하였으며, 책봉과 조공제도 역시 그러하였다. 이는 외교업무를 예악과 교화를 관장하는 예부(禮部)나 예조(禮曹)에서 담당하였던 사실에서도 잘 나타나 있다고 하겠다. 따라서 예에 어긋나면 비난과 질책이 따르거나, 아예 받아들이지 않기도 하였다.[147]

이 글에서는 유교의 이념 내지 명분에 중점을 두고 외교문제를 살펴보았는데, 이는 유교문명권에서 중요한 행위규범이자 모든 평가의 기준이었다고 보기 때문이다. 물론 이념과 명분이 역사적 현실세계에서 그대로 지켜졌다는 의미는 아니다. 이념과 현실 간의 괴리는 존재하기 마련이다. 따라서 이러한 문제를 좀 더 깊이 연구하기 위해서는 국제정치학뿐 아니라 역사학이나 철학 등의 분야와 함께

146) 김용구(1997), 80쪽.

147) 중국은 조공관련 규정의 준수 여부를 검사하였으며, 위배하는 경우에는 받아들이지 않고 그대로 물리치기도 하였다. 예컨대 「명사」권322, 일본전에는 표문(表文)을 지참하지 않았다는 등의 이유로 일본사절을 물리쳤다는 기록이 여러 차례 보인다. 또한 조선도 "왜인이 포소(浦所: 지정 선착장)에 도착하면 변장(邊將)이 서계(書契)·도서(圖書)·노인(路引)을 조사"한다면서, "서계가 격식에 맞지 아니하는 자는 돌려 보낸다[書契違格者還入送]"고 규정하였다(「경국대전」이나 「대전회통」의 예전(禮典) 대사객(待使客) 참조). 권선홍, "조선왕조의 대청 조공사절," 부산외국어대학교 「국제문제논총」, 제10집(1998), 80쪽.

학제적 연구를 할 필요가 절실하다고 하겠다. 또한 서구적 내지 근현대적 시각에서가 아니라 역사적 맥락에서 접근해야 제대로 이해를 하게 되고 또한 정당한 평가를 할 수 있다고 본다. 나아가 다른 문명권들의 외교와도 비교분석해 보아야만 그 실상을 좀 더 명확하게 파악할 수 있으리라고 기대한다.

참고문헌

「詩經」
「禮記」
「儀禮」
「國語」
「春秋穀梁傳」
「春秋左傳」
「荀子」
「韓非子」
(漢)董仲舒.「春秋繁露」
(宋)胡安國.「春秋胡傳」
(宋)朱熹.「四書集註」
「명태조실록」
「明會典」
「明集禮」
「淸會典」
「淸會典事例」
「조선왕조실록」
「통문관지」
「書經(尙書)」
「周禮」
「大戴禮記」
「小學」
「春秋公羊傳」
「戰國策」
「墨子」

강상운. 「근대외교사」. 서울: 민중서관, 1954.

권선홍. 「전통시대 동아시아 국제관계」. 부산: 부산외대출판부, 2004.

김성규. "중국 왕조에서 賓禮의 연혁." 「중국사연구」. 제23집 (2003).

김성한. "외교." 한국정치학회 편. 「정치학 이해의 길잡이: 국제정치와 안보」. 서울: 법문사, 2008.

김수암. "한국의 근대외교제도 연구." 서울대학교 대학원 정치학박사 학위논문, 2000.

김영진. 「조약과 언약: 고대 근동의 국제조약과 구약성서의 언약 연구」. 서울: 한들출판사, 2005.

김용구. "공산권에 있어서의 외교 개념." 서울대학교 국제문제연구소 「논문집」. 제8호 (1984).

김용구. 「세계관 충돌의 국제정치학: 동양 禮와 서양 公法」. 서울: 나남, 1997.

김용구. 「세계관 충돌과 한말 외교사, 1866~1882」. 서울: 문학과 지성사, 2001.

김용구. 「외교사란 무엇인가」. 인천: 원, 2002.

김용구. 「만국공법」. 서울: 소화, 2008.

김충열. 「중국철학사 I」. 서울: 예문서원, 1994.

김한규. 「천하국가: 전통시대 동아시아 세계질서」. 서울: 소나무, 2005.

김홍철. 「외교제도사」. 서울: 민음사, 1985.

김효전. 「서양 헌법이론의 초기수용」. 서울: 철학과 현실사, 1996.

김효전. 「근대 한국의 국가사상」. 서울: 철학과 현실사, 2000.

동덕모. "동양에 있어서의 전통외교의 개념." 서울대학교 국제문제연구소 「논문집」. 제8호 (1984); 「조선조의 국제관계」. 서울: 박영사, 1990.

신상우. 「외교학대의」. 서울: 삼일출판사, 4282[1949].

윤영도. "중국 근대 초기 서학 번역 연구: 「만국공법」번역사례를 중심으로." 연세대학교 대학원 박사학위논문, 2005.

이동주(용희). 「국제정치원론」. 서울: 장왕사, 4288[1955].

이용희. 「정치와 정치사상」. 서울: 일조각, 4291[1958].

이용희. 「일반국제정치학(상)」. 서울: 박영사, 1962.

이용희. 「한국민족주의」. 노재봉 편. 서울: 서문당, 1977.

이춘식. 「사대주의」. 서울: 고려대학교출판부, 1997.

이춘식. 「중화사상」. 서울: 교보문고, 1998.
이춘식. 「유학의 천도관과 정치이념」. 서울: 고려대학교출판부, 2004.
이춘식. “동아시아 국제사회의 형성과 조공외교: 춘추시대를 중심으로.” 「동양정치사상사」. 제5권 제2호 (2006).
이춘식. 「중국고대의 역사와 문화」. 서울: 신서원, 2007.
조동일. “책봉체제.” 「문명권의 동질성과 이질성」. 서울: 지식산업사, 1999.
최병구. 「외교, 외교관: 외교의 실제」. 서울: 평민사, 2004.

高明士. 「天下秩序与文化圈的探索」. 상해: 상해고적출판사, 2008.
龔蔭. 「중국민족정책사」. 성도: 사천인민출판사, 2006.
瞿同祖. 「중국봉건사회」. 대북: 이인서국, 1984.
勾承益. 「先秦禮學」. 성도: 파촉서사, 2002.
邱鎮京. 「論語思想体系」. 대북: 문진출판사, 1992.
金正昆. 「현대외교학개론」. 북경: 중국인민대학출판사, 1999.
雷海宗. “古代中國的外交.” 「사회과학」. 1941년 제3권 제1기; 「伯倫史學集」. 북경: 중화서국, 2002.
魯毅·黃金祺 등. 「외교학개론」, 재판. 북경: 세계지식출판사, 2004.
渡辺昭夫. “外交とは何か - その語源的考察.” 「外交フォラム」. no. 56 (1993).
馬大正 편. 「中國邊疆經略史」. 정주: 중주고적출판사, 2000.
馬保奉. 「禮賓春秋」. 북경: 세계지식출판사, 2007.
范振水. 「中國護照」. 북경: 세계지식출판사, 2003.
裴默農. 「春秋戰國外交群星」. 중경: 중경출판사, 1994.
徐杰令. 「春秋邦交研究」. 북경: 중국사회과학출판사, 2004.
葉自成. 「春秋戰國時期的中國外交思想」. 香港: 香港사회과학출판사, 2003.
細谷雄一. 「外交: 多文明時代の對話と交渉」. 동경: 有斐閣, 2007.
孫玉榮. 「古代中國國際法研究」. 북경: 중국정법대학출판사, 1999.
松原一雄. 「外交及外交史研究」. 동경: 丸善, 1927.
楊寬. 「西周史」. 상해: 상해인민출판사, 2003.
楊松華. 「大一統制度与中國興衰」. 북경: 북경출판사, 2004.

楊燁 편. 「外交理論与實務」. 북경: 外語教學与研究출판사, 2008.
楊志剛. 「中國禮儀制度研究」.상해: 화동사범대학출판사, 2000.
呂文郁. 「周代的采邑制度」. 增訂版. 북경: 사회과학문헌출판사, 2006.
呂靜. 「春秋時期盟誓研究」. 상해: 상해고적출판사, 2007.
黎虎. 「漢唐外交制度史」. 난주: 난주대학출판사, 1998.
吳曉萍. 「宋代外交制度研究」. 합비: 안휘인민출판사, 2006.
王立. 「先秦外交辭令研究」. 북경: 세계지식출판사, 2008.
王靜. 「中國古代客館制度研究」. 하얼빈: 흑룡강교육출판사, 2002.
王曾才. 「清季外交史論集」.대북: 대만상무인서관, 1972.
劉爲. 「清代中朝使者往來研究」. 하얼빈: 흑룡강교육출판사, 2002.
李大龍. 「唐朝和邊疆民族使者往來研究」. 하얼빈: 흑룡강교육출판사, 2001.
李渤 편. 「신편 외교학」. 천진: 남개대학출판사, 2005.
李云泉. 「朝貢制度史論: 中國古代對外關係體制研究」. 북경: 신화출판사, 2004.
李无未. 「中國歷代賓禮」. 북경: 북경도서관출판사, 1998.
李无未. 「周代朝聘制度研究」. 장춘: 길림인민출판사, 2005.
入江啓四郎. 「中國古典と國際法」. 동경: 성문당, 1966.
張道行・陳劍橫. 「外交研究」. 대북: 대만상무인서관, 1983[1968].
張心澂. 「春秋國際公法」. 북경: 출판사 불명, 1924.
錢實甫. 「清代的外交制度」. 북경: 삼련서점, 1959.
錢杭. 「周代宗法制度史研究」. 상해: 학림출판사, 1991.
趙云田. 「中國治邊機構史」. 북경: 중국장학출판사, 2002.
趙汀陽. 「天下體系: 世界制度哲學導論」. 남경: 강소교육출판사, 2005.
朱建民. 「外交與外交關係」. 대북: 정중서국, 1980[1977].
陳劍峰. 「文化与東亞・西歐國際秩序」. 상해: 상해대학출판사, 2004.
陳顧遠. 「中國國際法溯源」. 대북: 대만상무인서관, 1972[1931].
鄒昌林. 「中國禮文化」. 북경: 사회과학출판사, 2000.
坂野正高. 「現代外交の分析」. 동경: 동경대학출판회. 1980[1971].
馮天瑜. 「中華元典精神」. 무한: 무한대학출판사, 2006.
何茂春. 「中國外交通史」. 북경: 중국사회과학출판사, 1996.

何茂春・師曉霞.「中國歷代外交家」. 북경: 중국경제출판사, 1993.

洪鈞培.「春秋國際公法」. 대북: 대만중화서국, 1971[1937].

黃朴民.「秦漢統一戰略研究」. 북경: 중국인민대학출판사, 2007.

黃寶實.「中國歷代行人考」. 增訂版. 대북: 대만중화서국, 1969.

Adcock, Sir Frank & D. J. Mosley. *Diplomacy in Ancient Greece.* London: Thames and Hudson, 1975.

Anderson, Matthew Smith. *The Rise of Modern Diplomacy, 1450-1919.* London: Longman, 1993.

Berridge, G. R. *Diplomacy: Theory and Practice.* 3rd ed. Basingstoke: Palgrave, 2005.

Bull, Hedley & Adam Watson (eds). *The Expansion of International Society.* Oxford: Clarendon, 1984.

Cohen, Raymond. "The Great Tradition: The Spread of Diplomacy in the Ancient World." *Diplomacy & Statecraft.* Vol. 12, No. 1 (2001).

Cohen, Raymond & Raymond Westbrook (eds). *Amarna Diplomacy.* Baltimore: The Johns Hopkins University Press, 2000.

Constantinou, Costas M. *On the Way to Diplomacy.* Minneapolis: University of Minnesota Press, 1996.

Der Derian, James. *On Diplomacy.* Oxford: Basil Blackwell, 1987.

Duggan, Stephen P. "The Fundamentals in a Scientific Study of Inernational Relations." in Edmund A. Walsh (ed.). *The History and Nature of International Relations.* Freeport, New York: Books for Libraries Press, 1969[1922].

Freeman, Chas. W. Jr.. *The Diplomat's Dictionary.* rev. ed. Washington, D. C.: U. S. Institute of Peace Press, 1997.

Gong, Gerrit W. *The Standard of 'Civilization' in International Society.* Oxford: Clarendon, 1984.

Gore-Booth, Lord (ed.). *Satow's Guide to Diplomatic Practice.* London: Longman, 1979.

Hamilton, Keith & Richard Langhorne. *The Practice of Diplomacy.* London: Routledge, 1995.

Hoffman, John. "Reconstructing Diplomacy." *British Journal of Politics and International Relations.* Vol. 5, No. 4 (2003).

Holzgrefe, J. L. "The Origins of Modern International Relations Theory." *Review of International Studies.* Vol. 15, No. 1 (1989).

Homoud, Mohammad Ali Nasir. *Diplomacy in Islam.* Jaipur, India: Printwell, 1994.

Hsü, Immanuel C. Y. *China's Entrance into the Family of Nations: The Diplomatic Phase, 1858-1880.* Cambridge, Mass.: Harvard University Press, 1960.

James, Alan. "Diplomacy and International Society." *International Relations.* Vol. 6, No. 6 (1980).

Jönsson, Christer. “Diplomacy, Bargaining and Negotiation." in Walter Carlsnaes, Thomas Risse & Beth A Simmons (eds). *Handbook of International Relations.* London: Sage, 2002.

Jösson, Christer & Martin Hall. *Essence of Diplomacy.* Basingstoke: Palgrave, 2005.

Kaufman, Stuart J., Richard Little & William C. Wohlforth (eds). *The Balance of Power in World History.* Basingstoke: Palgrave, 2007.

Lauren, Paul Gordon (ed.). *Diplomacy: New Approaches in History, Theory, and Policy.* New York: Free Press, 1979.

Magalhães, José Calvet De. *The Pure Concept of Diplomacy.* Translated by Bernardo Futscher Pereira. New York: Greenwood Press, 1988.

Martin, W. A. P. "Diplomacy in Ancient China." in his *The Lore of Cathay.* New York: Fleming H. Revell, 1912[1901].

Mattingly, Garrett. *Renaissance Diplomacy.* Boston: Houghton Mifflin, 1955.

Murray, Stuart. "Consolidating the Gains Made in Diplomacy Studies: A Taxonomy." *International Studies Perspectives.* Vol. 9, No. 1 (2008).

Nicolson, Sir Harold. *Diplomacy.* 3rd ed. Oxford: Oxford University Press, 1969; 신복룡 옮김. 「외교론」. 개정판. 서울: 평민사, 1998.

Northedge, F. S. *The International Political System.* London: Faber & Faber, 1976.

Numelin, Ragnar. *The Beginning of Diplomacy: A Sociological Study of Intertribal and International Relations.* New York: Philosophical Library, 1950.

Roy, Gandhi Jee. *Diplomacy in Ancient India.* Patna: Janaki Prakashan, 1981.

Sharp, Paul. "For Diplomacy: Representation and the Study of International Relations." *International Studies Review.* 1: 1 (1999).

Shepard, Jonathan & Simon Franklin (eds). *Byzantine Diplomacy.* Aldershot: Ashgate, 1992.

Stern, John Peter. *The Japanese Interpretation of the "Law of Nations," 1854-1874.* Princeton: Princeton University Press, 1979.

Tran, Van Dinh. *Communication and Diplomacy in a Changing World.* Norwood, N. J.: Ablex Publishing, 1987.

Walker, Richard Louis. *The Multi-State System of Ancient China.* Hamden: The Shoe String Press, 1953.

Watson, Adam. *Diplomacy: The Dialogue between States.* London: Methuen, 1982.

Watson, Adam. *The Evolution of International Society.* London: Routledge, 1992.

White, Brian. "Diplomacy." in John Baylis & Steve Smith (eds). *The Globalization of World Politics.* 3rd ed. Oxford: Oxford University Press, 2005.

Wight, Martin. *Systems of States.* ed. by Hedley Bull. Leicester: Leicester University Press, 1977.

Yurdusev, A. Nuri (ed.). *Ottoman Diplomacy.* Basingstoke: Palgrave, 2004.

힌두문명권의 외교
(Diplomacy in Hindu Civilization)

고 홍 근

Ⅰ. 들어가면서

일반적으로 우리는 흔히 '한국 외교의 미래', '한국 외교정책의 미래' 또는 '한국 대외관계의 미래'라는 말들을 별 차이 없이 사용하고 또 받아들이고 있다. 학술세미나에서도 주제발표자가 외교(Diplomacy), 외교정책(Foreign Policy), 대외관계(Foreign Relation)라는 용어들을 별 생각 없이 혼동하여 사용한다고 해도 그것을 특별히 지적하는 경우도 없고 혹시 지적하는 사람이 있다고 해도 지엽적인 문제에 집착한다는 인상을 줄 뿐이다. 물론 현실세계에서 '외교', '외교정책' 또는 '대외관계'는 그 경계선이 무척 애매하고 앞의 각 용어들의 의미에 대한 연구가 다양하게 진행되어 왔기 때문에 이해의 차원에서 그냥 지나치는 것일 수도 있다. 그러나 이 연구는 '힌두문명권의 외교'에 대한 것이므로 연구의 범위를 설정하기 위해서도

'외교'라는 용어에 대한 명확한 정의가 선행되어야 한다.

우리가 현재 사용하는 외교라는 말의 어원은 그리스어 'Diplour' 즉 '접다.(to fold)'에서 기원한 것으로 알려져 있다. 로마제국시대에는 여권 또는 허가증이 'Diplomās'로 불리었지만 시대가 흐름에 따라 이것이 국가 간의 조약의 뜻으로 변모하였다. 이 조약들, 다자간 또는 양자 간의 조약들의 수는 해마다 늘어갔고 이 조약들을 보관하기 위한 '기록보관소(Archives)'가 생겨났다. 기록보관서의 조약(Diplomās)들을 정리 · 보관하는 관리들의 역할이 'Diplomatic Business'로 알려졌고 여기서 'Diplomacy'라는 용어가 통용되게 된 것이다.따라서 '외교'라는 용어는 국제정치의 장(場)에서 국가 간의 관계를 유지하는 것과 관계가 있다.

오늘 날 우리가 사용하는 '외교'라는 용어는 다양한 의미를 가진다. 때로는 '외교정책'의 동의어로, 때로는 '협상' 과 '협상에 수반되는 과정과 장치'의 의미로 사용되어진다. 또 '외교정책의 한 부분'이라는 뜻으로 사용되는 경우도 있고 포용력과 설득력이 강한 개인 또는 허풍이나 임기응변이 능한 개인을, 최악의 경우에는 거짓말을 잘 하는 개인을 평가할 때도 외교와 관계되는 단어를 사용한다. 이렇게 다양하게 사용되는 외교라는 용어는 다음 두 가지의 뜻으로 정의될 수 있다. 첫째, 국제적 협상의 과정에서 사용되는 기술 또는 재능, 둘째, 단순히 기지(機智)의 교활한 측면을 서술하는 것이다.

현재 세계에 존재하는 모든 국가들은 나름대로의 외교정책을 가지고 있다. 이 외교정책은 국익(National Interest)을 바탕으로 하며 궁극적으로는 자신의 외교정책을 다른 국가가 인정하거나 동의하게 만드는 것이 모든 국가들이 국제관계에서 갖는 공통적인 목표이다. 자신의 국익을 실현하는 과정에서 동원되는 기술과 수단이 외교인 것이다. 따라서 외교정책과 외교는 엄연히 다른 것으로서 전자가 본질이고 이론이라면 후자는 전자를 현실세계에 구현하는 방법인 것이다. 자신의 국익 즉, 외교정책을 다른 국가가 동의하게 만드는 과정에서 거짓과 위협, 과장 그리고 기만이 동원될 수 있고 이것은 도덕적 기준과는 별개의 것으로 취급된다. 즉, 국익을 달성하기 위해서는 수단의 정당성이 훼손되어도 문제가 되지 않는 부분이 외교인 것이다. 외교가 '기지의 교활한 측면'이라는 인상을 주는 것도 여기서 출발한다.

외교가 '국익의 달성을 위해 동원되는 모든 기술과 수단'이라고 정의한다면, 외교는 다음 네 가지 원칙에 의해 운용되어야 한다. 첫째, 외교는 실제적인 힘(Power) 즉, 자신이 가진 국력의 관점에서 목표를 정해야 하고 특정한 목표를 위해 유용하게 사용할 수 있어야 한다. 둘째, 다른 국가들의 외교적 목표와 그 목표들에 사용될 수 있는 실제적이고 잠재적인 힘을 평가해야 한다. 셋째, 앞의 서로 다른 목표들이 어느 정도까지 타협 가능한 것인가를 명확히 해야 한다. 넷째, 목표의 추구를 위해 적합한 방법을 사용해야 한다.(Nicolson, H. 1969. 62-3) 이와 같이 외교는 현실에 바탕을 둔다는 특성을 가진다. 다시 말해, 외교의 원칙은 국력에 바탕을 둔 목표의 설정과 그것을 달성할 수 있는 유연하고 적합한 자세와 방법으로 요약될 수 있는 것이다.

메가스테네스(Megasthenes)[1)]의 기록에 따르면 인도 역사상 최초의 제국인 모리야(Mauriya)왕조가(322 B.C.-185 B.C.)[2] 성립되기 직전에도 인도 전체에는 118개의 국가 또는 부족들이 있었을 정도로(Smith. 1981. 91) 군웅할거의 전란 시대를 겪어 왔었다. 그 이전의 시대에 대해서는 고대 인도인들의 내세지향적인 정신세계로 인하여 우리가 구체적이고 정확한 사실들까지 알 수는 없지만[3] 수많은 국가들이 매우 다양한 이유로 부침을 거듭했으리라고 쉽게 상상할 수 있다. 이와 같은 전란의 시대에 군사적 기술은 물론 외교의 기술 역시 발전했던 것이 당연하다. 그러나 외교에 관해 저술되었던 대부분의 전적들이 현존하지 않는다는 것이 이 부분의 연구를 어렵게 하고 있다. 물론, 마하바라따(Mahabharata)와 라마야나(Ramayana)와 같은 서사시 그리고 다르마 샤스뜨라(Dharamshastra)나 마누 스므리띠(Manusmriti)등의 종교·사회적 서적에서 외교에 관한 부분을 발견할 수도 있지만 이것은 극히 단편적인 것에 불과하다. 이런 의미에서 까우띨리-야(Kautīlya)의 아르트 샤-스뜨라(Arthshāstra)가 갖는 가치는 매우 크다고 할 수 있다. 아르트 샤-스뜨라는 현재

1) 메가스테네스는 셀류쿠스(Seleucus)의 대사로서 기원 전 302년 찬드라굽따의 궁정에 도착하여 기원전 280년까지 머물렀었다. 이 경험을 바탕으로 쓴 인디카는 현재 완벽하게 남아 있지는 않지만 모리야왕조의 상황을 파악할 수 있는 중요한 자료가 되고 있다.

2) *모리야*왕조의 창건이 기원전 322년이라는 것은 추정연도이다.(Smith. 1981, 93)

3) 선진(先秦)시대의 중국 지식인들은 전란을 극복하는 현실적 방법을 적극적으로 제시하였던 반면, 모리야왕조 이전의 인도 지식인들은 현실 부정적이고 내세 지향적인 태도로 일관했었다. 따라서 중국에서는 치국책과 역사서가 공자와 노자 이래로 양산되었지만 인도의 경우에 있어서는 현존하는 고대 서적의 절대다수가 철학서, 명상서 그리고 전설적인 서사시 등으로 채워지게 되었던 것이다. 이와 같은 상황은 인도고대사의 연구에 있어서도 막대한 장해를 초래하여 모리야왕조 이전의 인도사는 페르시아와 그리스인들의 기록을 바탕으로 마치 퍼즐맞추기와 같은 방법으로 추구되고 있는 것이 현실이다.

완벽하게 보존되어 있는 유일한 고대인도의 정치서적이며 까우띨리-야 이전의 학자들의 의견을 집대성하고 그에 대한 비판을 했다는 장점도 지니고 있기 때문이다. 사실상 아르트 샤-스뜨라는 인도의 고대정치사상 특히 힌두문명의 정치사상을 연구하는데 가장 중요하고 대표적인 서적임에 틀림없다.4) 또 아르트 샤-스뜨라는 정복의 이상을 가르치는 책이다. 즉, 제국의 건설을 꿈꾸는 왕 즉 정복자(Vijigīṣu: 비지기-수)를 위한 책이다. 전체적으로 *아르트 샤-스뜨라*는 야망에 찬 왕이 어떻게 정복사업을 하고 또 어떻게 제국을 건설하는가에 대한 조언이 중심을 이루고 있다. 하지만 아르트 샤-스뜨라는 무력만이 정복자의 전부가 아니라고 가르치며 오히려 외교의 중요성을 더욱 강조하고 있다. 따라서 이 연구에서도 아르트 샤-스뜨라를 중심으로 힌두문명권의 외교를 분석하기로 한다.

Ⅱ. 라-자만달라(Rājamandala; Circle of Kings)

세계에 1개의 국가만이 존재한다면 외교, 외교정책 또는 대외관계라는 말 자체가 필요 없을 것이다. 서로 추구하는 목표와 이익이 다른 다수의 국가들이 존재하기 때문에 앞의 용어들이 사용되어지는 것이다. 따라서 힌두문명권의 외교를 이해하기 위해서는 그 당시의 사람들이 생각했었던 국제체계를 먼저 알아야 하는 것이 당연한

4) 아르트 샤-스뜨라의 중요성은 B. A. Saletore의 연구에서도 잘 나타난다. 고대 인도의 정치사상과 제도에 대한 방대한 연구에서 그는 고대인도의 정치학파들의 연표와 계보 분류를 전적으로 아르트 샤-스뜨라에 의존하고 있다.(1963. 31-36)

일이다.

고대 인도에서 국가사이의 관계는 세력 균형을 나타내는 라-자만달라[5]로 표현되었고 까우띨리-야가 이 이론을 완전히 꽃피운 것으로 생각된다.[6] *라-자만달라*는 12명의 왕과 60단위의 국가의 구성요소(Prakṛti: 쁘라끄리띠)로 구성된다.(6.2.28)[7] 까우띨리-야는 국가의 구성요소로서 왕(스와-민: Svāmin;), 대신(아마-띠아: Amātya), 국민과 영토(자나빠다: Janapada), 성채화(城砦化)된 수도(두르가: Durga), 재화(꼬샤: Kośa)와 군대(단다: Daṇḍa) 그리고 동맹국(미뜨라: Mitra) 등 일곱 가지를 들고 있다. 여기서 12개의 국가가 60단위의 구성요소를 갖는 것은 왕과 동맹국은 이미 라-자만달라의 기본단

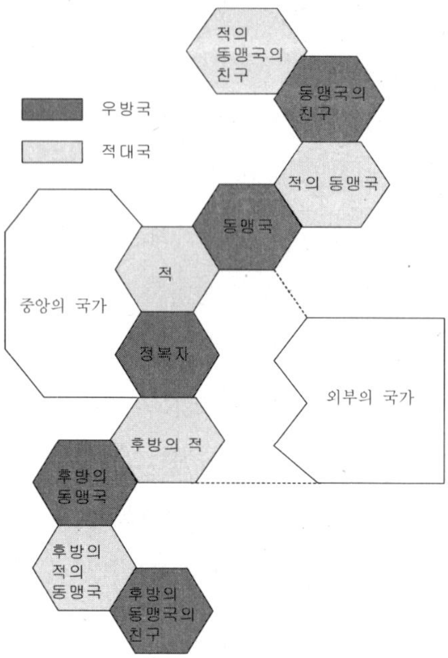

그림 II-1 라-자만달라

---

5) 고전 또는 현대 학자들에 따라서는 라-자만달라를 만달라(Mandala: the Circle of States), 짜끄라(Cakra: 바퀴)로 표현하기도 하지만 결국은 같은 뜻이다.

6) 라-자만달라에 대한 언급은 아르트 샤-스뜨라 이전에 만들어지는 것으로 추정되는 마하바라따, 마누스므리띠에도 등장한다. 하지만 그 내용에 있어서 아르트 샤-스뜨라만큼 구체적이거나 정교하지 못하다.

7) 아르트 샤-스뜨라의 내용을 인용하는 경우에는 서명은 표기하지 않고 권, 장, 절의 순서로 그 숫자만을 표기한다.

위로 포함되어 있기 때문에(6.1.1) 12개국 각 5가지의 구성요소 즉, 60단위가 되는 것이다. 라-자만달라는, 현재의 국제정치체계에서도 흔히 발견할 수 있듯이, 인접한 두 개의 국가들은 일반적으로 서로 적대적이며, 공통의 적을 가진 국가들은 동맹관계를 맺는다는 가정을 전제로 만들어진 것이다. 라-자만달라에서는 영토 확장을 시도하는 정복자가 국제체계의 중심에 위치하는 것으로 묘사하고 있지만, 실제적으로는 현실 국제정치체계에서 한 국가 다음에 다른 국가가 위치하는 지정학적 체계를 시각화하고 그들 국가사이의 복잡한 관계를 도형화하기 위해 그와 같은 방식을 빌린 것이라고 보아야 한다. 다시 말해, 라-자만달라에서 정복자를 중심으로 모든 국가들이 집중되어 있는 것처럼 표현한 것은 국제체계를 단순화시켜 하나의 이념형(理念型)을 만들기 위한 것이었다. 따라서 역사상, 어느 시기 또는 어느 장소에 라-자만달라가 그대로 재현되었던 일도 없었고 앞으로도 그럴 가능성은 매우 적은 것이다.

라-자만달라에 대한 까우띨리-야의 서술을 읽을 때 첫 번째 떠오르는 의문은 왜 하필이면 12개의 국가로 구성되어 있는가 하는 것이다. 그러나 그림 II-1에서 볼 수 있듯이 라-자만달라는 중앙에 위치한 '정복자'를 중심으로 우방국 5개, 적대국 5개 그리고 중립국가 2개[8]로 구성되어 있다. 이것은 단순히 국제체계의 성격과 세력관계를 나타내는 것이지 그 이상의 의미는 없다. 즉, 까우띨리-야가 국가

---

8) 그림 II-1에서 '중앙의 국가' 즉, *마디야마*(Madhyama)는 정복자와 정복자의 적국 모두와 영토를 접한 국가이며. 중립적이지만 앞의 두 국가보다 강력하다. '외부의 국가' 즉 '바깥에 누워있는 이'라는 뜻을 가진 *우다-씨-나*(Udāsīna)는 무관심하거나 중립적인 국가이다. 그러나 정복자, 정복자의 적국, 중앙의 국가보다 강력하다.

간의 세력분포를 설명하는데 12개의 국가를 예로 드는 것이 가장 편리했다는 의미이외의 것은 없는 것이다. 따라서 라-자만달라를 이해하는데 있어서 꼭 12개라는 수에 집착할 필요는 없다. 현실 세계에서는 국가의 수가 6개일 수도 있고 24개일 수도 있다. 이것은 한 국가가 주변의 국가들에 대한 우위를 차지하고자 할 때 발생할 수 있는 상황 또 상상 가능한 모든 관계를 표현하려 했다고 보는 것이 타당하다.

또 한 가지 주목해야 할 것은 '60단위의 국가의 구성요소'라는 부분이다. 앞에서 지적했듯이 여기에 포함되는 국가의 구성요소는 대신, 국민과 영토, 성채화된 수도, 재화, 군대 등이다. 까우띨리-야의 위대함을 또 한번 느낄 수 있는 것은 이 구성요소들의 대부분이 계량화될 수 있다는 점이다. 즉, 자신의 국가와 다른 국가들의 국력을 단순명료하게 비교할 수 있는 변수들을 라-자만달라에 포함시킴으로써 외교정책의 수립과 외교의 수행을 위한 기본적인 자료를 제공하고 있다.

라-자만달라에서 우리가 가질 수 있는 다음 의문은 이 국가들의 크기에 관한 문제이다. 이것은 까우띨리-야가 상정(想定)한 국제체계의 범위가 작은 국가들이 밀집하여 있는 일개 지역인가 또는 인도 아대륙 전체를 대상으로 하는 것인가를 판단할 수 있는 근거가 되기 때문이다. 앞에서도 지적했듯이 아르트 샤-스뜨라의 전체적인 묘사를 보면 라-자만달라의 국가들은 상대적으로 작은 국가들이라는 느낌을 받게 된다. 그러나 반대로 생각해 보면 까우띨리-야가 큰 국가를 염두에 두지 않았다는 증거는 어디에도 없다. 특히 정복자의 개념은 인도아대륙 전체를 하나의 제국으로 통일하는 것을 궁극적인 목표로 하여 설정된 것이다. 하나의 작은 국가가 힘을 길러 결과적으로는 대제국을 건설하게 되는 방법과 과정을 그린 것이 아르트샤-스뜨라의 요체인 것이다.

Ⅲ. 국력: 샥띠(Shakti)

고대 인도의 정치 사상가들은 주권을 국가의 법률적인 구성요소일 뿐이라고 간주하지는 않았다. 그들은 국가의 주권이 대내적으로나 또 대외적으로 자유롭게 행사될 수 있어야만 그것이 완벽해질 수 있다고 보았다.(Sarkar. 1966, 118) 다른 국가의 간섭으로부터의 독립의 개념은 다른 국가와의 관계를 다루는 이론의 기초가 되었으며 적어도 기원 전 4세기경에는 이것이 힌두국제정치사상에 일반적으로 경향이었던 것으로 보인다.

앞의 라-자만달라에서 보았듯이 까우띨리-야가 생각했던 국제관계의 원형(原形)은 대부분의 국가가 동등한 국력을 가지고 있다고 가정에서 출발한 것이다. 그는 국제체계가 두 개의 국가집단으로 나뉘고 각 집단의 지도자가 전체 국제체계에서 패권을 차지하려고 대결하는 양상이 국제관계의 기본적인 형태라고 생각하고 있다. 즉, 아르트 샤-스뜨라가 추구하는 목적은 국가들 사이의 국력의 균형을 자신에게 유리하게 변형시키거나 파괴하는 방법을 모색하는데 있다. 또 까우띨리-야는 주권의 개념을 내부적인 권위뿐만 아니라 외부적인 권위에서도 찾아야한다고 보았다. 그는 국제관계는 철저한 힘의 관계에 바탕 한다고 간파하고 있었으므로 샥띠의 중요성을 강조하고 있다.

그는 샥띠가 세 부분으로 구성된다고 보았다. 즉, 왕의 자질(Utsāhashakti: 우뜨싸-하샥띠)[9], 재정과 군사력을 포함하는 물질적 자원(Prabhāvashakti: 쁘라바-와샥띠) 그리고 외교(Mantrashakti: 만뜨라샥띠) 등이 그것이다. 까우띨리-야는 물질적 자원이 왕의 자질보다 중요하고 외교가 앞의 두 가지보다 중요하다고 주장했다. 영리한 외교는 왕이 강력한 적을 쉽게 극복하게 하여 주기 때문이다. (9.1.2-16) 단, 이 장에서는 왕의 자질과 물질적 자원에 대해서만 다루기로는 한다. 세 번째의 외교는 이 논문의 주제와 관계되는 것이므로 독립된 장에서 다루는 것이 타당하기 때문이다.

먼저 왕의 자질에 대한 까우띨리야의 견해를 살펴보기로 한다. 까우띨리-야 이전의 학자들은 샥띠 중에서 왕의 자질 중 의지의 힘이 물질적 자원보다 중요하고 다시 물질적 자원이 왕의 신중함보다 중요하다고 주장했다. 그러나 이 문제에 있어서 까우띨리-야는 선배학자들과는 다른 견해를 나타내고 있다. 그가 강조하는 것은 정복자는 적의 샥띠에 대한 공정한 인식을 해야 한다는 것이다. 따라서 그는 신중함을 가장 우선으로 간주했고 그 다음으로 물질적 자원 그리고 마지막으로 의지의 힘이 중요하다고 주장했다. 자신이 가진 물질적 자원을 과신하고 적국을 정복해야 한다는 의지만으로는 성공할 수 없다는 것이 까우띨리-야의 생각인 것이다. 적의 힘의

9) 왕의 정력, 의지, 신중함 등을 포함한다.

크기를 정밀하게 분석하여 승리의 가능성이 클 때 적을 공격하여야 하며 그것도 전쟁의 장소와 시기가 자신에게 유리하다고 판단될 때 행동을 하여야 한다는 것이다. 즉, 이것은 적을 제압할 힘이 성숙되기 전에는 행동에 나서지 말라는 까우띨리-야의 현실주의적 태도가 그대로 반영된 대표적인 예이다.

두 번째, 재정과 군대를 포함하는 물질적 자원에 대해서 까우띨리-야는 무척 구체적인 설명을 하고 있다. 즉, 부국강병이 세계 정복의 기초가 된다는 것을 명확하게 제시하고 있는 것이다. 경제구조가 국가에 집중되어 있었던 고대에는 국가재정이 그 국가의 경제력과 보다 직접적으로 연결되어 있었으리라는 것은 쉽게 상상할 수 있다. 까우띨리-야는 국가재정을 세입부문과 세출부문으로 분류하여 그 관계를 명확히 했었다. 세입과 세출을 명확히 구분한 까우띨리-야의 목적은 재정흑자의 달성에 있음이 분명하다. 재정과 군대의 상대적 중요성에 대한 비교에 있어서도 그는 재정이 군대보다 중요하다는 견해를 나타내고 있다. 왜냐하면 후자는 충실한 재정에 의해서만 건설되고 유지될 수 있기 때문이다.(8.1.46-49) 까우띨리-야는 한 국가의 번영과 쇠퇴는 징세원이 되는 국민들의 생업(生業)을 육성하고 장려하는 능력에 따라 결정된다고 생각했다. 그는 국민의 생업을 농업(Kṛṣi; 끄리씨), 교역(Vaṇijyā; 와니쟈-) 그리고 목축(Pāśupālya; 빠-슈빨-리아) 등 세 가지로 나눴고(1.4.1) 이 세 가지 중 농업을 가장 중시하였다. 따라서 다른 국가에 대한 정복을 시도할 때는 물이 풍부하고 농경에 적합한 곳을 선택해야 한다는 것이 까우띨리-야가 강조하고 있다.(7.11.3-5)

농업 다음으로 국가재정에 기여하는 것은 교역이었다. 교역통로의 확보가 국가의 책임이었던 만큼 모든 교역활동은 교역관리관(Panyādhyakṣa : 빠니아-디아끄샤)이 통제하고 그는 생산비용, 세금 등을 고려하여 상품가격을 결정한다.(4.2.36) 일반적으로 국산품에 대해서는 5%, 수입품에 대해서는 10%의 이익이 허용되었으며 이 제한을 초과하였을 경우에는 무거운 벌금이 부과되었다.(4.2.28-30) 매점・매석이나 상품가격의 일방적인 인상에 대해서는 무척 무거운 세금이 부과되었다.(4. 2. 19) 어떤 상품이 공급과잉일 경우에 교역관리관은 그 상품의 판매에 개입하여 가격하락을 방지할 수 있는 권한도 가지고 있었다.(4.2.33-35) 여기서 상품 판매에 개입한다는 것은 국가가 그 상품을 전량 구입하여 국가대리인을 통해 일정한 가격으로 판매하는 방식을 의미하는 것으로 보인다. 앞에서도 이야기했지만 교역관리관은 외국과의 교역에 대해서도 권한을 갖고 있었다. 그는 수입품의 가격과 수량을 결정할 뿐만 아니라(2.16.1-3) 수출품에 대해서도 같은 권한을 가지고 있었다.(2.16.18-24) 국내외 교역 모두에 관세(Śulka: 슐까)가 부과되었다.[10)]

뿐만 아니라 공정한 시장질서를 감독하기 위해 시장관리관(Saṁsthādhyakṣa: 쌈스타-디아끄사)이 존재한다. 시장관리관은 소비자의 이익을 보호하고 상인이나 장인이 도량(度量)을 속이거나 질이 떨어지는 상품을 공급하지 못하도록 감시하는 기능을 하였다.(4.2.3) 그러나 재미있는 사실은 국가재정에서 세입과 세출, 교역에서 사용되는 도량형이 각각 달랐다는 것이다.(2.19.21-23,29) 세입

---

10). 관세는 한 상품이 도시에서 나갈 때와 들어갈 때 두번 부과되었다.

의 경우에는 가장 큰 도량형을 사용했고 세출에서는 가장 작은 도량형을 사용했으므로 같은 단위라고 할지라도 국가는 이익을 볼 수밖에 없었던 것이다.[11)]

세 번째는 목축이었다. 이 경우에도 목축 감독관(Vivītādhyakṣa: 비위-따-디아끄싸)이 임명되어 목초지를 설계하고 우물과 저수지뿐만 아니라 과수원과 화원을 건설하는 책임을 맡고 있었다. 목초지에서 방목되는 소(牛)들의 안전 그리고 대상(隊商)들의 목초지 통행을 제어하는 것도 그의 임무였다.(2.34.6-8) 목축감독관과 별도로 소 감독관(Go'dhyakṣa: 고'디아끄싸)이 방목되는 소들만을 관리하는가 존재했다. 이 소 감독관은 국가 소유의 소뿐만 아니라 촌락 소유 심지어는 개인 소유의 소 각각의 완벽한 기록을 관리했다.(2.29.8-11, 2.35.4) 소는 여러 가지 측면에서 귀중한 국가재산이었다. 숫소들은 농경과 운송 수단으로서 필수적이었고 암소들은 음식의 다양한 재료가 되는 젖을 공급하였고 가죽은 피혁제품의 원료가 되었으며 고기는 식량으로 사용되었다. 국가 소유의 소들은 임금을 받고 일하는 국가노예들이 사육하였으며 그 생산물은 모두 국가재정에 귀속되었다. 촌락이나 개인이 소유한 소들에게 국가가 부역이나 세금을 요구한 흔적은 나타나지 않지만 비상사태 하에서는 국가가 소의 1/10, 염소 등의 작은 가축의 1/6 그리고 돼지와 가금(家禽)의 1/2을 징발할 수 있었다.(5.2.27) 그러나 어떤 경우에도 목축의 국가재정에 대한 기여도는 경작이나 교역에 비해 크지 않았던 것으

11). 우리 식으로 표현다면 1되라는 단위에서 사용하는 도량형이 세입의 경우에는 600g의 부피이지만 세출에서는 400g에 불과했다.

로 보인다.

지금까지 살펴 본 것과 같이 까우띨리-야는 국민의 경제활동에 대해 엄격한 국가통제를 주장하였다. 거의 모든 자원은 국가의 소유였고 농부들의 농기구의 수뿐만 아니라 가축의 수와 특징까지 국가가 파악하고 있었으며 모든 경제활동은 국가를 대표하는 관리들의 통제를 받아야 했었다. 마치 현대의 전체주의 국가의 계획경제를 연상케 하는 제도를 까우띨리-야는 주장했던 것이다. 또 세입에 있어서도 그는 그 당시로서는 상상가능 했던 모든 징세제도를 열거하고 있고 세입과 세출에 사용되는 도량형의 크기를 서로 달리하는 일종의 기만책을 권고하기도 한다. 까우띨리-야가 주장했던 국부론은 국민의 복지가 아니라 국가와 왕의 번영을 위한 것이었다.

물질적 자원에는 군사력도 포함된다. 까우띨리-야는 성채화된 수도(Durga: 두르가)와 군대를 군사력의 핵심으로 보았다. 그러나 그는 성채화된 수도를 군대보다 더 중요하다고 주장했다. (6.1.1) 왜냐하면, 만약 강력한 적에게 성을 포위당했을 경우, 그 성이 완벽한 방어체제를 갖추고 있다면 비교적 장기간 방어를 할 수 있고 그 기간 동안 외교적 해결을 도모하여 재난을 피하는 것이 가능하기 때문이다. 그러나 군대는, 공격이나 방어에 모두 쓸모 있는 것은 사실이지만, 적군에게 패배했을 경우 적의 자비에 의지할 수밖에 없다는 한계가 있는 것이다. 여기서도 우리는 까우띨리-야의 현실적인 상황인식을 다시 발견할 수 있다. 즉, 국내방어가 충실하지 못한 상태에서 외국과 군사적 대립을 한다는 것은 모험주의에 불과하다는 것을 지적한 것이다.

따라서 까우띨리-야는 군사력에 대한 논의를 국경방어에서부터 시작한다. 국경방어는 기본적으로 동서남북 네 방향에 국가의 관문(關門)을 설치하는 것으로 시작된다.(2.1.5) 여기서의 관문은 인공적인 성이 아니라 강, 산, 사막 또는 숲 등의 천연적인 방어물을 관문으로 이용했다.(2.3.1-2) 그러나 국가의 수도는 인공적인 성으로 이루어졌다.(2.3.3) 성의 건축에 대한 구체적인 내용은 명확하지 않지만 성 밖에는 세 개의 해자(垓字)가 만들어지고 흉장(胸章)을 갖춘 성벽은 벽돌이나 돌로 건설되었던 것은 틀림없다. 나무로 만든 성벽은 불에 쉽게 탈 수 있으므로 절대로 금지되었다.(2.3.4-9) 흉장에는 일정한 간격으로 탑을 만들어 궁수들이 몸을 들어내지 않고 적을 공격할 수 있도록 하였다.(2.3.10-12)

성채화된 수도에는 보통 네 가지 종류의 부대 즉, 코끼리부대, 전차부대, 기마부대, 보병부대로 구성된 수비대가 주둔하였다. 이 수비대는 한 명이상의 부대장에 의해 지휘되었다. 왜냐하면 한 명이상의 부대장에게 수도의 수비를 맡기면 부대장들이 서로를 감시하게 되므로 적군의 유혹에 굴복하여 배신자가 될 가능성이 적어지기 때문이다.(2.4.29-30) 사실상, 왕 자신이 수도 방어에 궁극적인 책임이 있으므로 전 수비대를 총괄하는 대장을 임명할 필요는 없는 것이다. 한편으로는 복수의 부대장을 임명함으로써 그들 사이에 경쟁심을 유발시켜 왕은 전체 수비대의 충성을 확보한다는 효과도 얻을 수 있는 것이다.

까우띨리-야의 선배학자들은 상층카스트 출신들이 전투에서 유용하다고 주장했지만 까우띨리-야는 브라만계급으로 이루어진 부대는 항복할 때나 쓸모가 있을 뿐이고 전투에서는 끄샤뜨리야부대가 최고이며 그것이 불가능할 경우에는 바이샤와 수드라부대가 강력하다고 주장했다.(9.2.21-24) 이와 같은 주장에서 유추해 볼 때 까우띨리-야는 끄샤뜨리야부대를 전투력의 핵심으로 간주했으며 상비군도 잘 훈련된 끄샤뜨리야로 구성되었던 것으로 생각된다. 또 끄샤뜨리야의 수는 한정되어 있었으므로 실제 전투에서는 하층 카스트로 이루어진 부대들이 양적(量的)인 전투력의 대부분을 차지했던 것으로 생각된다.

군대의 훈련은 매일 시행되었으며 왕이 각 부대를 순시하며 검열하는 경우도 자주 있었다.(5.3.35-36) 그리고 군대의 충성심을 유지하기 위해서 악사, 가수, 배우, 매춘부들을 비밀정보원으로 활용하였으며 장교들은 집중적인 감시를 받았다.(5.3.47)

무기에 관한 제반사항을 책임지는 관리는 무기관리관(Adhyakṣa: 아디야끄사)였다. 그는 무기제작에서부터 그 무기들이 열기, 습기 또는 벌레에 의해 손상되지 않게 보관하는 책임 그리고 무기들의 완벽한 목록을 관리하는 책임까지 지고 있었다.(2.18.1-4) 무기들은 그 전술적 용도에 따라 야전용, 수성용(守城用) 그리고 공성용으로 나뉘어졌다. 전투 장비는 네 가지 종류로서 투석기(Yantra; 얀뜨라류), 개인용 무기(Āyudha; 아-유다), 방패 및 갑옷(Āvaraṇa; 아-와라나) 그리고 코끼리와 전차의 장비(Upakaraṇa; 우빠까라나) 등이다.(2.18.1) 이와 같은 전투 장비와 함께 까우띨리-야가 중요하다고 주장한 것은 마술의식과 비밀의식이다. 이것은 주로 14권 1장에서 언급되고 있는데 적군을 독약 등으로 무력화시키는 방법을 길게 열거하고 있다. 예를 들어 '자고새, 도마뱀, 집에 있는 작은 도마뱀, 눈이 먼 뱀을 섞어 만든 가루를 불태우면 적의 눈이 멀고 미쳐버린다.'(14.1.16) 등 믿기 어려운 내용이 대부분이다. 이것은 실제적인 효과보다는 아군의 사기를 높이고 적군에게는 공포감을 주기 위해서 사용되었던 방법들로 보인다.

마지막으로 군사력의 강화에 있어서 까우띨리-야는 동맹국의 원조도 중요하다고 보았다. 동맹국으로 부터 병력, 금전, 영토를 지원받음으로써 군사력이 강화될 수 있기 때문이다. 그는 선배학자들과는 달리 금전지원이 병력지원보다 가치 있게 보았고 영토지원이 앞의 두 가지 것보다 중요하다고 주장했다. 왜냐하면 영토를 지원받게 되면 그에 따라 자원과 인력이 확대되므로 병력과 금전은 부수적으로 확보될 수 있기 때문이다.

Ⅳ. 외교

아르트 샤-스뜨라는 패권을 추구하는 왕을 위하여 쓰여진 책이다. 따라서 이 책에서 생각하는 국제관계는 기본적으로 약자와 강자의 관계 그리고 친구와 적의 관계로 구성되어 있다. 한 국가의 국방은 그 국가의 외교관계와 직접적으로 관계가 있다. 까우띨리-야는 외교관계를 주로 패권을 추구하는 왕인 정복자의 관점에서 다룬다. 즉, 한 국가가 그 자신의 영향력이나 영토를 확장하고 싶다면 외교관계가 그 바탕이 된다는 것을 강조하고 있는 것이다. 따라서 까우띨리-

야는 국력 즉 샥띠 중에서 왕의 자질이나 물질적 자원보다 외교가 더 중요하다고 주장했다.

까우띨리-야가 외교의 중요성을 강조한 것은 이미 그 당시의 힌두 사회에서 외교의 중요성이 부각되고 있음을 보여준다. 첫째, 외교가 상대적인 힘의 우위를 획득하게 해주는 수단 또는 적어도 상대적인 열세를 모면하게 하여 주는 수단으로 인식되고 있었음을 나타낸다. 다시 말해 영리한 외교는 왕이 강력한 적을 쉽게 극복하게 하여 주기 때문이다.(9.1.2-16) 둘째, 아르트 샤-스뜨라의 많은 부분에서 강조되고 있는 경제적 그리고 군사적 자립을 위한 포괄적인 계획, 예를 들어 성의 건설, 관개시설의 확충, 황무지 개간, 광산과 숲의 개발 등이 궁극적으로는 외교적 우위를 차지하기 위한 것임에서도 잘 나타난다.

1. 외교의 기본원칙

까우띨리-야는 외교는 다음 여섯 가지의 원칙을 바탕으로 수행되어야 한다고 주장한다.

첫째, 왕은 자신의 국가를 발전시켜야 한다. 즉, 원정을 위한 자원과 능력을 증대시켜야 한다는 것이다. 재정과 군사력의 증대에 대해서는 앞에서 설명하였으므로 여기서는 생략하지만 까우띨리-야는 '국가의 번영은 불간섭과 정직한 행동의 정책을 채택함으로써 이루어진다.'(6.2)고 지적한다. 여기서 '불간섭'이란 다른 국가들의 분쟁에 쉽게 얽혀 들어가지 않는 신중한 정책을 의미하고 '정직한 행동'이란 다른 왕들의 신뢰를 얻을 수 있는 행동양식을 말한다. 한 국가의 번영은 물질적 · 군사적 진보뿐만이 아니라 다른 국가들과의 외교적 관계에 영향을 받는다. 즉, 한 국가의 지위는 서로 마주 하고 있는 이웃국가들과의 관계에서 결정되는 경우가 많은 것이다.

둘째, 적은 제거되어야만 한다. 왕이 가장 중요하게 고려해야 할 대상은 적국이다. 라-자만달라는 한 국가를 둘러싸고 있는 다른 국가들 중에는 언제나 천부적인 적국이 있는 것을 가정으로 만들어진 것이다. 이 적국은 왕을 해칠 마음을 가지고 있고 준비가 되면 언제라도 공격할 자세를 갖추고 있다. 물론 왕과 적국 사이에는 작은 완충지대가 있을 수도 있다. 그러나 왕은 항상 적을 공격할 마음을 가져야 한다. '적과의 평화는 존재할 수 없다.'(7.13.17)는 것이다. 까우띨리-야가 적에 대해 지나칠 정도로 많은 계략을 제시하는 것도 적도 외교의 목표 중의 하나이기 때문이다. 조건이 성숙했을 때 왕은 적에 대한 전쟁을 시작하는 것이다.

셋째, 동맹국이 있어야 한다. 까우띨리-야는 국가의 구성요소(Prakṛti; 쁘라끄리띠)를 왕(Svāmin; 스와-민), 대신(Amātya; 아마-띠아), 농촌지역(Janapada; 자나빠다), 도시지역(Durga; 두르가), 재화(Kośa; 꼬샤)와 군대(Daṇḍa; 단다) 그리고 동맹국(Mitra; 미뜨라)으로 규정하였다.(6.1.1) 여기서 보다시피 동맹국은 국가의 구성요소 중 유일하게 외부적 요소이다. '진정한 우정은 도움을 주는 것이다.'(7.13.17), '친구는 언제나 지지자이다.'(7.13.17), 등의 말은 명목상의 동맹보다는 심리적 · 물질적으로 실질적인 도움을 주는 동맹국의 존재를 강조하는 것이다. 당연한 일이지만, 조약을 위반하였거나 배신하였던 동맹국이 다시 귀순하기를 원한다면 극히 신중하게 다루어야 한다. '뱀과 함께 산다는 것은 끝없는 공포와 함께하는 것이다. 적에게서 귀순한 자는 항상 위험을 내포하고 있다.'(7.6.38) 까우띨리-야는 동맹으로 적합한 왕의 유형과 성격과 동기에 기초한 동맹의 유형들도 포괄적으로 제시하고 있다.(7.9), (8.5.22-30)

넷째, 정책의 선택에 있어서는 언제나 신중한 자세를 가져야 한다. 까우띨리-야는 줏대가 없는 순종이나 무모한 용기를 함께 반대했다.(12.1.1-9), (7-15.13-20)

다섯째, 전쟁보다는 평화가 선호되어야 한다. '평화의 추구나 전쟁의 수행의 대가가 같은 수준이라면 평화를 선택한다. 왜냐하면 전쟁에서는 병력과 재정의 손실 그리고 본국을 비우는 등의 여러 불이익이 있기 때문이다.'(7.2.1,2) 또 '협정에 의해서, 국가의 강약에 관계없이, 공평한 이익이 돌아온다면 평화가 당연히 선택되어야 한다. 하지만 이익이 불공평하게 분배된다면 전쟁이 선호되어야 한다.'(7.8.34) 까우띨리-야에게 있어서 평화와 전쟁의 기준은 윤리적인 것이 아니라 이익의 문제였다. 자신에게 이익을 주는 쪽을 선택해야 함은 물론, 평화가 선택되었을 때도 그것은 영속적인 것이 아니라 다음 전쟁을 위한 준비기간이 되어야 한다는 것이었다.

여섯째, 승리했을 때는 물론 패배했을 때도 왕은 정의롭게 행동해야 한다. 전쟁을 일으킬 때 정의로운 왕보다는 불의(不義)의 왕을 공격해야 한다고 까우띨리-야는 조언한다. (7.13.11-12) 현대적 용어로 해석한다면 '국제여론'을 참작해야한다는 까우띨리-야적인 표현으로 보인다. 정의로운 행동 중에는 동맹국의 영토를, 심지어 누군가가 그 영토를 준다고 할지라도, 차지하지 않는 것도 포함된다.

또 왕은 그가 정복한 왕에 대해서도 공정하게 대해야 한다.(7.16.7, 19-23, 28)

2. 외교정책

까우띨리-야는 외교정책은 싸-드구니야(Ṣāḍguṇya) 즉, 여섯개의 구나(Guṇa; 정책)들로 구성된다고 설명하고 있다.(7.1.6-12)

까우띨리-야 이전의 학자였던 와-따비야-디(Vātavyādhi)는 외교정책은 전쟁과 평화 두 가지만 존재할 뿐이며 그 이외의 정책들은 이 두 가지정책의 다른 측면일 뿐이라고 주장했었다. 그러나 까우띨리-야는 서로 다른 상황에는 서로 다른 정책이 존재해야한다는 이유로 이 여섯 가지의 분류를 고수하였다.(7.1.3-5) 현실정치에서 발생하는 상황은 복합적이고 예측 불가능한 것이 많으므로 상황의 진전상태에 따라 단순한 원칙보다는 다양하고 변형된 정책이 필요하다는 것이 까우띨리-야의 생각인 것이다. 이 여섯 가지 정책의 내용을 구체적으로 살펴보면 다음과 같다.

- 평화정책(Samdhi: 쌈디): 일반적으로 평화정책은 자신이 상대적으로 약하기 때문에 선택하는 정책이다. 따라서 조약을 체결할 때 병력 또는 재물, 영토에 대한 포기를 요구받을 수 있다. 이와 같은 조약을 강요받을 때 왕은 그 자신이 강력해져 적국의 왕을 쓰러뜨릴 수 있을 때까지 그 조약의 이행을 지연시키거나 속임수를 써야 한다. (7.3.22-35) 모든 평화정책은 자신의 세력이 강력해졌을 때는 폐기되어야 하는 잠정적인 것이다.
- 적대정책(Vigraha: 비그라하): 이것은 적대상황을 나타내는 것

이다. 공격적인 목적은 물론 방어적인 목적도 갖는다. 예를 들어, 적으로부터의 공격을 성공적으로 격퇴시킬 수 있다고 느끼면 평화정책이 아니라 적대정책에 의지할 수 있다. 적을 격멸시킬 수 있는 자신이 있거나 적국의 왕이 다른 국가와 전쟁을 하고 있기 때문에 그의 영토를 정복할 수 있다고 믿는다면 적대정책을 선택하는 것이다.(7.1.33) 만약 평화정책와 적대정책이 같은 결과를 가져온다고 예상된다면 전자를 선택하는 것이 좋다. 왜냐하면 적대정책은 손실, 비용 그리고 다른 문제들이 발생할 여지가 크기 때문이다.(7.2.1-2)

- 현상유지정책(Āsana: 아-싸나) : 현상유지정책은 한마디로 기다림의 정책이다. 즉, 적국이 약해지거나 어려움에 빠지거나 또 어떤 전쟁에 연루되기를 기다리는 것이다. 이것은 자신이 적국보다 강해질 때까지 희망을 가지고 기다리는 것도 포함한다.(7.1.34) 본질적으로, 이 정책은 평화정책의 일부분으로 자주 사용되지만 (7.4.13) 때로는 적대정책의 결합되기도 한다. 예를 들어, 한 왕이 적국의 국민들의 충성심을 자신 쪽으로 돌릴 수 있다고 느낄 때 또는 가까운 장래에 적국의 손실에서 자신의 이익을 끌어낼 수 있다고 믿을 때 또는 적국이 어떤 모험적인 정책을 시행하여 스스로를 약화시키게 된다고 믿을 때는 적대정책과 결합하여 사용할 수 있다.(7.4.5-12)
- 정복 정책(Yāna : 야-나) : 적국을 향해 공격해 들어가는 정복정책은 한 쪽 당사자가 훨씬 강력할 때 사용하는 정책이다. 일반적으로 적대정책과 정복정책은 함께 사용된다.(7.4.14-17) 그러나 때에 따라서는 화평정책과 연결하여 사용하는 것이 추천되기도 한다.(7.4.18) 이것은 자신과 조약을 체결한 왕이 평화시임에도 불구하

고 노골적인 조약 위반을 하였을 때 그것을 핑계로 상대편을 정복하는 정책이다. 다른 왕과 함께 적국을 공격하는 공동원정(*S*aṁbhūya Yāna: 쌈부-야 야-나)은 정복자가 적국을 공격하기 위해 맺는 일시적인 동맹이다. 협조에 대한 보답으로 정복자는 공동원정에 대한 보상을 약속할 수도 있고 미리 돈을 주거나 또는 공헌도에 따른 보상을 줄 수도 있다.(7.4.19-22) 이 부분에서 *까우띨라-야*는 공동원정에서 도움을 요청할 수 있는 왕의 종류뿐만 아니라 이 일시적 동맹에서 지휘자로서의 행동수칙을 열거하고 있다.(7.5.38-44, 49) 원정이 성공한 이후, 노획물의 분배에 있어서 동맹국들을 속일 수 있는 가능성과 예기치 못한 사건이 발생했을 때의 대처방법에 대해서도 조언하고 있다.(7.5.45-48)

• 농성정책(Saṁśraya: 쌈쉬라야) : 농성정책은 강력한 적에 의해 침공 당하거나 위협받고 있는 약한 국가의 왕을 위한 정책이다. 여기서 *까우띨라-야*는 피신처를 찾아야만 하는 왕의 유형을 매우 심각하게 열거하고 있다.(7.2.6-25, 또 7.15.1-8) 이런 의미에서 농성정책은 피난처를 구할 수밖에 없을 정도로 곤경에 빠진 왕을 위한 정책인 것이다. 물론 그 왕은 피난처에 있는 동안 그 자신의 세력을 재정비하고 독립적인 지위를 재획득할 수 있도록 노력하여야 한다.

• 이중정책(Dvaidhībhāva: 드와이디-바-와) : 마지막인 이중정책은 새로운 개념의 정책은 아니다. 한 쪽 왕과는 화평정책을 추구하고 동시에 다른 왕에게는 적대정책을 펴는 것이다. 화평정책의 목적은 적대적인 국가를 공격하기 위해서 동맹국으로부터 병사와 돈을 얻기 위한 것이다. 이 정책은 농성정책보다 선호된다. 왜냐하

면 농성정책은 다른 사람에게 이익을 주지만 이중정책은 그 자신에게 이익이 되기 때문이다.(7.2.4-5) *까우띨랴* 야는 이중정책이 표리부동한 정책이라는 관점을 인정하지 않는다. 그에게 있어서 평화란 다음 전쟁을 준비하는 기간에 불과하기 때문이다.

지금까지 살펴 본 여섯 가지 외교정책은 적국의 희생을 바탕으로 자신의 세력을 확대해 나가는 것을 목표로 하고 있다. 따라서 위의 여섯 가지 정책 중 하나를 왕이 선택할 때는 그 정책의 결과가 무엇인가를 심각히 고려해야 한다. 예를 들어, 현재의 굴욕이 미래의 국력 증가를 가져다 줄 수 있다면 그것을 감수해야 한다는 것이다. 한 국가에 있어서 국익은 최고의 기준이며, 어느 정책이 특정한 상황 하에서 가장 이익을 가져다주는가를 판단하는 것이 국익의 추구이다. 여섯 가지 정책의 적절한 적용은 정복자가 다른 왕들을 마음대로 조종할 수 있게 만들며, 다른 왕들을 자신의 영향력 하에 묶어 둘 수 있는 계기를 만들어 주는 것이다.

3. 외교사절 (Dūta: 두-따)

외국과의 관계는 외교사절(Dūta: 두-따)에 의해에 의해 이루어진다. 외교사절은 세 가지 형태가 있다. 첫째, 특명전권대사(Nisṛṛṣṭārtha: 니스리스따-르타)는 대신들 중에서 협상능력이 뛰어난 사람 중에서 임명되었다, 둘째, 협상대표(Parimitārtha: 빠리미따-르타)는 특정사안에 대한 제한된 권한만을 가지고 일반 관리들이 역할을 담당했다. 셋째, 전령(Śāsanahara: 샤-싸나하라)은 그러나 소식이나 정보를 전하는 전령보다는 약간의 권한을 더 가졌다.(1.16.2-4) 이 외교사절들

중 일부는 라-자만달라에 포함된 모든 국가에 주재하며 외국의 궁전에서 상주대사로서 역할을 하기도 했다.(7.13.43) 그러나 실제에 있어서 사절은 특정한 사건이 발생하려고 할 때 외국 궁전에 파견되었던 것으로 보인다. 외국 궁전에서 사절은 그 국가의 왕에 의해 억류될 수도 있지만(1.16.29) 일반적인 관례로는 사절에게는 위해를 가하지 못하도록 되어 있다.(1.16.15)

사절로 임명된 사람은 출발에 앞서 타고 갈 수레, 말, 수행원 등을 잘 준비해야 한다. 그리고 심리적으로도 자신이 전달해야 하는 소식을 잘 표현할 수 있는 방법을 연구하고 상대편 왕의 허를 찌를 수 있는 자세를 갖추어야 한다.(1.16.5-6) 자신이 파견되는 국가에 가는 도중에도 사절은 다음과 같은 임무를 수행해야 한다. 첫째, 숲 속의 추장들, 국경관리들, 도시와 농촌의 책임자들과 좋은 관계를 구축해야 한다. 둘째, 자신의 왕과 상대 왕의 영토에서 군사기지, 전장, 군수기지 그리고 퇴각에 적합한 장소들을 살펴야 한다. 셋째, 상대 왕의 영토와 성의 크기와 범위, 경제능력, 그리고 방어의 장점과 약점을 파악해야 한다.(1.16.7-9)

상대편 왕의 궁전에 도착하여 사절은 알현 허가를 받은 후 자신이 가져 온 소식을 정확히, 심지어 자신의 목숨이 위협을 받을지라도, 전달해야 한다. 소식을 전달한 사절은 상대편 왕이 그 소식을 듣고 기뻐하는가 또는 기뻐하지 않는가를 살펴야 한다. 상대편 왕이 기뻐한다면 왕의 자비 등을 찬양하는 발언을 하여 신임을 얻어야 한다. 반대로 상대편 왕이 기뻐하지 않는다면, 사절은 자신이 대변자에 불과하다는 것을 강조해야 한다. 사절이 불가촉천민일지라도 살해당하는 일은 없으며 브라만일 경우에는 어떤 해침도 받지 않았다. 사절은 자신의 왕의 말을 되풀이하는 자에 불과하기 때문이다.(1.16.10-17) 좋지 않은 소식을 전한 사절은 만약 억류당하거나 살해당할 위험성이 있으면 상대편 왕의 허가 없이 그 나라를 떠날 수 있다.(1.16.32)

사절들의 임무는 다음과 같다. 자신이 파견된 국가에 대한 정보제공, 조약조건의 이행여부의 감시, 자신의 왕의 권위의 향상, 동맹의 강화, 적국들 간의 불화 조장, 적국으로 병사와 첩자들을 밀입국시키는 비밀작업, 외국왕자의 친·인척의 납치, 외국왕자가 약탈한 보물의 획득, 자신의 왕이 제공한 인질에 대한 지원, 필요한 경우에는 용기의 과시, 외국관리들의 충성심 하락을 조장시켜 자신의 왕 쪽으로 유인하는 작업 등등이다.(1.16.33-34) 즉, 사절은 공식적인 외교관과 비밀첩보원의 역할을 동시에 하도록 기대되고 있음이 분명하다.

외국의 관리들이 그 국가의 왕을 배신하고 자신의 왕에게 합류하도록 하는 것은 사절에게 있어서 중요한 업무이다. 충성심을 포기하고 유혹에 넘어올 가능성이 있는 관리들을 '일이 될 수 있는 사람'(Kṛtya: 끄리띠야), 즉 이라고 부른다. 분노, 탐욕, 공포와 자존심은 그 자신의 운명에 대해 불만을 일으키며 그것을 변화시키려는 생각을 가져다준다. 까우띨리-야는 이 관리들의 불만을 어떻게 이용하는가에 대해 자세히 설명하고 있다.(1.14.1-10) 일단 관리들을 유혹하는데 성공한 이후에는 그 관리들이 다시 마음을 바꾸지 않도록 지속적으로 관찰할 필요가 있다.(1.14.11)

외국의 궁정에 머물 때, 사절은 다음과 같은 행동원칙에 따르기를 까우띨리-야는 권하고 있다. 첫째, 자신에게 주어진 영예에 자만하지 말 것. 둘째, 자신의 왕의 힘을 믿고 경솔한 행동을 하지 말 것. 셋째, 사람들을 불쾌하게 하는 발언은 피할 것 넷째, 여자와 술을 삼갈 것 다섯째, 혼자 잠을 잘 것 등이다. 마지막 두 가지의 행동원칙은 술이나 잠에 취해 비밀을 발설하는 것을 피하기 위한 것이다. 외교사절은 상인, 수도자, 수도자의 제자, 의사 또는 이단자(異端者) 등을 다음 사항을 알아내기 위한 이중첩자를 고용한다. 상대편 국가에서 반란을 일으키는 방법, 충성심을 약화시키는 방법, 왕에 대한 충성심의 강도에 대한 조사, 그 국가의 약점 파악 등이다. 뿐만 아니라, 외교사절이 직접 그 국가 국민들과 접촉하여 정보를 수집할 수 있다. 하지만 그 국가 국민들에게서 직접적이고 노골적인 정보수집이 불가능할 경우에는 거지, 술 취한 사람, 미친 사람과의 접촉 또는 사람들의 잠꼬대뿐 만 아니라 사원이나 성지(聖地)의 그림, 비명(碑銘) 그리고 낙서 등에서 정보를 얻어야 한다. 사절은 수집된 정보를 그 국가에서 분란을 조성하는데 사용해야 한다. 사절은 자신의 국가의 강점이나 약점을 절대로 드러내서는 안되며 자신의 왕국에 대한 질문에 대해서는 대답을 회피하며 어쩔 수 없이 답할 경우에도 자신의 왕의 이익을 향상시킬 수 있는 답변을 해야 한다.(1.16.24-28)

외교사절이 임무에 실패하고 심지어 강제적으로 억류된 경우에도 그는 상대편 왕이 자신을 억류하는 이유를 분석해야 한다. 이 분석을 바탕으로 사절은 떠날 것인가 아니면 그대로 억류당할 것인가를 결정해야하고 또는 상대편 왕에게 상황에 알맞은 행동을 하도

록 요구할 수도 있다.(1.16.29-31)

전체적으로 까우띨리-야는 외교사절에게 정상적인 외교의 임무뿐만 아니라 정보의 수집, 선동, 파괴공작 등을 하도록 요구하고 있다. 과연 이와 같은 역할을 모두 할 수 있는 자질을 갖춘 인물을 쉽게 구할 수 있었는지는 의문이지만, 현대의 외교관들이 하는 업무와 별 차이가 없는 역할을 제시했다는 면에서는 가치가 있다.

4. 첩보원

비교적 공개적이고 공식적인 신분을 가지고 적국에서 활동하는 외교사절이외에도 비공식적으로 암약하는 첩보원의 역할을 까우띨리-야는 거의 무제한적으로 사용할 것을 강조하고 있다. 그는 우선 간첩을 고정첩보원(Saṁsthā: 쌈스타-)과 비고정첩보원(Saṁcāra: 쌈짜-라)의 두 가지 종류로 나눈다. 전자는, 글자그대로, 한곳에 머무르면서 장기적으로 활동하는 것이고 후자는 유동적이고 잠정적인 활동을 하는 특성을 지니고 있다. 이 두 종류의 첩보원들은 국외는 물론 국내에서도 활동했다.

국외에서 활동하는 고정첩보원 중 대표적인 것은 사이비 은자(隱者)(Tāpasa : 따-빠싸)이다.(1.11.2-20) 그는 사람들을 현혹하기 위해 예언자의 역할을 하기 때문에 고정첩보원망의 중심적인 존재가 된다. 까우띨리-야는 따-빠싸를 무척 중요시하여 그 역할을 다른 고정첩보원에 비해 구체적으로 언급하고 있다. ‘(따-빠싸는) 도시의 근교에 제자들을 거느리고 거주하면서 한 달 또는 두 달에 한번 씩 한줌의 채소나 풀을 먹고 사는 것처럼 가장한다. 그러나 몰래 숨어서 자신이 좋아하는 음식을 먹을 수 있다. 동료 첩보원이 따-빠싸를 찾아가 존경을 표하고 마치 그가 초자연적인 능력을 가졌다고 선전한다.'(1.11.8-9) 이와 같은 기초 작업이 끝난 후 미래를 알고 싶어하는 사람들이 찾아오게 되면 적당한 속임수를 써서 사람들을 현혹한다. 속임수 중에는 국가의 정책변경에 대한 정보를 미리 통고받아 사용하는 것도 있으므로 예언의 범위가 개인적인 것에 한정되는 것이 아니라 국제적인 문제에까지 미칠 수 있었던 것이다. 까우띨리-야의 언급에 비추어 볼 때 그 당시 수상학(手相學), 점성술 등의 영향력이 매우 컸던 것으로 보이므로 따-빠싸를 이용하는 첩보활동은 단순한 정보의 수집을 넘어서 국가와 사회의 변화를 촉발시키는 적극적이고 효과적인 수단으로 사용되었음에 틀림없다.

비고정첩보원에는 자객과 독살자가 포함되는데 이 사람들은 국내 뿐만 아니라 국괴에서도 정적을 제거하는데 사용되었던 것으로 보인다.(1.12.1-5)

지금까지 열거한 첩보원들은 국내와 국외에서 모두 활동하였지만 국외에서만 활동하는 특별한 형태의 첩보원이 있었다. '양쪽에서 돈을 받는 자'(Ubhayabetana: 우바야베따나) 로 불리는 첩보원이다. 그는 첩보원의 신분을 숨기고 다른 국가의 왕 또는 고위관리에게 접근하여 그들에게 봉사하는 직업을 얻는다. 그가 왕이나 고위관리의 신임을 얻게 되면 그 국가의 정보를 고국에 제공할 수 있는 것이다. 그러나 이와 같은 종류의 첩보원은 이중간첩으로 변모하거나 배신할 가능성이 크므로 파견하기 전에 그의 부인과 자식들을 볼모로 확보할 필요가 있다.(1.12.17-19)

아르트 샤스뜨라가 만들어지던 시대에는 이미 첩보활동이 상당한 수준에 달해 모든 국가들이 그 나름대로의 첩보망을 운영하고 있었던 것으로 보인다. 왜냐하면 까우띨리-야는 방첩망의 조직을 강조하고 있는 것이 활발했던 첩보전을 나타내는 간접적인 증거가 되기 때문이다. (1.12.20-22) 까우띨리-야는 '첩보원에 의해 외국왕의 첩보원을 색출해야 한다'(1.12.21)고 권고하고 있다. 따라서 도시에서는 상인, 농촌에서는 농부, 도시근교에서는 은둔자 등을 중심으로 한 방첩망을 운영하도록 주장하고 있다.

아르트 샤스뜨라의 곳곳에는 첩보원의 활동방법을 매우 구체적으로 서술하고 있다. 예를 들어, 다른 국가의 왕을 생포하고자 할 경우, 은둔자로 가장한 첩보원이 제자들을 이끌고 그 나라에 들어가 '나는 이미 400년이나 살았다. 매 100년마다 나는 특별한 의식을 거쳐 젊음을 되찾는다.'는 소문을 내고 왕과 고위관리들에게는 약초뿌리와 과일을 선물로 보내 호기심을 불러 일으킨다. 왕이 이 유혹에 넘어가면 ' 이번의 영생의식은 폐하의 앞에서 행하고 싶다.'는 등의 설득을 하여 의식에 왕이 부인과 자식들을 대동하여 참가하게 만든다. 의식에 참가한 왕을 사로잡기란 무척 쉬운 일인 것이다.(13.2.1) 상대방의 심리적인 약점을 이용하는 기만적인 수법은 13권 2절에만 해도 21개가 나열되어 있다.

국가 간의 관계에 있어서 첩보활동은 필요불가결한 것이고 첩보경쟁의 관점에서만 본다면 까우띨리-야가 제시한 기만술들은 인간의 심리에 대해 거의 완벽한 분석에 바탕을 둔 것이라고 이야기할 수 있다. 또 현대의 첩보활동에서 사용되는 기술의 대부분이 까우띨리-야로부터 시작된 것이 아닐까하는 의심이 들 정도이다. 물론 띠끄쉬나와 라싸다와 같은 비정한 암살자의 사용을 도덕적 기준에서 비난할 수 있을 것이다. 그러나 이 문제는 어디까지나 관점의 차이에 따라 서로 다른 결론이 내려질 수 있다. 즉, 암살은 전쟁에 비해 경제적일 수 있고 보다 인간적일 수 있다는 것이다. 전쟁은 암살에 비교할 수 없을 정도로 많은 인명과 비용을 소모시키기 때문이다. 왕이나 고급관리들이 국가의 모든 권력을 장악하고 있었던 까우띨리-야의 시대에는 암살이 보다 효과적이었음에 틀림없다.

Ⅴ. 마치면서

아르트 샤-스뜨라는 패권을 추구하는 왕을 위하여 쓰여진 책이다. 따라서 이 책에서 생각하는 국제관계는 기본적으로 약자와 강자의 관계 그리고 친구와 적의 관계로 구성되어 있다. 한 국가의 국방문제는 그 국가의 외교관계와 직접적으로 관계가 있다. 까우띨리-야는 외교를 주로 패권을 추구하는 왕의 관점에서 다룬다. 즉, 한 국가가 그 자신의 영향력이나 영토를 확장하고 싶다면 외교가 그 바탕이 된다는 것을 강조하고 있는 것이다.

까우띨리-야는 한 국가가 다른 국가와의 관계에서 직면할 가능성이 있는 모든 상황을 상정하고 대비하였기 때문에 우리는 때때로 별로 중요하지 않은 사실에 너무 큰 비중을 두고 있다는 느낌을 받게 된다. 이것은 그가 지나치게 현학적이라는 오해를 불러일으킬 수도 있다. 그러나 이 책은 일정한 틀 안에서 발생하는 사건들을 다룬 것이 아니라 현실 외교에서 발생할 수 있는 모든 상상 가능한 상황에 대처하기 위한 실질적인 정책을 제시하고 있다. 그리고 모든 가능성을 가시화하고 국가가 선택할 수 있는 대처방법을 제시하는 까우띨리-야의 사상의 저변에는 현실주의가 바탕을 이루고 있는 것이다. 동맹국을 국가의 구성요소 중의 하나로 취급한 것이나 세계를 동맹과 적의 관점에서 분류한 것 또 외교의 근본으로 국력의 증강을 강조한 것 등이 그의 현실주의의 대표적인 예이다.

이 연구의 첫 부분에서 외교라는 용어를 '국익의 달성을 위해 동원되는 모든 기술과 수단'이라고 정의한 바 있다. 이 정의를 통해서 보더라도 까우띨리-야는 외교에 대해 매우 명확하고 일관된 입장을 취하고 있다. 공식적인 외교사절에게 첩보원의 역할을 요구한다거나 암살자의 사용을 권한다거나 하는 것이 대표적인 예가 될 것이다. 물론 외교, 더 넓게는 국제관계에 대한 분석에 있어서 도덕적 관점을 배제해야 한다는 것은 아니다. 그러나 도덕은 인류가 추구하는 목표의 하나가 될 수 있지만 분석의 기준이 될 수는 없다는 점에서 까우띨리-야의 주장이 일방적으로 비난받아서는 안된다. 또 외교관의 첩보활동 그리고 국제적인 암살활동은 지금도 진행 중인 현상이기 때문에 까우띨리-야를 매도할 수는 더욱더 없다. 오히려 까우띨리-야는 외교의 본질을 어떤 가식도 없이 묘사했다는 점에서 찬사를 받아야 한다. '적과의 평화는 존재할 수 없다.'(7.13.17)는 그의 말이 나타내듯이 적을 파멸시키는 것이 국익이라면 그것을 현실로 만드는 수단 중의 하나가 외교인 것이다. 까우띨리-야는 전쟁보다는 평화를 선호해야 한다고 여러 곳에서 강조하고 있지만 그것은 평화주의자적 관점에서 이야기한 것은 결코 아니다. 비용과 위험부담의 측면에서 평화가 전쟁보다 저렴하고 안전하다는 의미이고 물리력보다는 외교를 통해 적을 파멸시키는 것이 작은 피해라도 줄일 수 있다는 조언인 것이다.

2,000여년 전에 까우띨리-야가 제시한 외교와 그 기술에 대한 여러 서술은 현대 국제정치체계에서 그 효용성이 아직 살아있는 것으로 보인다. 넓은 의미에서 보자면 국제관계의 근본적인 면은 까우띨리-야의 시대에 비해서 별로 변화된 것이 없다. 국가 간의 불신, 편의주의적 발상에 의한 국익의 추구, 이기적인 이익만이 기준이 되는 동맹의 결성과 해체 또 타국의 영토 속에서 벌어지는 비밀첩보원들의 활동 등은 지금도 그대로 발견된다. 물론, 국가나 국익에 대한 정의도 까우띨리-야의 시대와는 달라졌고, 현대 국제정치체계에는 국제여론 또는 세계여론이라는 새로운 요소가 등장하여 이기적 정책을 시행하려는 국가들을 견제하는 역할을 하고 있다. 그러나 패권을 차지하려는 국가들 간의 경쟁과 투쟁을 종식시키는 방안은 아직 나타나지 않았고 까우띨리-야가 제시했었던 여러 음울한 외교적 기술들이 사라졌다는 증거도 찾을 수 없다. 아마 앞으로도 오랜 기간 동안 까우띨리-야가 적시(摘示)하고 주장했었던 외교적 관점들은 현실 외교관계에서 가장 쉽게 발견될 수 있는 요소로 남을 것이다.

참고문헌

Basham, A. L. 1981. The Wonder that was India. Delhi: Rupa & Co.

Cantori, L. J. and Spiegel, S. L. 1970. The International Politics of Regions. Englewood Cliffs: Prentice-Hall

Fleet, J. F. 1914. Introductory Note. Shamasastry, R. 1988. reprint. Kautilya's Arthaśāstra. Mysore: Padam Printers.

Goshal, U. N. 1959. A History of Indian Political Ideas. OUP: Bombay.

Kangle, R. P. 1960. The Kauṭilīya Arthaśāstra. Part II ; An English translation with critical and explanatory notes. Delhi: Motilal Banarasidass

Kangle, R. P. 1988. The Kauṭilīya Arthaśāstra. Part III ; A Study. Delhi: Motilal Banarasidass

Saletore, B. A. 1963. Ancient Indian Political Thought and Institutions. New York: Asia Publishing House

Sarkar, B. K. 1966. " The Hindu Concept of Balance of Power: Theory of Rājamandala." Larus, Joel ed. World Politics; Premodern Non-Western International Relations. Belmont: Wadsworth Publishing

Sastri, K. A. Nilakanda. 1964. Age of the Nandas and the Mauryas. Varanasi: Munshram.

Shamasastry, R. 1988. reprint. Kautilya's Arthaśāstra. Mysore: Padam Printers.

Smith, V. A. 1981. The Oxford History of India. New York: Oxford University Press

Thapar, Romila. 1986. A History of India 1. New York: Penguin Books.

Thomas, F. W. 1987. " Chandragupta, The Founder of The Maurya Empire." Rapson, E.J. ed. The Cambridge History of India. vol. 1. New Delhi: S. Chand & Company.

Nicolson, H. 1969. Diplomacy. London: Oxford Univ. Press

제2부

서양외교의 변천

중세 유럽에서의 외교*:
정치적 주체와 객체의 부재

황 영 주

Ⅰ. 서 론

이 장은 중세 유럽에서 외교(diplomacy in the Middle Ages)에 대하여 고찰하는 것을 그 주요 목적으로 한다. 외교(학)와 관련하여 가장 보편적인 교과서로 인정받는 외교론(Diplomacy)에서 니콜슨(Sir Harold Nicolson)은 "암흑 시대에 있어서, 그리고 특히 봉건 시대의 유럽에 있어서는 국제적인 접촉을 질서 정연하게 또는 확정적으로 제도화할 만한 기회가 거의 없었다"[1)]고 중세 유럽의 외교에 대하여 단언하고 있다. 이 주장에 따르면 중세 유럽에서 외교는 거의 없었던 것으로 간주할 수 있다. 실제로 외교(학)와 관련한 많은 교과서에는 중세 유럽의 외교를 공백의 상태로 간주하는 경우가

* 이 장은 『21세기정치학회』17(1)(2007)에 동일한 제목으로 게재된 바 있다.
1) 해롤드 니콜슨 경 지음, 『외교론』신복룡옮김 (서울: 평민사, 1998), p. 36.

많다.

이러한 일반적 주장과는 달리 중세 유럽에서의 외교에 대하여 보다 조심스러운 접근이 필요하다는 것이 이 장의 문제의식이다. 즉, 니콜슨이 주장한 바와 같이 중세 유럽에서 외교적 행위가 부재하였고 근대적 의미의 외교가 13-4세기에 이탈리아에서 발생하였다고 하였을 때, 이와 같은 이탈리아 외교의 성장은 어느 날 갑자기 이루어진 것은 아닐 것이다. 다른 말로 표현하자면, 니콜슨이 말하는 근대 외교의 성장은 분명 중세적 기원 내지는 연결성이 존재할 것이라는 점이다. 이러한 점을 반영하여 이 장은 중세 유럽에서 존재하였던 외교적 실제가 무엇인지에 대하여 주로 조사하고자 한다.

무엇보다도 중세 유럽의 외교는 기독교 공동체의 지배질서의 핵심으로 작동하였던 로마 교황과 교황청에서 비롯되었을 것으로 짐작 가능하다. 교황은 신의 위탁에 따라서 교권을 대표하면서 속세 군주를 제어하여야 했고, 외교에 있어서도 이러한 교황 우위는 월등하게 작동하였다고 할 것이다. 이에 따라서 중세 외교의 실제는 주로 교황과 교황권의 행사라는 맥락에서 이해되어야 한다. 예를 들어 마팅리가 자신의 연구에서 로마교황청이 외교에 있어 주요 행위자이며, 또한 로마교황청이 주요 무대가 되었으며, 동시에 로마 교황청이 조직적·체계적 외교의 완성자라고 한 것은 결국 로마 교황청이 갖는 근대 외교의 계보적 기원을 부분적으로나마 인정한 것이라 할 것이다.[2)]

---

2) Garrett Mattingly, *Renaissance Diplomacy* (Cambridge: The Riverside Press, 1955), pp. 105-106.

특히 외교에 대한 정의를 "근대 외교"라는 맥락에서 보지 않는다면, 중세에서도 다양한 방식에서의 외교가 존재한 것으로 파악된다. 예를 들어 최근의 한 연구에서 데리앙(James Der Derian)과 같은 학자는 중세 유럽의 외교를 전(前)외교(proto-diplomacy)의 단계로 설정하면서 다양한 방식의 외교가 이 시기에 존재하였다고 강조한다.[3] 다시 말해서 유럽 국제체제 내에서 국제법 및 세력균형을 매개로 하는 공식적·형식적 주권국가의 관계로 특징지워지는 근대 외교를 외교의 전형으로 국한 시키지 않는다면, 중세에서도 다양한 의미의 외교가 존재한다는 것이다.[4] 이에 따라서 이 장에서는 주로 중세 유럽에서 근대 외교와는 다른 어떤 종류의 "외교"가 존재하였는가에 대하여 고찰하는 것을 주요 목적으로 한다.

이러한 목적을 가진 이 장은 다음과 같이 이루어진다. 2장에서는 중세 유럽에서 외교적 접촉이 상대적으로 부족하였던 이유를 중세 유럽의 정치적 상황을 통해서 고찰하려고 한다. 이 시기 중세 유럽은 한편으로는 하나의 기독교 공동체라는 신념이 강하게 작동하고 있었고, 다른 한편으로는 권력의 중첩성으로 인하여 주권개념이

---

3) James Der Derian *On Diplomacy: a Genealogy of Western Estrangement* (Oxford: Basil Blackwell, 1987), pp. 68-104.

4) 데리앙에 있어 외교란 "(일정한) 거리감이 있는 개인, 단체 및 실재의 매개(작용)"으로 파악되는 반면, 근대 또는 현대적 의미의 외교란 "일정한 체제하에서 상호작용하는 국가 내의 거리감있는 국민들간의 매개"로 정의된다. Derian(1987), p. 6과 p. 42. 여기에서 거리감(estrangement), 매개(mediation) 및 소외(alienation)는 데리앙의 외교 이론에 있어 중요한 개념이다. 간단하게 정리한다면, 개인, 단체 및 실재는 일정한 정도 자기 및 타자로 소외(의식)를 느끼는데 이는 자신의 객체화이며, 또한 타자와의 거리감으로 표현된다. 하지만 이러한 소외를 극복하거나 초월하기 위해서는 일정한 정도의 거리감이 있는 타자와의 매개가 필요한데, 이를 외교라 할 수 있다. Derian(1987), chap. 2.

성장하지 못하였는데, 이를 중세 외교의 배경으로 작동한다고 파악하고자 한다. 3장에서는 중세 유럽의 외교 현황에 대하여 고찰하려고 한다. 중세 유럽 외교를 (국제)법적 토대, 기원, 행위자 등으로 정리하면서, 외교와 관련한 제도 및 실제에 대하여 고찰하려고 한다. 4장에서는 중세 유럽의 외교에 대하여 평가를 하고자 한다. 즉, 중세 외교가 어떤 특징을 가졌는지를 근대 외교의 맥락과 비교하면서 살펴보고자 한다. 전체적으로 이 장은 중세 유럽 외교의 배경, 실제 및 성격에 대하여 고찰하는 것을 그 주요 목적으로 하고 있다.

Ⅱ. 하나의 사회와 중첩된 주체: 중세 유럽 외교의 배경

중세 유럽의 외교를 고찰하기에 앞서 중세가 언제 시작되었고, 언제 끝나게 되는지에 대한 명확한 시기 구분이 필요할 것으로 보인다. 중세 역사에 대한 한 개설서는 중세를 "고전고대에서 르네상스 이전의 시기(the period between Classical Antiquity and the Renaissance)"[5]로 보고 있다. 보다 구체적으로 김홍철 교수는 중세의 시기 구분에 대하여 "일반적으로는 유럽 중세 질서의 시대 배경은 서로마제국의 멸망(AD 476)으로부터 동로마제국의 소멸(AD1453)과 <백년전쟁>이 종결(서기 1453년)하는 동안 편의상 묶어서 종잡게 된다"[6]고 주장한다. 이에 따라서 중세는 대략적으로 볼 때 5세기 후반에서

5) Peter Linehan and Janet L. Nelson, *The Medieval World* (London: Routledge, 2001), p. 7.

6) 김홍철, 『외교제도사』 (서울: 민음사, 1985), p. 89.

15세기 중엽까지 약 1천년의 기간이라고 할 것이다.

해밀톤과 랭혼(Keith Hamilton and Rochard Langhorne)의 주장에 따른다면 중세 유럽의 외교 자체는 근대 외교 자체와 질적인 차이를 가지고 있었다.[7] "로마제국의 몰락이후 서양의 외교적 관계는, 교회의 왕래를 제외하고는, 상당히 드문 형편이었으며 이에 따라서 아주 느리게 유기적 발전을 보여주고 있었다."[8] 그렇다면 이와 같은 중세 외교는 어디에서 출발하는 것일까? 중세외교는 대략적으로 (국가) 행정기관의 원시적 상태, 통치자의 제한된 권력, 아주 열악한 수준의 통신체제와 함께 특히 명확하게 구별되지 않는 영토 및 정치적 영역의 구분 등 다양한 원인에서 비롯되었다 할 것이다.[9]

이와 같은 중세 유럽 외교의 배경을 보다 체계적으로 설명하기 위한 유용한 틀로서 근대 외교에 대한 최근의 연구에 주목할 필요가 있다. 이미 앞에서 밝힌 바와 같이 데리앙에 있어 (근대) 외교의 기원은 일정한 정도의 거리감(estrangement)과 매개(mediation)가 존재해야만 한다. 여기에서 거리감이라는 것은 외교의 주체가 다른 객체와 일정한 정도의 정치적·심리적 간격 내지는 거리를 가지는 것을 의미하며, 매개 자체는 이러한 거리감이 있는 정체가 상호간 관계를 맺는 수단이라고 할 수 있다. 이와 같은 배경에서 보면 근대 외교의 조건은 "첫째, 무엇보다도 중요한 조건으로 두 개 내지 세 개 이상의 성격이 유사한 국가가 존재해야 하며…" 또한 "둘째,

---

7) Keith Hamilton and Richard Langhorne, *The Practice of Diplomacy: its Evolution, Theory and Administration* (London: Routledge, 1995), pp. 22-28.

8) Hamilton and Langhorne(1995), p. 22.

9) Hamilton and Langhorne(1995), p. 22.

국가는 반드시 주권적 정체의 단위이어야 하며…이는 내부적으로 절대적 권위를 행사해야 하며, 외부로부터는 독립적이어야 한다."[10]

이러한 맥락에서 본다면, 중세 유럽 외교는 거리감과 매개의 여지가 있을 수 없었던 것으로 파악되고, 이에 따라 근대 외교의 맥락으로 평가할 수 없게 된다. 왜냐하면 한편으로 당시 유럽을 지배했던 기독교 공동체라는 의식자체는 서로간의 "거리감"이 존재하지 않는 하나의 사회(the one society)라는 개념이 강했고, 다른 한편으로 봉건제도를 기반으로 하고 있던 당시의 정치적 상황은 권력이 어느 특정의 대상으로 귀결되지 않았던, 말하자면 권력, 정체 및 국가의 주체가 정확하게 분리되어 존재하지 않았기 때문이다. 즉, 보편적 기독교 공동체의 단일성 및 세와 종으로 나누어진 권력 상황이 중세 유럽 외교의 특징을 제공하는 결정적 배경이 되는 것이다.

중세 유럽의 외교관계 저발전이 "보편기독교 사회(*respublica christiana*)"라는 관념에서 출발한 것은 분명한 사실인 것처럼 보인다. 말할 것도 없이 중세 유럽 사회는 하나의 세계라는 관념이 아주 강했다. 마팅리가 주장한 바와 같이 "…1400년경까지 서구사회는 여전이 하나의 사회라는 생각이 지배적이었다. 이와 같은 기독교 공동체는 심각한 내부 갈등, 종교적 분열 및 계급, 민중, 정치적 무리 및 왕들간의 내부적인 전쟁으로 조각나 있었다. 하지만 기독교 공동체는 여전히 자신들이 하나라는 사실을 믿고 있었다."[11] 동일

10) Derian(1987), p. 109.
11) Mattingly(1955), p. 18.

한 맥락에서 김홍철 교수는

> 오직 중세적인 외교관계나 국제관계 및 모든 사회질서를 강력히 통제·어거할 수 있는 유일한 진실·신념체제 one true faith는 법왕과 군왕의 형제적 일체감을 촉구하는 동시에 중세유럽의 통합개념인 총제적 질서를 의미하였던 <기독교사회의 대도시 공동체 *magna civitas Christiana*>의 존립·번영·유지를 위한 사명의식에 지배되었을 뿐이다.[12)]

기독교 공동체라는 개념은 때에 따라서 상당히 다양하게 표현되었지만 중세 내내 정치적 관념과 활동의 기본적 조건으로 작동하였다. 그런데 이와 같이 중세 유럽이 기독교 공동체로 작동할 수 있었던 것은 크게 두 가지 요소에서 비롯된 것으로 보인다. 하나는 말 그대로 기독교라는 종교적 공통성에서 비롯되었는데, "이들 중세인 기독교인이라는 공통성을 제외하고 동일한 이름을 가질 것이 없었다"[13)]는 것이다. 다른 하나는 중세인들이 자신들을 로마인의 동일한 후손으로 간주하는 경향이 강했다는 것이다. 이들 의식의 내면에는 교황의 지배뿐만 아니라 로마제국에 의한 지배라는 강한 관념이 남아있었고 이것이 하나의 사회라는 의식을 묶어 주는 역할을 하였다.[14)] 이와 같은 공동체라는 의식 자체는 서구사회에서 상호 별개의 주권 국민 국가라는 용어에 대하여 고민하지 않았고, 이때 외교는 근대 외교의 양식과는 일정한 거리를 두는 것이었다. 이를 마팅리는

12) 김홍철(1985), p. 95.
13) Mattingly(1955), p. 18.
14) Matiingly(1955), pp. 19-20.

다음과 같이 요약하고 있다.

공동의 법아래 통치되는 하나의 사회에서 살고 있다는 개념은 인간들로 하여금 하나의 단일체라는 개념을 만들어 냈고, 이는 외교적 원칙에서 정확한 이론을 만들어내는 것을 어렵게 만들었다. (중략)…외교적 원칙에 대한 정확한 정의는 국가 기원에 대한 인간들의 생각에서 혁명이 발생할 때까지 기다려야 했다.[15)]

요컨대, 중세 유럽 외교는 결국 중세 유럽이 하나의 보편적 공동체라는 특징에서 기인한다고 볼 수 있다.

또한 중세 유럽의 외교관계는 복수주권의 상황 또는 정치적 주체의 부재에서 출발한 것이 분명하다. 즉, 외교 주체의 불명확성이 중세 유럽 외교의 특징으로 작동했다는 것이다. 데리앙이 주장한 바와 같이 중세 유럽의 권력 상황은 "황제와 교황, 봉건영주와 국왕…상호중첩되는 혼란스러운 복잡성"[16)]으로 설명될 수 있을 것으로 보인다. 이용희 교수는 이와 같은 중세의 권력관념을 근대국가의 그것과 비교하여 설명하고 있다.

중세국가가 근대국가관념과 날카롭게 대립되는 그 특징의 하나는 -그 권력관념의 이원주의라는 것으로 알려지고 있다. 이른바 양검론이라고 불리우는 사상이다. 중세사상에 의하면 기독교사회는 사회로서는 단 하나의

15) Mattingly(1955), p. 26.
16) Derian(1987), pp. 72-73.

사회 곧 하느님이 만드신 한 개의 사회이로되, 다만 그 지배에 있어서 -인간의 양심과 신앙의 문제는 교회 곧 로마법왕이 신의 권위를 맡아 보는 한편 기타의 세속사는 신의 권위가 신성로마황제에게 위탁된 것으로 인정되었다. 그러므로 기독교 사회는 하나였을 망정 그 사회에 임하는 권력에는 교·속의 양권이 있었으며, 또 이 권력은 보편적이며 국제적인 것으로 간주되어, 중세의 황후국에도 그대로 타당한 것이었다"[17]

양검론에 따르면 정신적 칼은 교권을 가진 상징적인 법왕이 대표하며, 반면 제왕의 칼은 속권을 갖는 일반 군주가 대표하는 방식으로 일종의 역할 분담이 존재한다. "법왕과 제왕 간의 상관관계는 상하계서적 일종의 주종관계이고 교·속 양권의 이원주의적 지배질서체제이었다."[18] 이에 따라서 정치적 권력이 교권에 의해서 완전히 대표되지도, 속권에 의해서 대표되지도 않는 이른바 "이원적 자기분열성(irreconcilable dichotomy)"[19]이 존재하게 된다. 다시 말해서 이원주의적 지배질서 자체는 다음과 같은 일정한 정도의 역할분담을 가져왔고, 이러한 역할분담은 정치 권력의 일체성(consistence)을 확보할 수 없게 만든다. 즉 "교회가 모든 정치적 기능을 수행할 수 없으며 따라서 세속 통치자들이 필요하고, 세속 통치자들도 그들이 담당하는 영역을 보유하여야 한다는 사실을 인정하지 않을 수 없었다."[20] 비단 이러한 사정뿐만 아니라 봉건제도에 의해서 발생

17) 이용희, 『일반국제정치학(상)』 (서울: 박영사, 1962), p. 104.
18) 김홍철(1985), p. 91.
19) 김홍철(1985), p. 95.
20) J.R. 스트레이어 『근대국가의 기원』 박은구 역 (서울: 탐구당, 1982), p. 32.

하는 국왕 또는 영주의 가신(家臣)들의 존재는 권력의 분열을 더욱 더 부추기는 역할을 하였다. "이해관계와 충성심이 근본적으로 지방적인 것이었으며, 가족, 이웃 그리고 지방(country)에 한정되어 있었다. 왕의 관리들은…중앙정부의 대리인들이라기보다 자율적인 지방 공동체의 지도자로 변질하고 있었다."[21] 이와 같은 다원적인 권력관계의 특징은 이용희 교수에 의해서 더욱 더 분명히 설명된다.

> …현실에 있어서는 봉신이 이군 또는 십수의 봉주에게 충성을 서약하는 허다한 사례가 있어서, 이렇게 볼 때 주종의 인격관계라는 각도에서는 봉주사이의 판역이, 서로 교차하여 군왕의 국토라는 관념조차 때로는 애매해진다. 이렇듯이 군왕의 영토 내는 기타 수많은 봉신의 봉지로 나누어져 있는데 여기서 다시 영토내의 교권이 군권과 맞서며, 또 각 신분에 따라 적용되는 신분법, 중세도시의 도시법, 교회법 제왕과 교회의 평화법 등이 겸용되는 형편이었다.[22]

이러한 맥락에서 중세 외교관계는 특히 국가와 정체의 표현으로서 주권의 부재에 대하여 주로 초점이 맞추어져야 할 것으로 보인다. 중세 유럽의 정치적 상황이 권력의 중첩성에 가로놓여 있었기 때문에, (권력의 실지적) 행사자가 존재하지 않았기 때문에, 외교적 주체가 존재하지 않는다고 볼 수 있다. "(외교에 있어) 주요 어려움은 이 시대 주권의 본질에 대한 미발전에 그 기원을 둔 것이다. 이는

21) 스트레이어(1982), p. 22.
22) 이용희(1962), p. 107.

또한 당시의 사적활동과 공적활동 간의 애매한 구별에서 비롯된 것이었고, 따라서 주권의 대표성도 상당히 애매한 것이었다."[23] 잘 알려진 바와 같이, 16세기 이후에 가서야 절대주의 국가가 성립되었고, 국제적으로는 유럽국가체제가 성립되어 주권국가(the sovereign state)가 명확하여졌고, 이에 따라서 근대 외교적 관념과 실제가 도입되었다고 볼 때, 중세 유럽에서 근대와 유사한 외교의 성장을 기대하는 것은 시대착오적인 일이라고 할 수 있다.

Ⅲ. 교황의 사절에서 군주의 사절로: 중세 유럽 외교의 실제

사실상 중세 유럽 외교의 실제에 대하여 검토하기 앞서 기독교 공동체가 작동하는 방법으로서 이른바 기독교 공동체라는 국제사회의 공동의 법(말하자면 오늘날의 국제법) 연원에 대한 조사가 먼저 필요할 것으로 보인다.

마팅리는 중세 유럽 외교 및 국제관계에 대한 영향은 크게 세가지 법적 연원, 즉 교회법(cannon law), 관습법(the customary law) 및 로마법(Roman law)에서 비롯된 것으로 파악하고 있다. 마팅리는 이와 같은 세가지 법의 연원들이 서로 작용하여 중세 유럽의 국제관계를 좌우했다고 강조한다.[24] 물론 이와 같은 법들 중에서 가장 높은 비중을 차지하고 있는 것은 교회법이라 할 것이다. 즉 "이때의

---

23) Hamilton and Langhorne(1995), p. 22.

24) 보다 자세한 내용은 Mattingly(1955), pp. 21-24를 참조하라.

<교회법 canon law>은 국내법 national 이라든가 혹은 <국제법 international>적인 성격의 것이 아니라 모든 기독교 세계에 복종을 강요하는 <초국가 supranational; universal>적 또는 우주적인 성질의 것이었으며 자연히 교회는…훨씬 강력한 강제성을 띤 국제관계상의 관계 규범을 규정할 수 있었던 것이다."[25] 이에 따라서 "교회법론자(canonists)들은 오늘날로 따지자면 국제법률가에 해당되는 질문들을 만들어냈다: 주권에 대한 정의, 조약발효, 평화유지, 전쟁규칙 및 전쟁에 있어 중립자와 비전투자들의 권한들이 바로 그것이다."[26] 다만 국가의 내적·행정적 영역과 관련해서는 로마법이 강력한 영향력을 발휘한 것으로 평가된다.[27]

이미 앞에서 지적한 바와 같이 중세 유럽이 교·속 두 개의 권력이 존재하였던 바, 실제로 외교적 행위 특히 외교사절에 대한 기원은 교황에 의해서 출발하였다고 할 수 있다. 사실상 교황은 신의 위탁에 따라 교권을 상징하고 대표하면서 속세의 군주를 제어할 수 있어야 했다. 이러한 배경에서 "중세적 외교관계의 질서라는 것도 따지

---

25) 김홍철(1985), p. 96; 다시 말해서 "중세교회법은 서유럽-남유럽-북유럽의 일원에 걸쳐 통용된 <초국가적 supra-national>인 의미의 사실상의 유일한 법체제 legal system이었다." pp. 96-97.

26) Hamilton and Langhorne(1995), p. 23.

27) 스트레이어(1982), p. 37. "로마법 연구가 가지는 중요성은 그것이 새로운 사상이 수용될 수 있는 범주의 모형과 새로운 사상을 설명할 수 있는 술어들을 제공하였다는데 있었다…공공복지 개념과 공공복지를 증대시키는 것이 통치자의 의무라는 생각은 일반 과세(general taxation)와 같은 개혁들을 정당화하는데 도움이 되었던 것이다. 로마인들은 우리들의 '국가'에 꼭 들어맞는 술어를 기지고 있지 아니하였다. 그러나 그들의 공화체(*respublica*) 내지 공동복지체(commonwealth)는 국가와 상당히 유사한 것이었으며, 국가사상도 이것을 주축으로 결정될 수 있었다." 스트레이어(1982), p. 37.

고 보면 그 중심제도는 교회법과 이른바 <법왕외교 *la diplomatie pontificale*> 질서의 특색에서 집약해 볼 수 있다."[28] 이에 따라서 중세의 외교는 교황우위의 외교라 볼 수 있다. "… 법왕과 제왕 · 군주간의 중세적 외교관계 양태는 그 성질상 호혜평등원칙보다는 차라리 교황 우월의 일방적 내지는 주종적 상관관계에서의 외교교섭 방식의 운용이 지배적이었다"[29]는 평가를 내릴 수 있다. 그러나 항상 일원적으로 교황이 외교의 우위권을 가진 것은 아니었다. 특히 중세 후기에 들면서 "제왕 · 군주들은 정신적으로나 현실적으로 법왕에의 예속에서 벗어나고 자신들의 고유의 영토적 확대와 통치 및 지배권을 쟁취 · 확립하려는 법왕에 대한 도전과 상충을 끊임없이 시도했다."[30]

중세 외교의 실제를 이해하기 위하여 교황의 외교에 대하여 먼저 살펴보자. 교황의 외교적 행위를 다루기 이전에 교황 외교의 기원으로서 많은 외교(학)관련 연구서에서는 비잔틴 제국의 외교 행위에 초점을 맞추고 있다. 즉, 교황에 의한 (외교) 사절 파견 이전의 비잔틴(Byzantium)제국은 적극적인 외교행위를 수행한 것으로 보인다. 무엇보다도 주목해야 할 점은 "8 · 9세기에 비잔틴의 황제는 교황이나 봉건 군주에게 수시로 고위층 인물을 외교사절로 보냈는데, (프랑크왕국의) 피핀(Pepin), 쇼트(Short) 및 샤르마뉴(Charlemagne) 등에게 외교사절을 보냈다"[31]는 점이다. 니콜슨은 비잔틴 제국의 외교

28) 김홍철(1985), p. 97.
29) 김홍철(1985), p. 98.
30) 김홍철(1985), p. 99.
31) Jose Calvet De Maglhâes, *The Pure Concept of Diplomacy* trans. by Bernardo Futscher Pereira (London: Greenwood Press, 1988), pp. 27-28.

에 대하여 다음과 같이 설명하고 있다.

> 정부내에 대외사무를 취급할 특별부문을 설치하고 외국궁정에 대사로서 파견할 전문적인 직업인 외교교섭자를 훈련한 것은 비잔틴 제국의 황제들이 처음이었다. 이들 사절에 대해서는 훈령서가 수여되었으며 외국인과 교제함에 있어서는 언제나 예의바르게 행동해야 하며 자기가 해외에서 관찰한 제반상황에 관해서는 절대로 비판을 가하지 말고 오히려 칭찬해야 한다는 명을 받고 있었다… 비잔틴 제국의 이 외교관습은 그후 여러 세기에 걸쳐 외교방식에 영향을 미치고 있었다.[32)]

이와 같은 비잔틴 제국과 특히 교황간의 상호 교류를 통해서 교황은 곧 비잔틴 제국의 수도인 콘스탄티노플(Constantinople)에 마치 대표부와 같은 역할을 하는 교황의 사절을 파견한 것으로 알려졌다. "중세의 법왕 외교사절에는 법왕이 비잔틴 제정에 아포크리사리우스 *Apocrisarius* 라는 직명의 상주 대표를 파견…"[33)]했다는

32) 니콜슨,『외교방식의 변천』이원우역 (서울: 경희대학교 출판국, 1983) p. 44. 실제로 김홍철 교수는 비잔틴의 외교적 관행이 서유럽에 심대한 영향을 미쳤다고 강조한다. 즉 그는 니콜슨의 의견을 들어서 "비잔틴 세계는 베니스에 <외교>를 가르쳐준 스승이고, 베네치아 사람들은 비잔틴의 외교양식을 이탈리아 도시국가간의 외교관계 운영에 도입·활용하였으며, 이탈리아식 외교제도양식은 바로 프랑스와 스페인 및 온 유럽에 번져갔던 것이다"고 정리한다. 김홍철(1985), p. 143.

33) 김홍철(1985), p. 144. 특히 김홍철 교수는 여기에서 종교적 외교사절의 상주제도에 주목하고 있다. 즉 "외교활동에 임하게 하는 일은 일반적으로는 주로 그때그때의 특별임무를 수행하기 위한 <임시특별 ad hoc>사행이 대부분이었는데, 대사의 외국상주제도가 싹트게 된 것은, 비록 임기라든가 특권 또는 자격요건 등이 일정하게 제도화된 것은 아니었다 할지라도, 중세의 기독교의 교회제도에서 연유하였다는 점은 한번 더 짚어보고 넘어 감직하다." 김홍철(1985), p. 107.

것이다. 교황 레오 I세(Leo Magnus 440-461)때 시작되어, 6세기에서 7세기에 가장 활발한 활동을 하였던 교황의 대표부는 주로 오늘날의 사절(envoy)이나 사절단의 역할을 한 것이었다.[34] 교황은 프랑크제국에도 동일한 목적을 가진 자신의 사절을 파견하였던 것으로 보인다.[35] 일부 학자들은 이 교황파견 *Apocrisiarius*을 상주 대표부와 같은 역할을 한 것으로 주목하고 있다. 하지만 실제로 상주대표는 르네상스 이탈리아에서 도입된 것으로 보는 것이 정설이다.[36]

이러한 *Apocrisiarius*와는 별도로 비슷한 시기에 로마 교황청은 주로 다른 제국의 황실이나 또는 공의회(the council)에 *Legati Nati*(perpetual legate: 상주사절)라 부르는 교황의 사절을 파견한 것으로 알려졌다. 애당초 이러한 상주사절은 교황이 자신의 사절을 파견하는 대신에 해당지역의 주교를 교황의 대리인으로 임명하는 것에서 유래된 것으로 추정되는데 이는 *Vicarii Apostolici*(교황대리)라고도 불리웠다. 이 교황대리의 임무 자체는 말 그대로 교황 대리 자체라 할 수 있다.[37] *Legati Nati* 자체는 6세기 이후 발전을 보여 프랑스, 스페인, 독일, 이탈리아 및 영국 등에 파견되었다.[38]

---

34) Mattingly(1955), p. 65.

35) Maglhâes(1988), pp. 28-29. 또한 이 교황사절은 교회계율의 준수여부, 이단의 방지 및 교황권의 방어에 그 주요 목적을 둔 것으로 알려져 있다. 보다 자세한 내용은 http://www.catholicity.com/encyclopedia/l/legate.html(검색일 2007년 2월 6일)의 Historical Development and Division을 참조하라.

36) Mittingly(1955), p. 65; 니콜슨(1983), p. 55; Maglhâes(1988), p. 35.

37) "교황대리는 교황의 얼굴을 보여주는 것과 같은 또한 교황의 목소리를 들려주는 것과 같은 역할을 하도록 하였다. 이에 따라서 교황대리는 교황 자신이 되며(the vicarius was therefore a vicarius papa)… 이는 교황대리의 임무가 또한 신권(the divine sovereign)의 의지임을 표현하는 것이다." Costas. M. Constantinou, *On the Way to Diplomacy* (Minneapolis: University of Minnesota Press, 1996), p. 105.

반면에 10세기에서 11세기에 성장한 *Legati Missi(*special envoys: 임시사절, 파견사절)은 주로 교황에 의해서 파견되는 살아 있는 편지(living letter)의 역할을 하였던 것으로 보인다.[39] 이 임시사절은 교황의 특별한 임무를 전하거나 행하는 역할을 하였으며, 동시에 황실의 세례 또는 결혼 등에 파견되기도 하였다.[40] 이에 따라서 교황의 상주사절은 교황대리로서의 권한이 없어지고 명의만 남은 것으로 알려졌다. *Legati Missi*와 함께 이 시기에 성장한 교황의 사절로서는 또한 *Legati a Latere*(교황전권사절)가 존재한다. *Legati a Latere*는 주로 추기경(cardinal)이 임명되었다. 교황전권사절로 추기경이 임명되었다는 것은 그 만큼 중요한 임무를 수행한 것을 의미한다고 하겠다.[41]

13세기에 들면서부터 *Legati Missi*자체는 점차 *Nuncios*(Nuntius: 대사)로 대체된다. *Nuncios*는 처음에 주로 교황정과 관련된 행정 및 경제적 대표로서의 업무를 처리한 것으로 보인다. 그러나 교회와 관련되는 일뿐만 아니라, 곧 외교적 직분의 의미를 획득하여 교황청이 다른 황실이나 정부에 파견하는 최고의 외교직위를 뜻하게 되었다. 즉 "교황자신의 여러 가지 일뿐만 아니라 교황청의 일을 포함하

38) 예를 들어 프랑스의 Arles(545), Sens(876), Lyons(1097)에, 스페인의 Tarragona (517), Seville(520), Toledo(1088)에, 현재 독일지역의 Trier(969), Salzburg(973)와 아울러 이탈리아의 Pisa 및 영국의 Canterbury에 파견되었다(괄호는 파견된 연도). 보다 자세한 내용은 http://www.catholicity.com/ encyclopedia/l/legate.html(검색일 2007년 2월 6일)의 Historical Development and Division을 참조하라.

39) Constantinou(1996), p. 106.

40) http://www.catholicity.com/encyclopedia/l/legate.html(검색일 2007년 2월 6일)의 Historical Development and Division

41) http://www.catholicity.com/encyclopedia/l/legate.html(검색일 2007년 2월 6일)의 Historical Development and Division

는 일들을 협상하는"[42] 업무를 담당하였다.

교황의 다양한 사절 파견에 대응하여 세속 군주들도 교황과 유사한 사절을 파견한 것으로 알려졌다. 마팅리는 이를 다음과 같이 설명하고 있다. 그는 "1300년까지… 기독교 공동체의 세속 권력자들은 정부의 운용과 관련한 다른 일들을 교황에서 배운 것처럼, 외교의 운용과 관련한 여러 가지 일들을 교황에게서 배웠다"[43]고 정리하고 있다. 상당히 유사한 맥락에서 "…어떤 면에서는 근대외교제도의 근원은 교황사절제도 legatine system에서 출발한 중세교회제도조직에 뿌리를 박고 있다고 역설하는 경우도 있다."[44] 보다 구체적으로 살펴보면 "교황의 사절과 유사하게, 기독교 군주들 또한 (자신의 사절에 대하여) 로마식 명칭(the Roman designation)인 *legatus*와 *nuntius*을 사용하였다. 메로빙거왕조시대에는 주로 *legatus*라는 용어를 사용한 반면…또한 *nuntius*와 *missus*라는 용어도 사용하였다. 12세기 이후에 *nuntius*라는 용어가 보다 광범위하게 사용되었고, 13세기에는 이 용어가 주로 사용되었다…"[45] 교황청이외에도 일반 세속 군주들 자신의 사절로서 *nuntius*를 적극적으로 활용한 것으로 알려졌다.[46]

---

42) Constantinou(1996), p. 106.

43) Mattingly(1955), p. 17.

44) 김홍철(1985), p. 107.

45) Maglhâes(1988), p. 29. Maglhâes는 또한 *legatus*와 *nuntius*의 용어에 대하여 정리한다. "로마시대에는 *legatus*는 사절 또는 중재자의 역할에 해당되는 반면에, *nuntius*는 단순한 심부름꾼에 불과하였다. 그러나 중세에는 이러한 구분을 하기가 어려워졌다." Maglhâes(1988), pp. 30-31.

46) 특히 이와 관련하여 "주교를 대사로 파견하는 통례는 유트레히트평화회의가 있었던 1713년까지 지속하였는데 이일을 가리켜 적어도 주교를 대사로 파견하는 사례는 중세적 외교사절기관 diplomatic agency의 시초라고 강조하는 한편 로마교황을 일

해밀톤과 랭혼의 주장에 따르면, 메로빙거왕조(486-751)부터 15세기까지 존재하였던 *nuntius*는 특정의 목적을 실현시키기 위해서 자신의 의사를 타 군주에 전달하기 위하여 채용된 살아있는 편지의 역할을 담당하였다. "*nuncius*는 살아있는 편지(living letter)로 설명되며, 이들의 권한은 특별한 목적을 위하여 증가되거나 변화되지 않는 한 상당히 엄격히 제한된다"[47]는 것이다. *nuntius*는 법적·실제적으로 군주의 대리인으로 대우받은 것으로 알려졌지만,[48] 조약을 위한 협상을 하거나 조약 자체를 결정하지는 못하였다.

> *nuncius*는 주군의 의지를 전달하면서 이러한 의지를 실현시키기 위하여 자기 자신의 의지에 따라 행동하지 않는다. *nuncius*는 초안의 상태에서 조약에 대하여 협상할 수 있었지만, (이와 같은 조약의 초안에 대하여)군주가 직접적으로 언급하거나 혹은 의지를 표현한 경우에 한해서 조약 준수의 의무를 진다. *nuncius*가 결정한 것은 바로 그의 주군에 의해서 직접 결정한 것으로 간주되었다.[49]

하지만 실제적으로는 단순히 살아있는 편지의 역할 이상을 한

컬어 항상 유능한 외교가를 배출한 어머니라 하기도 한다." 김홍철(1985), p. 107.

47) Hamilton and Langhorne(1995), p. 24.

48) Hamilton과 Langhorne에 따르면 *nuntius*는 사실상의 면책특권의 혜택을 입은 것으로 평가된다. 이에 따라서 *nuntius*에게 위협을 가하는 것은 해당 군주에게 위협을 가하는 것으로 여겨지고, 동시에 *nuntius*는 해당군주에게 행해지는 환영의식과 동일한 환영의식을 받을 권한을 가질 수 있었다. Hamilton and Langhorne(1995), pp. 24-25.

49) D.E. Queller, *The Office of Ambassador in the Middle Age* (Princeton: Princeton University Press, 1967), p. 225; Hamilton and Langhorne(1995), pp. 25-26에서 재인용.

것으로 보이고, 이에 따라서 *nuntius*는 중세 유럽의 외교에서 다양한 역할을 한 것으로 알려졌다.[50)]

*nuntius*와 함께 중세 유럽에서는 *procurator*(대리인; 행정장관)가 군주의 외교사절로서의 역할을 한 것으로 보인다. 애당초 *procurator* 자체는 로마법에 있어 (법률)대행인의 개념에서 출발하였지만, 12세기 중세 유럽에서 로마법의 부활에 따라 외교사절의 임무를 획득해 나갔다. "(애당초) 이것은 외교보다는 법률적 중요성을 가지고 있었다. 11세기 후반부터…일반 군주들이 사적인 계약의 목적으로 *procurator*를 파견한 것으로 보인다. 백년뒤에 콘스탄스 평화협정(1175)에서 바바로사(Frederick Barbarrosa)가 자신의 대리인에게 협상 및 협상결과에 대한 권한을 부여하게 되었다."[51)] 이를 통해서 결국 *procurator*는 외교적 사절의 임무를 부여받게 된다. 여기에서 주목해야 할 점은 바로 *procurator*에게 *plena potestas*(the use of full power: 전권)의 권한이 부여되기 시작했다는 점이다. "12세기 중반부터 베네치아의 사절들은 전권을 행사하기 시작하였고, 12세기 말에는 이러한 경향이 흔하게 나타났다."[52)] *nuntius*와는 달리 *procurator*는 자신의 이름으로 활동이 가능하였고, 이에 따라서 자신의 행위에 대하여 책임을 지기도 하였다.[53)] 또한 군주들의 일상적

---

50) Hamilton과 Langhorne에 따르면 *nuntius*는 군주가 부가한 임무이외에 자신의 능력 및 주변의 상황에 따라서 상당한 정도의 유연성을 행사할 수 있었던 것으로 보여진다. 이는 아마도 중세의 교통 및 의사소통 상황의 어려움과 관련된다 할 것이다. 또한 *nuntius*의 역할은 상당히 광범위하였다. 군주 간의 조약준비 및 실현, 정전, 선전포고, 이의제기, 구체적인 군사적지원의 해결, 금융거래해결, 빚의 청산, 화폐의 이동 등 다양한 역할을 한 것이다. Hamilton and Langhorne(1995), pp. 25.

51) Hamilton and Langhorne(1995), pp. 26.

52) Maglhâes(1988), p. 30.

인 외교활동 및 메시지의 전달 등이 주로 *nuntius*에 의해서 이루어지는 반면에 *procurator*의 주요 외교활동은 조약체결에서 합의를 담당하게 되었다.[54] 특히 마팅리는 두 종류의 사절에 대하여 구별하면서 그 차이는 주로 협상을 할 수 있는지 여부에 주목하고 있다. 말하자면 *nuntius*는 주로 상징성을 가진 메신저의 역할을 하는 반면에, *procurator*는 상징성을 갖지는 않지만 협상의 권한을 가졌다.[55]

그러나 여기서 주목해야 할 점은 실제로 중세 유럽의 세속 군주들에 의해서 파견된 외교사절(*legatus, nuntius, procurator*)등이 서로 간에 엄격하게 구별되어 사용되었다고 보기에는 힘들다는 주장이다. 마가앙게스(Jose Calvet De Maglhâes)가 주장한 바와 같이,

> 중세에 *nuntius*와 *legatus*를 구별하거나 또한 *procurator*와 *nuntius* 및 *legatus*를 서로 구별한다는 것은 아주 어려운 일이다. 사실상 (알려진 바와는 다르게) 많은 *procurator*가 단순히 설명, 사죄 및 메시지 전달을 위해서 파견되기도 하였고; 어떤 경우에는 *nuntii*가 전권위임을 얻어 협상을 마무리하기도 하였다. 어떤 사절들은 동시에 *procurator*와 *nuntii*로 불리우기도 하였다; 어떤 사절들은 분명하게 *procurator*의 역할을 함에도 불구하고 때로는 *nuntius*라는 명칭으로 파견되기도 하였다.

이와는 달리 김홍철 교수는 이와 같은 중세의 외교 사절을 크게 임시대사, 특명전권대사(특별대사) 그리고 제도화·정착 초기의 상

53) Maglhâes(1988), p. 30; Hamilton and Langhorne(1995), pp. 27.
54) Hamilton and Langhorne(1995), pp. 27; Constantinou(1996), p. 106.
55) Mattingly(1955), p. 30.

주대사 등으로 3가지로 분류하고 있고, 아울러 그들의 임무에 대하여 명쾌하게 정리하고 있다. 그에 따르면,

> …관례로 보면 임시대사나 특명전권대사는 주로 어떤 특별 목적 -예컨대 평화협상교섭이라든가 통상협정체결 등등- 을 위한 임무 수행을 위해 파견되고 또 주어진 임무를 모두 수행한 뒤에는 곧바로 본국 왕정에 돌아오는 것이 상례였는데, 주재대사(상주대사)는 비교적 장기간을 임지에 주재하면서 주임무로는 보통의 경우 현지 왕정의 귀족 · 지배계층들과 광범한 교유 · 친분을 도모하여 본국과의 친선 · 우호관계를 유지 · 증진시키는데 이바지하는 동시에 기타의 제반 교섭 업무, 그리고 본국과의 통신업무를 비롯하여 주재국의 지방여행을 통해 얻어진 현지 실정 및 임지국 왕정의 정치적 · 경제적 제반 사정을 잘 관찰하고 분석하여 본국 왕정에 보고하는 업무 등, 말하자면 일종의 광범위한 정보활동이 상주대사들의 업무수행의 대종이었다.[56]

특히 중세 유럽 외교 사절의 파견과 관련하여 주목해야 할 점은 이들에게 부여된 신임장, 면책특권 및 치외법권 제도와 같은 외교적 관행의 발전이다.[57] 미숙한 형태이지만 중세적 여건 속에서 이와 같은 전통이 자리잡아가고 있음을 분명하게 밝혀야 하며, 아울러 이러한 전통은 한편으로 로마 전통의 잔재, 다른 한편으로 교회법에 근거한 것으로 알려져 있다.[58]

---

56) 김홍철(1985), pp. 108-109.
57) Mattingly(1955), p. 36, p. 45, p. 48; 김홍철(1985), pp. 110-113.
58) 김홍철(1985), pp. 109-110.

먼저 신임장(letter of credence)제도의 경우는 애당초 교회의 전통에서 출발되었지만 곧 세속인에게도 상호적인 환대, 예우 및 보호의 뜻으로 사용되었다. 451년의 칼게돈 종교회의에서 의결된 교회법에 따르면 신임장은 주로 하위급 인사에게 주는 평화의 신임장(letters of peace), 고위급 인사에게 주는 추천위임장(letters commendatory) 및 종교직책상으로 부여하는 전임허가장(letter of dismissory)과 같은 것으로 나뉠 수 있었다. 특히 교황은 종교회의 개최를 통해서 교황중심의 외교제도를 운영하였으며, 이에 따라서 신임장제도 자체는 이와 같은 외교제도에 근간이 되었고, 무엇보다도 16세기 이후에는 국제관계 및 외교제도의 관행으로 자리잡은 것으로 알려졌다. 이 신임장은 주로 외교교섭상의 전권부여 및 외교훈령 등의 기술과 직접적으로 관련되기 때문에, 신임장의 소유 여부는 실제 외교적 행위에서 상당히 중요한 절차가 되었다.[59)]

다음으로 면책특권(immunity)의 경우에는 주로 비잔틴 제국의 관습에서 황제의 사절을 신성시하는 전통에서 비롯된 것으로 파악된다. 이와 같은 면책특권은 중세에서는 교회법을 통해서 발전해 왔던 것으로 보인다.[60)] 다시 말해서 이와 같은 면책특권이 어느 정도 강제화되었는지 여부를 확인하는 것은 힘들지만, 외교사절에 대한 보호 또는 안전통행의 문제와 같은 것은 주로 교회의 권한과 교회법에 의해서 적용된 것으로 보인다. 이는 아마도 앞에서 언급한

---

59) 김홍철(1985), pp. 110-112.

60) 마팅리에 따르면 이와 같은 특권은 시민법과 교회법에 의해서 보장되었으며, 아울러 보편적인 관습으로 여러 국가들에 의해서 인정되었다고 강조한다. Mattingly (1955), p. 45.

바와 같이 중세의 외교관계가 주로 성직자에 의해서 이루어진 것과 동일한 맥락에서 이해되어야 할 것이다.61) 특히 중세 외교관들은 자신들의 하인, 재산에 대해서도 면책특권을 가지며 또한 법과 재판 및 다른 모든 종류의 간섭에서 면책특권을 가지는 것으로 알려졌다.62)

치외법권(extraterritoriality)의 경우에는 특별한 기원을 갖는 것으로 보인다. 로마적 전통과 기독교 전통을 포함하고 있는 치외법권은 주로 6세기 경부터 외국상인에 대한 보호에서 출발되었다. 예를 들어 654년의 비시고트법전(code of the Visigoths)에서 외국상인과 자국 상인들의 분규에서 외국상인들의 국법과 재판관에 따라 허락이 가능하다는 것을 인정하였고, 1215년 영국의 대헌장(Magna Carta)과 1303년의 통상헌장(Carta Meratoria)에서도 이러한 원칙들이 강조된 것으로 알려졌다.63) 특히 마팅리와 같은 경우는 중세 외교사절에 대한 이와 같은 면책특권과 치외법권의 제도화를 높이 평가하고 있다. 즉, "무정부와 폭력의 시기에, 외교관들은 법률가들이 외교관들을 위해서 고안한 (제도에 따라), 실제로 놀라운 정도의 특권과 면책을 누리고 있었다."64)

---

61) 김홍철(1985), pp. 113-114. 여기에서 주목해야 할 것은 이른바 최혜국 조항(the most-favoured- nation clause)의 중세적 기원이다. 김홍철 교수에 따르면, "중세적 통상교역의 상호이익을 전제로 하는 국제주의 성향이 외교제도상의 특권·면제·보호 및 안전통행을 국제관습으로 발전시키는데 초보적인 중요한 동기를 부여했다는 사실이다. 즉 외국 무역상인들에게 호혜원칙에 입각해서 상호적인 특권면제와 안전보호를 보장하기도 하고 심지어는 이른바 <최혜국 조항 the most-favoured-nation clause> 같은 것을 마련하는 일들이 있었으며 이 모두는 통상협정이나 통상해운무역법을 통해 자극되고 성취되었다는 이야기이다." 김홍철(1985), p. 114.

62) Mattingly(1955), p. 45.

63) 김홍철(1985), pp. 114-115.

Ⅳ. 정치적 주체와 객체의 부재: 중세 유럽 외교에 대한 평가

데리앙은 왜 중세의 외교를 전(前)외교(proto-diplomacy)의 단계로 설정하였을까? 중세 외교와 근대 외교의 본질적 차이는 무엇일까? 최근 한 연구에서는 근대 외교의 형성은 정치적 주체와 객체의 분명한 분리가 전제되어야 한다고 강조한다. 콘스탄티노우(Costas M. Constantinou)에 의하면 근대 외교는 주체로서의 근대국가(the modern state)와 객체로서의 국가체제(the state system)의 존재가 필수적이다. 다시 말해서 외교의 주체로서 근대국가는 외교의 객체로서 국가체제와 국가체제내의 다른 국가와 관계설정을 하게 되고, 이를 통해서 근대 외교는 성립된다는 것이다. 이에 따르면 분열되지 않은 주체 내지는 타자의 존재하지 않으면 그것은 (근대적 의미에서) 외교가 아닌 것이 된다.[65] 물론 중세 유럽의 외교를 근대 외교의 잣대로 평가하는 것은 상당히 위험한 작업이겠지만, 반면에 중세 유럽 외교의 성격과 특성을 파악하기 위해서 이와 같은 근대 외교와의 비교 작업이 필수적이라 할 것이다.

사실상 중세 유럽 외교성격은 정치적 주체(the self)와 객체(the other)의 부재로 특징화 시킬 수 있을 것 같다. 한편으로 중세 유럽은 복수주권의 상황으로 정치적 주체의 부재 시기라 할 것이다. 우선 중세 유럽은 이른바 교황(신권)과 군주(세속권)로 나뉘어져 있는 이원적 지배의 관계로 표상되며, 정치권력이 교황에 의해서도 군주

64) Mattingly(1955), p. 50.
65) Constantinou(1996), pp. 112-113.

에 의해서도 완전히 대표되지 않은 "이원적 자기분열성"으로 설명된다. 중세 유럽은 또한 봉건제도의 속성에서 군주가 영토내의 지방에 대하여 완전한 지배를 하지 못하는 상황을 함께 포함하고 있었다. 이에 따라서 콘스탄티노우의 의문을 사용한다면, 이 시기는 누가 정치적 주체 혹은 외교적 주체가 되는가가 상당히 불명확한 시기였다고 할 것이다.

이는 외교 사절을 파견하는 일들이 개별 국가에 의해서 이루어지지 않았다는 점에서도 분명히 드러난다. 권력의 중첩성이 결국 (외교)사절의 파견에 있어서도 상당한 정도 영향을 미쳤다. "통치자이외에도 모든 종류의 권위자들 상업, 교회, 지방 심지어 개인까지 대표사절을 파견하고 접수하였다."[66] 특히 마팅리의 경우에 중세 유럽에서 외교사절의 파견이 권력자나 국가에 의한 것이 아니라 다양한 정치적 주체들에 의해서 행해지고 있음을 계속 강조했다. "13세기-14세기에 군주, 제국의 도시, 대영주뿐만 아니라, 상업도시, 심지어 대학 및 길드조직까지 때때로 공식적인 유사 외교사절(formal quasi-diplomatic agents)을 파견하였는데, 누구도 이러한 권한이 있는지 여부에 대하여 의문을 제기하지 않았으며…" 또한 "왕들뿐만 아니라, 도시들, 상업적 회사들 또는 개인들까지 교황청에 외교사절(procurator)을 파견하였다"[67]고 강조한다. 외교 사절의 미분화도 중세 유럽 외교의 특징 중의 하나일 것이다. 예를 들어, 마팅리가 언급한 바와 같이 외교사절(procurator)은 실제로 외교사절 자

66) Hamilton and Langhorne(1995), p. 24.
67) Mattingly(1955), p. 66.

체의 역할보다는 사절을 파견하는 자의 법률적 대표의 성격을 더욱 강하게 띠고 있었다.[68)]

다른 한편으로 중세 유럽은 기독교 공동체에서 미분화된 경향이 있었고, 이는 결국 외교를 위한 정치적 객체의 부재와 맞닿아 있었다. 이미 앞에서 살펴본 바와 같이 "보편기독교 사회"로서의 중세 유럽은 하나의 사회라는 개념이 강력하게 작동하였다. 이러한 보편사회의 개념은 기독교적 전통 및 로마지배의 흔적(legacy)에서 비롯된 것이다. 이와 같은 보편적 공동체가 이질적인 요소와 교류를 전제로 하는 외교의 수행으로 이어지지 않은 것은 당연한 일이라 할 것이다. 이에 따라서 콘스탄티노우의 문제의식을 사용한다면, 이 시기는 누가 누구를 대상으로 외교를 할 것인가에 대하여 상당히 불명확한 시기이었다고 할 것이다. 이는 무엇보다도 외교사절의 파견 자체가 자주 있는 일이 아니었다는 점도 함께 고려되어야 할 것이다. "15세기(근대외교와) 매우 다른 점은 외교적 교환이 상당히 드물었다는 점이다."[69)]

이와 같은 정치적 주체와 객체의 부재 이외에도, 몇가지 중세 유럽 외교에서 주목해야 할 점이 있다. 중세 유럽 외교의 특징 중의 하나는 중세 말기에 이른바 국왕외교가 성행하였다는 점이다. 김홍철 교수는 간쇼프(F.L. Ganshof)의 연구를 원용하여 "국가수장간의 직접 교섭이 성행하는 시대"라고 표현하고 있다. 이러한 국왕간의

68) Mattingly(1955), p. 66.

69) Hamilton and Langhorne(1995), p. 24. 물론 이 시기에 외교적 교환이 드물었다는 것은 외교사절의 파견과 접수가 상당한 정도의 시간, 권위 및 물질적 충분성이 필요한 것임을 감안해야 할 것이다.

직접 교섭이 성행하게 된 것은 당시의 정치적 상황과 맞닿아 있다. 즉,

> 백년전쟁의 소용돌이 속에 지새워 온 중세 말기의 국제관계는 더없이 복잡해졌다. 전쟁의 당사자들인 군왕간의 평화협상 및 군왕들의 이탈리아 도시국가와의 관계증진, 그리고 비잔틴제국이 자리잡은 콘스탄티노플과의 통상교류협정 등 거기에 법왕(청)의 외교활동까지 포함된 중세 국제관계는 매우 복합적인 양상을 더해 가기만 했다.[70]

이러한 수장 외교 성행의 이유에 대한 또 다른 설명은 스트레이어(J. R. Strayer)의 연구를 참고로 할 만한다. 그에 따르면 13세기 말엽부터 유럽지역에서 활발한 외교활동이 이루어지고 있었지만, 외교를 담당할 이렇다 할 외정부서를 창출하지는 못했는데, 이는 군주의 입장에서 외교는 너무나 중요하였기에, 직업행정가, 말하자면 외교관들에게 맡기지 않으려고 했기 때문이다.[71]

중세 유럽 외교의 또 다른 특징 중의 하나는 외교사절이 국가의 대표로 인정되는 것이 아니라 국왕 또는 군주의 개인 대표로 인정되는 것이라 할 것이다. 김홍철 교수의 연구에 따르면 대사는 군주 대표에 불과하였다. 즉, "…당시의 대사는 군주 개인의 사사로운 대변자 *porte-parole personnel* 역할에 지나지 않았으며, 따라서 대사란 군왕 자신을 대표하는 것이었지 오늘과 같이 대사라는 것이

70) 김홍철(1985), p. 105. 아울러 국왕외교의 구체적 예는 김홍철(1985), p. 116을 참조하라.

71) 스트레이어(1982), p. 111와 p. 114.

통념으로 이해되듯 국민 *la nation*이나 국가를 대표하는 것이 아니었다."[72]

V. 결 론

이미 앞에서 밝힌 바와 같이 니콜슨은 중세를 암흑의 시기로 규정하고 외교의 성장이 없었다고 이야기 한다. 하지만 스트레이어의 연구에 따르면 중세 특히 13세기경 유럽의 평화에 따라서 각 정치단위간의 외교적 교환이 활발하였다. "13세기에 유지되고 있던 평화 그것은 외교의 성장을 촉진시켰다."[73] 이에 따라서 "13세기 말엽 즈음에는 대부분의 유럽지역에서 활발한 외교적 교환이 이루어지게 되었다"[74]는 것이다.

이 장은 중세 유럽의 외교의 특징이 무엇이었는지를 밝히는데

72) 김홍철(1985), p. 106. 김홍철교수는 이외에도 중세 국제회의의 중요성에 대하여 다음과 언급하고 있다. "그러면서도…특정한 교섭·회합장소를 선정하여 여기에 2개 또는 수개의 열강들이 각기의 전권대사 등 외교사절 대표들을 참석케하여 공동의 이익을 다루기 위한 국제회의를 갖게 하는 일도 있었다. 열강간의 이 같은 국제회의는 보통 국제전쟁의 해결이나 전쟁상태의 종결을 위해 회합·교섭하고 조약협정을 체결하는 것이었다. 물론 중세에 있어서의 국제회의 교섭상의 외교교섭사안의 대종을 이루는 것은 대체로 전쟁종결을 목적으로 하는 평화조약 또는 휴전협정, 국혼협약교섭, 그리고 통상협정조약 등이었다. 이 경우 두말할 나위없이 적어도 기독교국가권 내에서는 법왕주권과 교회의 권위는 교회법에 기초하고 신의 이름을 빌어 당시의 국제평화의 건설, 조약·협정을 위반하였을 때의 정신적 제재, 그리고 외교교섭상의 중재개입·거중조정에 이르기까지 지대하고도 결정적인 영향력을 미쳤으며 또 중세질서하의 국제평화에도 크게 기여하였다." 김홍철(1985), p. 116.

73) 스트레이어(1982), p. 109

74) 스트레이어(1982), p. 111.

그 주요 목적이 있었다. 니콜슨이 주장한 바와 같이 일반적으로 중세 유럽은 외교의 부재로 인정할 수 있다. 그러나 최근의 연구에 따르면, 이러한 견해와는 달리 중세 유럽에서도 나름대로의 외교의 원칙과 실제가 존재하였음으로 확인할 수 있다. 다만 근대 외교의 정의 및 관점으로 볼 때는, 니콜슨이 주장한대로, 중세 외교는 사실상 존재하지 않았다고 할 것이다. 이 장은 이와 같은 배경에서 중세 외교의 실제와 특징을 살펴보는데 초점을 맞추고 있다.

이 장에서는 중세 외교의 특징을 살피기 위해서 외교적 실제와 관련되는 당시의 시대적 배경에 대한 고찰을 먼저 시도하였다. 이에 따라서 중세 유럽의 정치적 특징을 주로 단일성과 중첩성으로 파악하고자 하였다. 보편기독교 사회라는 관념은 중세 유럽 사회를 하나의 단일한 공동체로 묶어두는 역할을 하였다. 동시에 부분적으로는 로마의 후예라는 의식 또한 이러한 단일한 공동체 의식을 만들어내는데 큰 기여를 한 것으로 파악하였다. 하나의 공동체라는 관념은 결국 타자(the other)를 상대하는 것으로서 근대 외교와, 중세 외교와의 차별성을 결정적으로 제공하였다. 이러한 보편기독교 사회라는 특징이외에도 중세 유럽은 복수의 권력이 중첩되어 존재하는 정치적 상황을 유지하고 있었다. "양검론" 또는 "이원적 자기분열성"으로 대표되는 이러한 경향은 정치적 권력의 교권에 의해서 완전히 대표되지도, 그렇다고 해서 속권에 의해서도 완전히 대표되지 않는 상태로 정리가 가능하다. 이러한 이원적 분열은 지방의 정치권력의 다원성과 결합하여 통일적이면서 일원적 권력관념의 성장을 방해하였고, 이러한 정치적 주체(the subject)의 부재는 외교적 주체의 부재로 이어졌고, 이는 중세외교의 특징으로 귀결된다.

무엇보다도 지금까지 알려진 바와는 다르게 중세 유럽 외교가 빈공간(the empty space)으로만 남아 있었던 것은 아니다. 종교적 이유로 시작된 각종 외교적 관습 및 제도가 르네상스 이탈리아 외교 및 근대외교의 뒷받침이 된 것은 사실이다. 특히 교황과 교황청에 의해서 시작된 중세 외교의 관행들은 중세 후기에 들면서 일반 군주들에 의해 계승되면서 군주 자신들의 지배권 확립 및 이해 관계의 실현을 위한 훌륭한 정치적 도구로 성장하기 시작하였다. 이에 따라서 초기 교회적 색채를 띠고 있었던 교황의 사절들은 점차로 세속적 취향을 가진 군주의 사절들로 대체되어 갔고, 이와 함께 교회적 근원을 가졌던 신임장, 면책특권 및 치외법권 등의 외교적 관행들 또한 세속적인 외피를 확보하기 시작하였다. 실상 중세 외교와 르네상스 이탈리아의 외교의 질적인 차이를 강조하는 마팅리조차도, 이미 서론에서 언급한 바와 같이, 로마 교황청의 (르네상스 이탈리아) 외교에 대한 공헌을 강조한 바 있다. 요컨대, 중세 유럽 외교는 후대의 외교적 실제와 관행을 확립하는데 일정한 공헌을 하였다고 할 것이다. 다만, 이는 유럽국가체제와 주권국가의 성장과 맞물려 있는 근대 외교의 취향에서 본다면, 그렇게 만족할 만 것은 아니었다고 할 것이다.

참고문헌

김홍철. 『외교제도사』 서울: 민음사, 1985.

이용희. 『일반국제정치학(상)』 서울: 박영사, 1962.

차하순. 『서양사총론』 서울: 탐구당, 1986.

해롤드 니콜슨 경 지음. 『외교론』 신복룡 옮김, 서울: 평민사, 1998.

H. 니콜슨. 『외교방식의 변천』 서울: 경희대학교 출판국, 1983.

J.R. 스트레이어. 『근대국가의 기원』 서울: 탐구당, 1982.

Constantinou, Costas M.. *On the Way to Diplomacy* Minneapolis: University of Minnesota Press, 1996.

Derian, James Der. *On Diplomacy: a Genealogy of Western Estrangement* Oxford: Basil Blackwell, 1987.

Hamilton, Keith and Langhorne, Richard. *The Practice of Diplomacy: its Evolution, Theory and Administration* London: Routledge, 1995.

Held, David. *Democracy and the Global Order* Cambridge: Polity Press, 1995.

Linehan, Peter and Janet L. Nelson, *The Medieval World* London: Routledge, 2001.

Maglhâes, Jose Calvet De. *The Pure Concept of Diplomacy* trans. by Bernardo Futscher Pereira London: Greenwood Press, 1988.

Mallett, Michael. "Italian Renaissance Diplomacy," *Diplomacy and Statecraft* 12(1) (2001).

Mattingly, Garrett. *Renaissance Diplomacy* Cambridge: The Riverside Press, 1955.

http://www.catholicity.com/encyclopedia/l/legate.html(검색일 2007년 2월 6일)

르네상스 이탈리아 외교의 성격*:
근대 외교와의 관계를 중심으로

황 영 주

Ⅰ. 서론

이 장은 르네상스 이탈리아에서 발견할 수 있는 외교적 특징이 과연 근대(또는 현대)의 외교 범주에 포함될 수 있는가에 대한 검토를 그 주요 목적으로 한다.

이 장은 근대 외교의 기원을 주로 르네상스 이탈리아를 분기점으로 둔다는 유명한 저술에서 출발하였다. 즉, 외교(학)와 관련하여 전 세계적으로 가장 잘 알려졌고, 가장 넓은 독자층을 형성하고 있는 니콜슨(Sir Harold Nicolson)은 자신의 외교론(Diplomacy)에서 다음과 같은 주장을 하고 있다. "암흑시대에 있어서 특히 봉건시대의 유럽에 있어서는 국제적인 접촉을 질서 정연하게 또는 확정적으로 제도화할 만한 기회가 거의 없었다."[1] 그는 또한 "협상의

* 이 장은 『국제관계연구』12(1)(2007)에 동일한 제목으로 게재된 바 있다.
1) 해롤드 니콜슨 경 지음, 『외교론』 신복룡 옮김, (서울: 평민사, 1998), p. 36.

기술뿐만 아니라 그러한 기술을 실행하고 있는 전문가를 의미하는 것으로 우리가 이해하고 있는 현대적 의미의 외교는 13-4세기에 이탈리아에서 발생하였다."[2]

그러나 최근의 한 연구는 근대적 의미의 외교가 이탈리아에서 발생하였다는 것에 대하여 반론을 제기한다. 데리앙(James Der Derian)은 "근대외교체제의 출발은 밀라노(밀라노공인 Francesco Sforza)에서 제노바로 폰트레몰리 (Nicodema de Pontremoli)를 1455년 첫 번째 상주사절로 보낸 때에서 시작된 것이 아니다"[3]고 주장한다. 데리앙은 근대 외교의 기원이 르네상스 이탈리아에서 출발한 것이 아니라 "국제법 및 세력균형과 함께 하며, 특히 유럽국제체제(the European states system)가 그 핵심적 위치를 차지한다"[4] 고 지적한다.

데리앙의 주장에 따른다면 근대적 의미의 외교는 르네상스 이탈리아 시대가 아니라 유럽국가체제가 성립된 이후의 시기에 성립되었다 할 수 있다. 그의 주장대로 국제법이 발전하여 무엇보다도 (유럽적 맥락의) 세력균형(the balance of power)체제가 성립된 이후 외교문화가 발전되었고, 이를 통해서 외교는 근대적 의미를 지니게 되었다. 이러한 주장은 앞서 살펴 본 기존의 니콜슨의 연구에 반(反)하는 것이다. 이 논문은 이러한 주장의 차이를 해명하는 차원에서

---

2) 니콜슨(1998), p. 36.

3) James Der Derian, *On Diplomacy: a Genealogy of Western Estrangement* (Oxford: Basil Blackwell, 1987), p. 106. 특히 데리앙은 지금까지의 외교(론)에 대한 연구는 주로 외교에 대한 이론적 질문보다는 외교적 실제로 치우치는 경향이 많았다고 주장한다. "외교영역에서 그 주요 관심 영역은 외교의 기원보다는 (외교적)실제에 치우치는 경향이 짙었다"는 것이다. Derian(1987), p. 3.

4) Derian(1987), p. 3.

르네상스 이탈리아 외교에 대하여 보다 구체적으로 살펴보면서, 이 시기의 외교가 어떠한 방식에서 근대 외교와 관련이 있는지를 구명해 보려고 한다.

마팅리(Garrett Mattingly)가 지적한 바와 같이 "외교적 원칙(변화의)의 실체에 대한 정확한 정의는 국가의 기원에 대한 일반적인 판단에서의 대전환(revolution)까지 기다려야만…"[5]한다. 마팅리는 (니콜슨과 동일한 입장에서) 르네상스 이탈리아의 외교는 이전의 외교와 근본적인 차이를 두는 획기적인 혁신을 경험했다고 강조한다. 이를테면 "새로운 외교는 새로운 국가의 기능적 표현이다"[6]라든가 또는 "1300년에서 1450년사이에 이탈리아에서 새로운 제도와 행동의 성장 중에서 우리가 주목해야 할 것은 새로운 형태의 외교이며, 무엇보다도 새로운 개념의 국가"[7]라는 것이다. 요컨대, 마팅리의 입장에서 본다면 새로운 국가체제의 성립은 혁신적인 외교제도로 귀결되는 것이다.

그러나 일부 연구자들은 이탈리아의 도시국가의 성격을 새로운 국가로 보는 것을 반대하고 있다. 예를 들어 앤더슨(Perry Anderson)은 절대주의 국가 또는 이탈리아 도시국가를 "재정비되고 재충전된 봉건적 지배기구(redeployed and recharged apparatus of feudal domination)…"[8]라고 지적한 바와 있고, 동시에 기든스(Anthony

5) Garrett Mattingly, *Renaissance Diplomacy* (Cambridge: The Riverside Press, 1955), p. 26.
6) Mattingly(1955), p. 55.
7) Mattingly(1955), p. 55.
8) 페리 앤더슨(Perry Anderson) 저, 『절대주의 국가의 계보』 함택영 외 공역 (서울: 경남대 극동문제연구소, 1990), p. 20.

Giddens) 또한 이 시기의 국가를 "…전통주의 국가의 하나라고 생각한다"[9])고 지적한 바 있다. 이러한 맥락에서 본다면 절대주의 초기에 위치하고 있던 르네상스 이탈리아가 갖는 외교를 마팅리의 주장대로 새로운 국가의 기능적 표현으로 보기에는 문제가 있다고 할 것이다. 달리 표현하자면 앤더슨의 연구에 따라, 르네상스 이탈리아의 외교도 재정비되고 재충전된 봉건적 기구에 불과하다고 주장할 수 있다.[10])

이러한 문제의식을 가진 이 장은 크게 다음과 같이 구성된다. 2장에서는 주로 르네상스 이탈리아 외교 성립의 배경에 대하여 초점을 맞추고자 한다. 여기에서는 르네상스 이탈리아 외교 특징에 영향을 미쳤던 요인들을 구체적으로 살펴보고자 한다. 말하자면 이탈리아 도시국가가 갖는 역사적, 정치적 상황에 대하여 고찰하는 것이다. 3장에서는 주로 르네상스 이탈리아시대 외교 특징 자체에 대하여 고찰하려고 한다. 여기에서는 이탈리아 외교의 특징으로서 상주사절제도의 도입, 상주사절의 임무, 외교교섭 방식 등을 구체적으로 살펴보고자 한다. 또한 르네상스 이탈리아의 외교(제도)의 서유럽 전파에 대해서도 간략하게 검토하고자 한다. 4에서는 르네상스 이탈리아의 외교제도가 어떤 점에서 근대 외교라 할 수 없는지를

---

9) 안쏘니 기든스 (Anthony Giddens) 저, 『민족국가와 폭력』 진덕규 역 (서울: 삼지원, 1991), pp. 118-119.

10) 2장에서 후술하겠지만, 르네상스 이탈리아가 전적으로 봉건제적 성격을 가지고 있다고 주장하는 것은 아니다. 르네상스 이탈리아는 마치 기든스가 앤더슨을 해석한 바와 같이 "절대주의국가는 표면에 드러나 '근대성'과 지하에 잠재된 낡은 전통 사이에 거듭되는 마찰을 빚었던 마치 혼혈아와도 같은 복합체…"라고 할 수 있다. 이러한 점에서 본다면 르네상스 이탈리아의 외교의 특징은 혼재성이라고 할 수 있다.

르네상스 이탈리아 도시국가의 성격을 검토하고 또한 데리앙의 외교이론을 통해서 규명하고자 한다. 여기에서는 또한 주로 근대외교의 인식론·존재론적 기반인 대내적인 국가이성(raison d'êtra)과 대외적인 유럽국가체제(European State System)와의 연관성을 통해서 살펴보려고 한다. 전체적으로 볼 때 이 장에서는 주로 르네상스 이탈리아의 외교는, 데리앙의 주장과 같이, 근대 외교와 본질적인 차이를 가진다는 점을 보여주는데 초점을 맞추고자 한다.

Ⅱ. 여러 가지 혼재성(complexity): 르네상스 이탈리아 외교의 시대적 배경

이 연구에서 르네상스 이탈리아의 정치적·시대적 상황을 상세히 설명하는 것은 적절하지 않다. 그것은 이미 이 연구의 관심 범위를 넘어서는 작업이기 때문이다. 그럼에도 불구하고 르네상스 이탈리아에서 현대 외교의 기반으로 상징화되는 "상주사절(the permanent residence)"이 왜 발생하였가라는 의문에 대한 해답을 구하기 위해서는 간결하게나마 당시의 배경에 대하여 정리하는 것이 필요하다.

이러한 점에서 데리앙의 정리는 유용하다. 데리앙은 르네상스 이탈리아가 갖는 다양한 상황들을 한편으로는 르네상스로 특징지워지는 고대문명의 부활로, 다른 한편으로는 유럽국제체제의 유사한 것으로 정리하고 있다. 데리앙에 있어 이러한 배경은 상주외교사절 제도의 창조와 관련이 있다. 그는 르네상스의 배경에 대하여 "동유럽과의 상호작용이 긍정적으로 작동하고, 고대문명의 이상 속에서 새로운 세속 의식이 발전하여...르네상스의 배경이 되었다"[11] 고 언급한다. 또한 그는 "이탈리아는 비교적 동등한 힘을 가진 도시국가의 5두 정치(pentarchy)로서 많은 부분에서 유럽국제체제의 전단계의 모습을 갖추고 있었다"[12]고 지적한다. 이러한 배경을 통해서 "이탈리아 반도의 독특한 지정학적 상황은 상주사절에 기반을 둔 새로운 형태의 외교제도를 만들어내는 동인으로 작동하였다"[13]는 것이다. 요컨대, 르네상스적 배경과 이탈리아의 도시국가가 갖는 독특한 지정학적 상황이 새로운 형태의 외교제도를 만들어낸 것이다. 이와 같은 데리앙의 주장을 보다 구체적으로 살펴보자.

우선, 르네상스 이탈리아가 갖는 가장 큰 특징은 옛것과 새것의 혼재성(complexity)이라 할 것이다. 이러한 혼재성은 르네상스라는 문화적 성격에서 구체적으로 나타난다. 특히 앤더슨에게 있어 르네상스의 의미는 고대 로마 문화의 근대적 부활에 다름 아니었다.

> 신성로마제국과 교황의 동시적인 퇴조로 인하여 이탈리아는 서구 봉건제의 허약한 연결고리로 남게 되었으며, 14세기 중반부터 16세기 중반까지 알프스와 티베르강 사이의 도시들은 인간 스스로 '르네상스' -즉 중세 암흑기를 지나 고전적인 고대문화의 재탄생- 로 명명한 혁명적인 역사적 경험을 겪게 되었다… 로마 몰락이후의 오랜 파괴와 퇴보에 대한 비판의식이 다시 한번 고대의 모범적 기준을 달성하기 위한 단호한 결단과 결합되었다. **고전세계의 재창조가 근대세계 최고의 혁신과 이상이 되었다.** 따라서 이탈

11) Derian(1988), p. 102.
12) Derian(1988), p. 102.
13) Derian(1988), pp. 102-103.

리아의 르네상스는 그 전체적인 시민적·문화적 삶을 통하여 역사 속에서 그 유례나 유사한 결과를 찾아볼 수 없는, 한 문명에 의한 다른 문명의 의식적인 부활과 모방을 이룩하였다.[14](강조체는 연구자에 의함)

이전 로마 시대의 고전의 세계는 이탈리아에서 요구되는 정치적, 경제적 배경에 따라서 새롭게 재창조되어 르네상스의 기반으로 작동하게 된 것이다. 여기에서 주목해야 할 점은 이러한 혼재성 또는 복합성이 단지 르네상스라는 문화적 기반에만 머물러 있었던 것이 아니라 여러 가지 규정력으로 작동한다는 것이다. 경제적으로 볼 때 르네상스 이탈리아는 봉건제 성격을 벗어나는 경제적 발전을 목격하였지만, 그렇다고 해서 근대적 의미의 전일적인 자본제의 생산양식을 획득하지는 못했다. "도시상공업의 번영에는 중대한 한계가 있었다. 왜냐하면 르네상스 도시들을 고대도시로부터 구분지었던 길드조직이 이번에는 이탈리아의 자본주의적 공업발전에 원천적인 제한을 가하였기 때문이다."[15] 마치 르네상스라는 문화 자체가 고대와 근대 문명의 연결고리 역할을 하는 것처럼, 이들 이탈리아 도시 국가의 성격 또한 봉건제적 틀을 갖는 것도 아니고, 그렇다고 해서 근대국가(the modern state)의 틀을 갖는 것도 아닌 복합적인 요소를 갖고 있었다는 점을 간접적으로 말해준다.

특히, 르네상스 이탈리아는 여타 유럽의 봉건제와는 다른 도시 참주정이라는 시대적·영토적·지리적 요건에 적합한 새로운 형태

14) 앤더슨(1990), pp. 164-166.
15) 앤더슨(1990), p. 172.

의 군주정을 만들어냈다.[16] 이러한 도시 참주정은 이탈리아의 정치적 조건에 규정짓는 핵심으로 작동한다. 여기에서 주목해야 할 점은 이탈리아의 참주정이 절대왕정의 성장으로까지 연결되지 않았다는 점이다. "그들의 수단과 기술에 있어서의 외견상 색다른 근대성 -그들의 순순한 '힘의 정치'의 창시- 에도 불구하고 도시 참주들은 사실상 본질적으로 근대초기의 특징적 국가유형, 즉 통일된 왕권, 절대주의를 생성할 수 없었던 것이다."[17] 다시 말하면, 르네상스 이탈리아는 유럽식의 절대왕정을 완성시키기 못한 상태에서 봉건영주, 도시국가 및 절대군주제의 어정쩡한 결합으로 남아 있었다.

특히 용병대 출신이거나, 용병대에 군사적 힘을 기대고 있던 도시 참주(정) 자체는 이탈리아를 전쟁과 외교가 혼재하고 공존하는 지역으로 만들어 갔다. "도시국가간의 전쟁은 북부 및 중부 이탈리아

16) 앤더슨은 도시 참주정의 등장을 다음과 같이 설명한다. "북부전체를 통하여 대부분의 초기 전제군주들은 가신이나 용병대장으로서, 그들은 도시의 집정관직이나 사령관직을 장악함으로써 권력을 잡았다. 많은 경우에 있어 그들은 증오의 대상인 도시 과두제를 억압하거나 이전의 지배가문들 사이에 특유한 파벌분쟁이 발발한 이후에는 도시의 질서를 회복시켜 주었기 때문에 일시적인 대중의 호감을 얻을 수 있었다." 앤더슨(1990), p. 174. 이 보다 포괄적인 설명으로는 "14세기의 이탈리아의 정치의 혼란은 공화정에 종말을 찍고 참주정을 초래하였다. 거의 모든 북부 및 중앙 이탈리아의 도시 국가들은 대상인과 귀족의 혼합된 상층계급에 의한 공화정체제로 시작하였으나, 13세기 말에 이르러서 낡은 지배계급은 새로운 자본가계급과 중산층의 도전을 받게 되었다. 이 결과 계급간의 갈등과 투쟁이 빈번하였으며 내부적인 혼란이 일어나게 되었다. 이 혼란을 극복하는 방도로서 독재자 내지 소수의 지배층의 강력한 지배체제가 수립되었다." 차하순, 『서양사총론』 (서울: 탐구당, 1986). p. 242. 이에 대한 보다 자세한 내용은 김정하 옮김, 『미완의 통일: 이탈리아사』 크리스토퍼 듀건 지음 (서울: 개마고원, 2001), 제3장 분열과 분쟁: 로마제국에서 르네상스까지(pp. 52-91); 오두영 역, 『이탈리아사』 H. Hearder and D.P Waley (서울: 학사원, 1990), pp. 84-124를 참조하라.

17) 앤더슨(1990), p. 178.

전역에 확장되어 갔다. 베니스와 제노아와 같은 상업적으로 거대한 국가들은 상업항로에서 또한 반도의 절반이상을 이와 같은 전쟁으로 흔들 수 있었다."[18] 그러나 이러한 전쟁은 다른 한편으로 외교의 새로운 토대를 제공하여 갔다. "이탈리아 도시 국가간의… 무수한 전쟁 수행으로 빚어진 불안과 위험 속의 생활상은 근대적 의미의 이탈리아식 외교제도양식을 싹트게 한 동인이라고 말할 수 있다."[19] 요컨대, 이탈리아 반도 내에서 계속되었던 전쟁은 결국 외교의 필요성에 대하여 눈을 새롭게 돌리게 만들었다. 마팅리는 이를 다음과 같이 적절히 정리하고 있다.

> 정글의 법칙에서 살아남을 수 있는 방법은 끊임없는 경계이다. 이와 같은 경계를 유지하고, 또한 끊임없는 전쟁에 대처하는 적절한 방법은 새로운 방식의 외교에서 찾아냈다. 이는 이탈리아 도시국가간 상호 압력의 점증에 대응하는 가장 놀라운 대응방식중의 하나였다.[20]

---

18) Mattingly(1955), p. 58. 이와같은 전쟁의 목적은 잘 알려져 있다시피 국가의 부와 위신을 확산시키기 위한 것이었다. 이와 관련하여 김홍철 교수는 다음과 같이 정리한다. "말하자면 전쟁에 의하여 국가(도시·재정)의 재정도 살찌게 하고, 전쟁에 의하여 무역경쟁국을 정복하여 자국상인의 권익을 독점·증진토록 하였으며, 전쟁을 통해서 이웃 도시국가를 정복하여 자신의 통치권력 영역을 증식하고 보위하였다." 김홍철, 『외교제도사』 (서울: 민음사, 1985), p. 136.

19) 김홍철(1985), p. 137.

20) Mittingly(1955), pp. 58-59. 여기에서 특이한 것은 하나는 전쟁과 외교가 분리되어 평가되는 것이 아니라 이러한 가치들이 모두 새로운 국가형태에 걸맞은 국가의 보전과 확장에 복속된다는 점이다. 마팅리에 따르면 15세기 이탈리아에서 때로는 성공적인 외교관에게 더욱 더 가치를 두는 경향이 있는데, 그 이유는 대사의 역할이 평화를 유지하는 것에서 유래되었다기보다는, 마치 (전쟁을 주도하는) 장군처럼 외교관 역시 국가의 보존과 확장을 위한 역할을 했기 때문이라는 것이다.

무엇보다도 마팅리는 르네상스 이탈리아가 효율적인 외교를 위한 제도와 수단을 요구하게 되었는가를 정부의 상대적 능력 및 유사한 힘을 가진 도시국가의 병립에 초점을 두고 있다. "새 이탈리아 국가들의 상당한 정도의 능력은 이들 국가로 하여금 유럽의 다른 지역의 국가들보다도 훨씬 날렵하면서도 지속성있게 (자신의) 외교 정책의 목표 달성을 추구하도록 만들었다."[21] 당시 이탈리아의 경제적 조건들은 결국 외교적 목적의 달성에 있어 정부가 가진 효율성을 신장시킨 것이 틀림없다는 것이다. 하지만 이러한 정부의 능력은 결국 다른 도시 국가와의 경쟁 관계에서 더욱 더 신장된다. "동시에 군사적으로 잘 무장되어 있고, 아울러 효율적이며, 날렵하면서도, 욕심이 많은 이웃 국가들이 존재하는 북부 이탈리아의 제한 공간이라는 조건은 외교정책에서 계속적인 조심성이 가장 필요하였다."[22] 이와 같은 상황을 해밀톤과 랭혼(Keith Hamilton and Richard Langhorne)은 고대 그리스 외교 관계에 빗대어 설명한다. 즉, "고대 그리스에서 훨씬 이전에 존재하였던 양식이 르네상스 이탈리아에서 준용되어(*mutatis mutandis*) 반복되었다: 외부적 위협의 부재, 지역적 체계 내에서 국가간 권력의 균등성, 의사소통을 강제하는

21) Mittingly(1955), p. 59. 여기에서 마팅리가 주목하였던 점은 15세기 초기까지 유럽의 대부분의 국가들은 국가적 차원에서 안정된 국가를 조직하기 위하여 여러 자원을 활용할 수 있는 준비가 결여된 반면에, 이탈리아 도시국가들은 이러한 준비를 하였다는 것이다. 국내적 상황으로 볼 때 이탈리아 도시 국가들은 (국가의) 적당한 크기로 인해서 교통 및 통신의 수월성이 확보되었고, 아울러 세금을 걷고 중앙의 권위를 유지할 수 있었다. 국외적 상황으로 볼 때 이탈리아 도시 국가들은 이미 본문에서 언급한 바와 같이 당시 다른 유럽 국가들 보다 훨씬 국가 간의 경쟁이 치열했다.

22) Mittingly(1955), p. 59.

지리적 근접성 및 언어와 문화하부구조의 공유는 결국 외교적 행위를 효과적으로 만들었다."[23] 이와 같은 정치적 조건이외에도 마팅리는 이탈리아에서 외교적 혁신이 일어난 배경으로 상업적 발전에 주목한다. 상업적 발전에 따른 상인의 성장은 외교적 관행 등에 중요한 영향을 미쳤고, 또한 이들 상인들이 때로는 해당 국가의 지배계층으로 성장하여 전쟁보다는 외교를 통한 협상을 지배하였다는 것이다.[24]

전체적으로 니콜슨은 이와 같은 이탈리아의 독특한 경험에서 연유한 이탈리아의 조직적 · 직업적 외교의 공헌에 대하여 보다 종합적으로 분석하고 있다.

> 이탈리아가 조직적 · 직업적 외교의 어머니가 될 수 밖에 없었다는 사실은 유감스러운 일일 수도 있으나 그것은 불가피한 사실이었다. 이탈리아의 도시 국가들은 정통적인 봉건제도의 권외에 있었다. 그들은 무자비한 적대 국가들에 의하여 갈기갈기 찢겨 있었을 뿐만 아니라 무수한 공통 이익으로 얽혀 있었다. 그들은 끝없이 권력투쟁에 휘말려 있었으며 자신의 세력을 우월하게 해줄지도 모르는 제휴와 동맹에 몰두하고 있었다. 그러므로 이탈리아에서는 13-4세기에 외교관적 정치가가 등장하였다.[25]

23) Keith Hamilton and Richard Langhorne, *The Practice of Diplomacy: its Evolution, Theory and Administration* (London: Routledge, 1995), p. 31.

24) Mittingly(1955), pp. 62-63.

25) 니콜슨(1998), p. 36; 앤더슨은 르네상스 이탈리아의 여러 가지 환경과 관련하여 보다 종합적으로 왜 이탈리아 방식의 외교가 발전하였는지에 대하여 다음과 같이 요약하고 있다. "북부와 중부에 산재한 수많은 자치도시들은 몇몇 공고화된 도시 폭군정에게 굴복하였으며, 이 폭군정하의 도시들은 이탈리아의 주도권을 획득하기 위하여 서로 계속적인 전쟁과 음모에 열중하고 있었다. 그러나 반도의 다섯 개

요컨대, 이탈리아는 이와 같은 독특한 역사적·정치적 조건에 따라, 특히 도시 국가들의 경쟁 속에서 발생한 각종 외교적 수완과 제도의 발전을 가졌다고 할 것이다. 여기에서 주목해야 할 점은 르네상스 이탈리아 상황이 봉건제도 아닌, 그렇다고 해서 근대도 아닌 상황이 복합적으로 혼재되어 있었다는 점이다. 고대문명의 부활로서 르네상스, 봉건제와 상업자본주의의 어정쩡한 결합, 봉건 영주, 도시참주 및 공화정 등의 병립이 그렇다고 할 것이다. 이러한 상황들이 이탈리아 외교자체를 직·간접적으로 규제하였고, 이는 또한 이탈리아 외교의 성격이 본격적인 근대국가의 부상과 결합하지 못함을 보여주는 요소라 할 것이다. 앤더슨은 이와 관련하여 적절한 지적을 하고 있다. "봉건 피라미드 구조가 르네상스 유럽의 중앙집권화된 왕정으로 수축되면서 최초로 공식화된 국가간의 압력 및 교환체제가 등장했다." 또한 그는 "그리고 '치외법권'이라는 새로운 개념에 의해 보호되었던 양국간 상호교환적인 주재대사, 대외관계를 담당하는 항구적인 장관, 그리고 외교적인 비밀통신 및 보고 등과 같은 새로운 제도들이 확립되었다… 그러나 대사나 국무장관 등과 같은 외교상의 도구들이 근대 민족국가의 무기들은 아니었다."[26]

주요 국가 -밀라노, 피렌체, 베네치아, 로마 그리고 나폴리- 중 어느 것도 다른 국가를 정복할 만한 힘을 가지고 있지 못하였으며 심지어 많은 소공국이나 도시를 병합할 힘도 없었다 … 그때까지 르네상스 도시들은 유럽 절대주의에 물려줄 세속적 정치 수완과 공격의 기본적 수단을 발전시켜 왔는데, 그러한 유산의 지대한 중요성은 이미 잘 알려진 바와 같다. 재정적 과세, 장기 공채, 공직의 판매, 외국대사관, 첩자 등 모든 것은 앞으로 다가올 거대한 국제적 국가체제와 그 갈등의 축소판 연습형태로서 이탈리아 도시국가에서 최초로 나타났다." 앤더슨(1990), pp. 176-177.

Ⅲ. 상주사절제도의 등장, 임무 및 확장: 르네상스 이탈리아 외교의 실제

니콜슨이 이미 지적한 바와 같이 르네상스 이탈리아에서 "언제부터 그리고 어디에서 수시적(隨時的) 사절이 영구적인 사절 또는 대사로 발전하게 되었는지를 정확하게 획선(劃線)한다는 것은 적지 않게 어려운 일이다."[27] 일부 학자들은 상주사절의 파견이 이미 르세상스 시대 이전에 존재했다고 생각한다. 비잔틴 제국과 상호 교류를 원하는 교황은 비잔틴 제국의 수도인 콘스탄티노플(Constantinople)에 마치 상주대표부와 같은 역할을 하는 교황의 사절을 파견한 것으로 알려졌다.[28] 하지만 이러한 대표의 파견이 지속성을 가지는 것은 아니었다. 마가앙게스(Jose Calvet De Maglhâes)에 의하면 르네상스 이탈리아의 최초 상주사절은 밀라노(Milano)의 갈레아조(Giangaleazzon Visconti: 1378-1402)에 의해 만들어졌다. 갈레아조는 거의 전성기에 헝가리와 신성로마제국(Holy Roman Empire)의 궁전에 상주대사(a resident ambassador)를 파견한 것으로 알려졌다.[29] 반면에 니콜슨은 1455년 밀라노 대공인 스포르자(Francesco Sforza; 1401-1466)에 의해서 제노바에 설치된 것이 상

---

26) 앤더슨(1990), p. 177.

27) 니콜슨(1998), p. 37.

28) Mittingly(1955), p. 65; 김홍철(1985), p. 144 H. 니콜슨, 『외교방식의 변천』 (서울: 경희대학교 출판국, 1983) p. 55. 교황 레오 I세(Leo Magnus 440-461)때 시작되어, 6세기에서 7세기에 가장 활발한 활동을 하였던 교황의 대표부는 "Apocrisiarius"로서 주로 오늘날의 사절(envoy)이나 사절단의 역할을 한 것이었다. Jose Calvet De Maglhâes, *The Pure Concept of Diplomacy* trans. by Bernardo Futscher Pereira (London: Greenwood Press, 1988), pp. 27-28.

29) Maglhâes(1988), p. 35.

주사절의 효시로 보고 있다.[30)] 또한 마팅리는 1435년경에 베네치아(Venezia)에서 로마(Roma)로 대사를 파견한 것이 상주사절 제도의 시작이라고 판단한다.[31)]

그런데 이탈리아 반도에서 상주외교사절의 출발이 주로 상인(과 은행)의 이익을 대변하기 위하여 다른 도시 내지는 반도내의 식민지에서 선출된 영사(the consuls)에서 그 기원을 찾아볼 수 있다는 사실은 상당히 흥미롭다. 이 영사는 주로 초기에 상인내부의 분쟁을 해결하고, 행정관청과의 관계에서 상인들의 이익을 주장하는 역할을 한 것으로 보인다. 이 영사는 점차 그 성격이 변화되어 해당지역과 본국과의 조약을 맺는 권한을 갖거나 또한 실제로 상주 대사와 동일한 역할을 하게 되었다. 북부 및 중부 이탈리아에서 1380년에서 1450년까지 이러한 외교사절의 역할이 전반적으로 증대되어 갔고, 앞에서 언급한 바와 같이 1455년에 상주대사제도가 만들어진 것이다.[32)]

이와 같은 상주사절제도의 정확한 기원 못지않게 많은 관심을 끄는 것은 왜 이 시절에 상주사절제도가 마련되었는가에 대한 논의라 할 것이다. 사실상 중세 유럽에서 외교사절을 보낸 것은 군주 또는 통치자에 한정된 것이 아니라 모든 종류의 권위자들 말하자면 상인, 교회, 지방 심지어 개인까지 사절을 파견한 것으로 보인다.[33)]

---

30) 니콜슨(1998), p. 37; 니콜슨(1983), p. 55. 김홍철 교수의 연구 또한 니콜슨의 견해를 따르고 있다. 김홍철(1985), pp. 144-145.

31) Mittingly(1955), p. 79.

32) Mittingly(1955), pp. 67-69.

33) 달리 표현하자면 외교 사절을 파견하는 일들이 개별 국가에 의해서 이루어지지 않았다는 점이다. 중세의 권력 중첩성이 결국 (외교)사절의 파견에 있어서도 상당

그러나 르네상스 이탈리아시대에서 부터는 "(통치자) 상호간에 통치자의 대표를 파견하는 일이 가장 많이 확장되었다."[34] 말하자면 이 시기에 상주사절파견이 사회 각 영역에 분산되어 있던 것이 통치자, 즉 군주로 통합되어 갔다는 것이다. 이는 아마도 르네상스 이탈리아 시대 도시참주의 역할 강화와 관련이 있는 것으로 보인다.

이미 앞에서 지적한 바와 같이 르네상스 이탈리아 시대의 정치적 상황은 서로가 서로를 견제하고, 아울러 제휴와 동맹을 통해서 (도시)국가의 안위를 걱정하던 시절이었다. 따라서 외교의 임무도 점차로 이러한 목적에 복속되어갔다. 다시 말해서 이 시절은 "이웃 국가의 내부적 정치적 상황에 대하여 가능한 많은 것을 알아야 하는 급박한 상황이 도래한 것이다."[35] 이에 따라서 보다 장기적으로 상대방 국가의 내정에 대하여 관찰하고, 그것에 대하여 본국에 정확하게 알려줄 외교사절을 가능한 한 본국에서 파견할 필요성이 제기되었던 것이다.

> 이전까지 외교적 기술의 주요 핵심은 한 통치자로부터 다른 통치자에게 메시지를 보내는 것인데 반하여,··· 15세기의 상황은 통치자들이 단순히 인접한 국가에게 메시지를 보내는 것 이상으로 인접국가에 대한 정보를 가져야만 했다. 메시지를 전달하기 위해서는 이전의 전통에 따라서 특별임시 사절을 계속 파견하였다. 정보를 수집하기 위한 목적으로 상당히

한 정도의 중첩성에 영향을 미쳤다고 할 것이다. Hamilton and Langhorne(1995), p. 24.

34) Hamilton and Langhorne(1995). p. 31; Mittingly(1955), p. 67.

35) Hamilton and Langhorne(1995), p. 32.

안전한 의사 소통방법을 가진, 현장에 직접적으로 관련된 대표가 파견되었다.[36]

이러한 배경에서 본다면 르네상스 이탈리아의 상주 사절들은 크게 다음과 같이 세가지의 임무를 했다는 지적이 무리가 없어 보인다.[37] 첫째, 당시 상주사절의 임무 중에서 가장 중요한 것은 정보를 수집하여 본국으로 전달하는 작업이었다. 이 시대 군주들은 상대방 국가의 시시콜콜한 내용도 궁금해 하였고, 이에 따라서 상주사절들은 아주 상세하게 자신이 주재하는 국가의 내정에 대하여 보고를 하였던 것으로 알려졌다. 자신이 획득한 정보뿐만 아니라, 아울러 자신과 상대방 국가의 군주 내지는 정치인과의 대화 내용을 상세히 보고했던 것이다.[38] "뉴우스를 신속히 포착하는일은 … 너무 크게 중요시되었기 때문에 자연히 외교사절들에 대해서도 궁정에 부단히 출입하도록 요청되었던 것이니 이것이 바로 상설외교사절 설치의 주원인이었다."[39]

---

36) Hamilton and Langhorne(1995), p. 32.

37) Hamilton and Langhorne(1995), p. 33; Mattingly(1955), pp. 110-118. 이와 관련하여 김홍철 교수는 니콜슨의 의견을 빌려 다음과 같은 주장을 하고 있다. "이탈리아의 제국이 해외에 파송하는 상주대사들에게는 일반적으로 2종의 주요 임무를 훈령내용으로 부여하여 보냈는데, 그 하나는 표면적 · 통상적 being ostensible인 훈령이고 또 하나는 비밀훈령 secret이었다." 김홍철(1985), pp. 151-152. 여기에서 다루는 상주사절의 주요 임무는 이른바 비밀훈령과 직접적으로 관련될 것으로 보인다. 표면적이며 통상적 임무는 김홍철(1985), pp. 152-153을 참조하라.

38) Hamilton and Langhorne(1995), p. 33. 이에 따라서 로마교황청으로 파견된 한 베네치아 대사는 일 년에 무려 472건의 보고를 한 것으로 기록되었다. Mattingly (1955), p. 110.

39) 니콜슨(1983), p. 63; 유사한 주장으로 Mittingly(1955), p. 111을 참조하라.

둘째, 당시 상주사절의 중요한 임무 중에는 상대방 국가에 대한 전복(subversion)도 포함되어 있었다. 르네상스 이탈리아의 일부 외교관들은 상대방 국가에 거주하면서, 해당 국가의 반정부 세력 내지는 불만세력과 긴밀한 협조를 통하여 정부를 전복하려는 작업을 했던 것으로 알려졌다. 이에 따라서 상주대사들에게 내려지는 비밀 훈령은 "현지의 정치적 음모상태에 대사들이 과연 어느 정도까지 <개입 intervene> 할 수 있을 것인가를 가장 신중하고 세심하게 평가 분석하는…"[40] 것과 관련되어 있었다.

셋째, 당시 상주사절의 중요한 임무는 또한 상대방 국가와의 동맹 연합(alliance combination)이라고 할 수 있다. 도시 국가들 사이에 전쟁을 통하여 더 이상의 현상타파의 전망이 존재하지 않을 때 외교관들을 통해서 승리에 버금가는 상대방국가와의 동맹과 연합을 모색한 것이 사실이었다. "(연합은) 아주 높은 수준의 이해관계를 실현시키기 위한 위험한 게임 중에 하나였다; (연합은) 상당히 흥분된 상태에서, 또한 소위 덕(virtu)이라고 찬미되는 교활함, 무모함 및 무자비함의 조합으로 이루어졌다."[41] 요컨대, 르네상스 이탈리아의 상주 사절들의 주요 임무는 결국 당시 도시국가의 보존과 확장에 관심을 갖는 군주에 대하여 적극적으로 봉사하는 것이었다.[42]

---

40) 니콜슨(1983), p. 34; Hamilton and Langhorne(1995), p. 33에서 재인용.

41) Hamilton and Langhorne(1995), p. 33.

42) 이와 유사한 맥락에서 다음과 같은 정리를 인용할 수 있다. "대사의 첫 번째 임무는, 정확하게 정부의 다른 공복과 마찬가지라 할 수 있다. 말하자면, 자신의 국가의 보존과 확장을 위해서 최선의 것을 하고, 말하고, 조언하고 생각하는 것이 바로 대사의 임무다." Matiingly(1985), p. 109. 따라서 이 시기의 상주 대사들은 잠재적인 범죄자의 취급을 받은 것이 사실이다. 김홍철 교수는 "…이들에게 주어진 외교특권을 이용한 첩자 spies 취급을 받기도 했고, 임지에 부임하거나 귀임할 때의

르네상스 이탈리아 외교는 상당히 다양한 영역에서 근대적 외교의 기틀을 마련했다는 평가를 받는다. 물론 국가에 대한 봉사에도 불구하고 상주사절제도 초기에 대사로 선발되는 사람들은 귀족출신이나 지배계층 출신은 아니었다.[43] 니콜슨에 따르면 루이 11세는 자신의 전속이발사를 사절로 파견하기도 하였다.[44] 초기의 이러한 경향은 점차 변화하여 상류계층에서 선임되었다.[45] 특히 당시 외교관의 자질에 대한 지적에는 상당히 흥미 있는 내용들을 다양하게 담고 있다.[46] 르네상스 이탈리아 외교에 대하여 또 하나 초점을 맞추어야 할 점은 이 시기에 어느 정도 근대 외교의 실제 및 원칙 등이 마련되었다는 점이다. 특히 김홍철 교수의 연구에 따르면 이 시기에 조약체결을 위한 교섭절차방식, 회의외교의 체계적 발전 및 외교사절대표들의 상석권(上席權)의 문제가 어느 정도 정리되었다.[47] 즉, 조약체결에 있어 세속군주들의 주체적 권리의 인정, 합의의정서 형식(protocols of agreements)채택, 전권위임 및 조약이 주로 정치조약과 통상조약으로 나누어지는 것이 확정되어 갔다.[48] 회의

신변안전도 매우 위험한 것이었으며 … 모든 외국 대사들은 마치 전쟁 포로와 같은 대우를 받았는가 하면 주거지역까지도 엄격히 제한받는 형편이었다"고 주장한다. 김홍철(1985), pp. 149-150.

43) 니콜슨(1983), p. 56; 김홍철(1985), p. 149.

44) 니콜슨(1983), p. 56.

45) 니콜슨(1983), p. 57; 김홍철(1985), p. 149.

46) 니콜슨(1983), pp. 59-61; 김홍철(1985), p. 150. 내용을 일일이 옮기는 것은 이 논문의 범위를 벗어나는 것이라 판단된다. 하지만 이 내용을 간략하게 정리한다면, 외국어(라틴어)실력, 바람직한 몸가짐, 손님접대 및 요리사 고용, 학식과 교양 겸비, 인내심, 침착 · 냉정함, 금욕, 본국 훈령에 대한 관용과 이해, 상대방입장에 대한 이해 등을 포함하고 있다.

47) 김홍철(1985), pp. 155-156; 아울러 김홍철 교수의 연구는 주로 니콜슨의 연구에 기반한 것으로 보인다. 니콜슨(1983), pp. 64-74.

외교에 있어도 주로 군주 등 주권자가 나서는 것에서 점차로 대사들이 주권자의 역할을 대신하여 외교를 담당하는 것으로 변화해 나갔다.[49] 누가 상석에 앉는가의 문제에 관한 심각한 고민들이 제기되었고, 이는 곧 1815년 비엔나 회의 및 국제협약에서 이 문제를 해결하도록 한 것이 르네상스 이탈리아 외교의 공헌이라 할 수 있다.[50]

반면 르네상스 이탈리아 외교는 상주사절제도를 여러 변화에도 불구하고 근본적인 봉건적 한계를 지니고 있었다는 평가도 받을 수 있다. 무엇보다도 외교를 주로 담당하고 관리하는 정부의 통일된 조직이 존재하지 않았다는 점이다. 물론 이 시절 상주사절에 의해서 모집된 정보를 요약하고 정리하는 기록청(chancery)이 존재하였지만,[51] "외교적 행위를 하는 것보다 더욱 문제를 어렵게 한 것은 신뢰할만한 자금을 가진 지속적인 정부조직이 없었다"[52]는 것이다. 이는 중세 유럽의 외교와 본질적인 차이가 없는 부분이다. 스트레이어(J. R. Strayer)가 강조한 바와 같이 비록 "13세기 말엽 즈음에는 대부분의 유럽지역에서 활발한 외교적 교환이 이루어지게 되었다. 그러나 외교적 교환은 그 수가 많기는 하였으나 개별적인 외정부서를 창출해 내지는 못하였다."[53] 이렇게 외정부서가 존재하지 않았던 것은 한편으로 군주의 입장에서 외교가 너무 중요한 임무이기

48) 김홍철(1985), p. 155.
49) 김홍철(1985), pp. 155-156.
50) 김홍철(1985), p. 156. 다른 한편 Hamilton and Langhorne 또한 르네상스 이탈리아 외교관행들은 주로 면책권(immunities), 의식(ceremony), 과정(routine) 및 안전(security)으로 나누어서 살펴보고 있다. 자세한 내용은 pp. 40-54를 참조하라.
51) Mattingly(1955), p. 101 and p. 111.
52) Mittingly(1955), p. 73.
53) J.R. 스트레이어『근대국가의 기원』(서울: 탐구당, 1982), p. 111.

때문에 직업행정가들에게 위탁을 꺼렸다고 할 수 있고, 다른 한편으로 군주들이 정부의 기능의 제도화 및 전문화를 싫어했기 때문이다.[54] 여기에서 주목해야 할 스트레이어의 주장은 만약에 13세기경 유럽에서 "외정이 주권국가의 집합으로 이루어진다는 사실을 인정하면서도 어떤 나라들이 주권국가인지 하는 점이 여전히 분명하지 아니하였던 유럽에 있어서는, 외정의 개념이 거의 형성될 수 없었던 것이다"[55]라는 점이다. 이러한 점을 비추어 본다면 정부부서에서 외교를 담당하는 외정부서의 부재는 여전히 르네상스 이탈리아 외교 자체가 주권(개념)을 바탕으로 하는 근대국가체제 내지는 유럽 국가체제에 대한 전망을 하지 못했다는 점을 보여주는 좋은 증거가 된다.

르네상스 이탈리아에서 발생한 "조직적 · 직업적"[56] 관행의 외교는 그 이후 전(全)유럽으로 확산되어 갔다. 예컨대, 스페인의 경우에 15세기 후반에 로마와 베네치아 등에 첫 번째 상주사절을 파견한 것으로 알려졌다. 이후 1494년경에 신성로마제국은 이탈리아 및 영국, 프랑스 및 스페인에 상주사절을 파견하였다. 곧 이어 영국의 경우 헨리 7세의 재위(1457-1509)동안 로마와 스페인 등에 상주사

54) 스트레이어(1982), p. 114와 p. 115.

55) 스트레이어(1982), p. 111.

56) 르네상스 이탈리아 외교의 조직적이며 직업적 관행에 대하여 여러 도시 국가들의 다양한 공헌을 생각해 볼 수 있다. 마팅리는 먼저 로마교황청은 외교에 있어 주요 행위자이며, 또한 주요 무대가 되었고, 조직적이며 체계적 외교의 완성자라고 강조한다. Mattingly(1955) pp. 105-106. 반면에 베네치아는 외교행위에 있어 상대적으로 높은 수준의 민주적 통제를 받으며, 적극적인 활동을 펼친 것으로 평가받는다. Mattingly(1955), p. 113. 또한 "국가의 공문서를 체계적 방식에 따라서 보관하게 된 것은 베니스인이 처음이었는데 이것이 또 그들의 신용을 높이게 되었다." 니콜슨(1983), p. 47.

절을 파견하였고, 이어서 헨리 8세의 재위(1491-1547)동안 상주사절파견과 관련하여 대대적인 혁신과 함께 확장을 가하였다. 또한 포르투갈의 경우에도 1512년에 로마교황청에 상주사절을 파견하게 되었다. 물론 상주사절제도의 유럽에서의 확산이 일관성 있고, 동일한 형태로 발전한 것은 아니지만, 점차로 다른 유럽국가들도 이와 같은 제도를 받아들이게 되었다.[57] 요컨대, "북부 이탈리아의 주요 국가들이 15세기 중엽까지 행하였던 상주사절들이 외교적 관계에서 성취했던 그 역할이 유럽국가에서는 16세기 중엽에 달성…"[58]하게 된 것이다.[59]

57) 이와 관련하여 보다 자세한 내용은 Maglhâes(1988), pp. 36-37 또는 Hamilton and Langhorne(1995), pp. 36-40를 참조하라.

58) Hamilton and Langhorne(1995), p. 40; 김홍철(1985), pp. 145-146.

59) 대사(ambassador)에 대한 명칭에 주목해 보자. 이미 앞에서 살펴본 바와 같이 중세의 외교사절은 상당히 다양한 명칭을 사용하였는데, 르네상스 이탈리아에 들면서 이러한 명칭의 사용에도 변화가 있게 된다. 실제로 13세기에 들면서부터 legati 또는 nuntii와 같이 중세의 외교사절에 사용되었던 명칭은 점차로 교회에서 파견한 사절에 제한을 가하는 반면에, 세속군주 등 비(非)교회에서 파견한 사절의 경우 점차로 ambassador라는 명칭을 사용하기 시작하였다. ambassador라는 명칭은 이미 중세 초기에 그 연원이 있는 것으로 알려져 있다. 예를 들어 살리카 법(the Salic law)에 따르면 ambaxia 또는 ambactia라는 용어가 있었고, 이는 오늘날 사절(mission)이라는 용어로 사용되었다고 한다. 또한 8세기 중엽의 카롤링거 왕조의 서류에도 ambaxiavit라는 용어를 사용한 것으로 알려졌다. 특히 오늘날 독일 지역에 해당되는 사람들이 당시에 사용하는 속어 라틴어(Lower Latin)에서는 ambaxia를 "mission"으로 abmbaxiare를 "carrying out a mission"이라는 뜻으로 사용했다고 한다. 또한 12세기에 들면서 밀라노에서는 ambaxiator라는 용어를 외국에 파견되는 사절을 지칭할 때 사용하기 시작하였다. Maglhâes(1988), p. 32; 또한 김홍철(1985), p. 147; 니콜슨(1981), p. 56등을 참조하라.

Ⅳ. 국가이성과 국가체제의 부재: 르네상스 이탈리아 외교의 성격

이미 앞에서 밝힌 바와 같이 이 장의 목적은 르네상스 이탈리아에서 발견할 수 있는 외교적 특징이 과연 근대(또는 현대) 외교의 범주에 넣을 수 있는가에 대한 검토에 놓여있다. 특히 서론에서 현대적 의미의 외교가 이탈리아에서 발생했다는 니콜슨의 주장과 현대적 의미의 외교는 유럽국가체제 성립 이후라는 데리앙의 주장을 대비시켰고, 무엇보다도 마팅리의 "새로운 외교는 새로운 국가의 기능적 표현"이라는 주장에 대해서도 주목하였다.

이에 따라 르네상스 이탈리아 외교의 성격을 검토하기 위해서는 다음과 같은 두가지 점이 고려되어야 한다. 첫째, 보다 간접적으로는 르네상스 이탈리아의 도시 국가들을 새로운 국가로 볼 수 있는가 하는 점이다. 이와 같은 논의는 절대주의 국가를 근대국가의 성격을 가지고 있는가의 문제와 이탈리아 도시국가들을 절대주의 국가로 볼 수 있는가의 문제, 두 가지와 직결된다. 둘째, 보다 직접적으로는 데리앙이 왜 유럽국제체제의 성립이후를 근대(또는 현대)외교의 출발로 삼고 있는가에 대한 주장을 보다 면밀하게 살펴보는 것이다.

한편으로 르네상스 이탈리아의 도시국가에 대한 성격을 규명하는 것이 필요하다. 이는 절대주의 국가가 근대국가인가 아니면 여전히 전통적 영역에 속하는 국가인지에 대한 검토에서 출발한다. 이미 앞에서 밝힌 바와 같이 절대주의 국가의 성격에 대한 논의에서 앤더슨은 절대주의 국가가 사실상 "재정비되고, 재충전된 봉건적 지배기구에 불과하였다"고 주장하고, 기든스 또한 절대주의 국가를 "전통주의 국가"로 파악하고 있다.[60] 그렇다면 이들은 왜 절대주의를 전통주의 국가로 파악하는가? 앤더슨의 입장에서 본다면 근대국가의 성격은 자본주의적 생산양식이 우위에 있어야 함에도 불구하고, 절대주의 국가는 상업화가 나타나기는 하지만, 노동지대가 화폐지대로 전환하는 가운데 봉건제 생활방식에 기반을 두는 토지귀족의 정치적 외피라는 입장이었다.[61] 기든스의 입장 또한 절대주의 국가의 성격이 "계급분열사회의 성격을 그대로 가지고…"[62] 있기 때문에 전통주의 국가로 파악해야 한다는 것이다. 이와는 별개로 또한 염두에 두어야 할 부분은 르네상스 이탈리아의 국가 성격을 절대주의 국가로 파악할 수 있는가라는 문제이다. 이 문제에 대해서 앤더슨의 입장은 상당히 명쾌하다. 그에게 있어 이탈리아 도시국가는 절대주의적 성격을 경험하지 못한 정체이다. "…따라서 그들의 수단과 기술에 있어서의 외견상 색다른 근대성 -그들의 순수한 '힘의 정치'의 창시- 에도 불구하고, 도시 참주들은 사실상 본질적으로 근대초기의 특징적 국가 유형, 즉 통일된 왕권 절대주의를 생성할 수 없었던 것이다."[63] 요컨대, 앤더슨과 기든스의 주장에 따른다면

---

60) 물론 이러한 의견 이외에 절대주의 국가에 대한 다양한 논의가 존재한다. 포기(Gianfranco Poggi)의 입장에서 본다면 절대주의 국가는 "근대국가의 최초의 제도적 구현"이다. Gianfrnaco Poggi, *The State: Its Nature, Development and Prospects* (Cambridge: Polity Press, 1990), p. 42; 반면 단순히 과도기적 형태로 파악하는 연구도 존재한다. "절대주의를 하나의 과도기적 형태로 바라보는 것이 타당할 듯하다. 절대주의는 명백히 후기 봉건적 상황 하에서 시작되었고, 결국에 가서는 일반적으로 '근대적'이라고 간주되는 또 다른 국가형태에 의해 대체되었다." 크리스토퍼 피어슨, 『근대국가의 이해』 박형신 · 이택면 옮김 (서울: 일신사, 1997), p. 72.

61) 엔더슨(1990), pp. 19-21.

62) 기든스(1991), p. 119.

63) 앤더슨(1990), p. 178. 이와 관련하여 앤더슨의 연구는 마키아벨리에 대한 평가로

르네상스 이탈리아는 절대주의 국가의 범주에 들 수 없으며, 아울러 (설사 르네상스 이탈리아의 도시 국가 자체가 절대주의 범주에 든다고 해도) 절대주의 국가 성격 자체는 전통적인 정체에 불과하였다. 마팅리의 "새로운 국가"(의 기능적 표현으로 새로운 외교로서 르네상스 이탈리아 외교)에 대한 주장은 결국 앤더슨 또는 기든스의 견해와 일정한 정도 거리가 존재한다고 할 것이다.

다른 한편으로 근대외교의 출발에 대한 기존의 니콜슨의 견해에 반대하는 데리앙의 연구에 대한 검토가 필요하다. 데리앙의 입장에서 외교[64]의 등장은 무엇보다도 국가체제(the states system)와 관련하여 이해되어야만 한다. 이러한 조건은 "첫째, 무엇보다도 중요한 조건은 두 개 내지 세 개 이상의 성격이 유사한 국가가 존재해야 한다는 점이다. 둘째, 국가는 반드시 주권적 정체의 단위이어야 하는데… 이는 내부적으로는 절대적 권위를 행사할 수 있어야 하며, 외부의 단위로부터는 독립적이어야 한다. 셋째, 적어도 최소한의 공유된 가치 및 이해관계가 필요하다."[65] 보다 구체적으로 이야기

까지 이어진다. "…이 간결한 교훈은 사실상 이탈리아 소전제군주정의 가훈이었지만, 그것은 서유럽의 새로운 군주정 내부의 훨씬 복잡한 계급권력의 이데올로기적·정치적 구조라는 현실과는 동떨어진 것이었다. 마키아벨리는 새로 등장하는 절대주의가 뿌리박고 있는 왕조적 정통성이 거대한 역사적 힘에 대한 이해를 결여하고 있었다." 앤더슨(1990), p. 182.

64) Derian에 있어 외교는 "거리감이 있는 개인, 단체 및 실재의 매개"로 파악하고 있다. Derian(1987), p. 6; 특히 근대 또는 현대적 의미의 외교는 "일정한 체제하에서 상호작용하는 국가내의 거리감 있는 국민들의 매개"로 파악한다. Derian(1987), p. 42.

65) Derian(1987), p. 109. 이와 같은 공유된 가치와 이해관계는 "외교 문화(diplomatic culture)"라는 개념과 관련된다. 외교문화는 "상징적 권력과 사회적 억제에 의해서 거리감의 매개"로 정의할 수 있다. 근대국가체제로 본다면 상징적 권력과 사회적 억제는 국제법과 세력균형으로 이해가능하다. Derian(1987), p. 42.

한다면 진정한 의미의 "외교"는 데리앙에 있어 근대국가제도의 성장과 직접적으로 관련된다. 이와 같은 조건은 한편으로 볼 때 중세의 기독교 공동체(the medieval *Christianitas*)가 해체되어 국가들 상호간에 일정한 정도의 거리감(estrangement)[66]이 존재해야만 한다. 다른 한편으로 (이러한 거리감을 완화시켜 주는 쪽으로) 매개(mediation)기능을 담당하는 국제법의 발전과 동시에 힘의 사용 및 추구가 필요한 세력균형체제가 필요하다. 이런 조건에서 근대적 외교는 성립될 수 있다. 하지만 그의 입장에서 본다면 르네상스 이탈리아는 외교의 단계라기보다는 전(前)외교(proto-diplomacy)[67]의 단계에 불과하다. 형식적으로 볼 때 유사한 성격을 가진 도시국가가 존재하고 그것은 유럽국가체제와 유사하게 보이지만, 외교의 본질적인 내용과는 일정한 정도 차이가 난다. 먼저 르네상스 이탈리아의 도시 국가들 사이의 관계는 극단적인 무정부상태로 인해서 국가들 사이의 매개 기능이 제대로 작동하지 않고 있는 상태이었는데 이는 모든 도시 국가들이 공감하고 동조하는, 또한 규율하는 국제법 내지는 세력균형체제의 부재에서 그 원인을 찾아볼 수 있다.[68] 다음으로는 도시 국가들 사이의 거리감을 주장하기에는 주권

---

66) 거리감(estrangement)과 매개(mediation)는 소외(alienation)와 함께 데리앙의 외교이론에 있어 가장 중요한 개념 중의 하나이다. 간단하게 정리한다면, 개인, 단체 및 실재는 일정한 정도 자기 및 타자로 소외(의식을 느끼는데 이는 자신의 객체화이며, 또한 타자와의 거리감으로 표현된다. 그러나 이러한 소외를 극복하거나 초월하기 위해서는 거리감이 있는 타자와 매개가 필요하며 이는 외교로 표현된다. 보다 자세한 내용은 Derian(1987), chap. 2.

67) 데리앙에 있어 외교의 종류는 각각 mytho-diplomacy, proto-diplomacy, diplomacy, anti-diplomacy, n대-diplomacy 및 techno-diplomacy로 나뉘어진다. Derian(1987), p. 5.

68) Derian(1987), pp. 102-109.

의 주장이나 국가들 사이의 독립성이 보장이 되지 않은 상태인 것이다. 이를테면 중세적 성격의 기독교 공동체의 잔재가 도시 국가들 사이의 거리감을 만들어내기에는 너무나 강력하게 작동하는 상태에서, 도시 국가들 간의 매개는 쓸모가 없는 것이 된다. 마팅리의 (새로운 국가의 기능적 표현으로) "새로운 외교"로서 르네상스 이탈리아 외교에 대한 주장은 데리앙의 견해와 일정한 정도 거리가 존재한다고 할 것이다.

실제로 근대적 의미의 외교가 근대국가체제의 성립과 관련되어야 한다는 주장은 데리앙에게서만 그치는 것은 아니다. 예를 들어 콘스탄티노우(Costas M. Constantinou)는 근대 외교 기원은 무엇보다도 근대국가(the modern state)의 형성에서 주체(the self)로서의 국가이성(raison d'être)과 타자(the other)로서의 국가체제(the state system)의 성립에서 비롯되었다는 점을 강조한다.[69] 그에게 외교의 존재는 주체와 타자의 관계 설정 문제이다. 이러한 점을 통해서 본다면 타자가 존재하지 않고는 주체는 외교를 수행할 수 없다. 아울러 분열되지 않은 주체로서 단일성(unity)으로서는 다른 것이 존재하지 않기에 교류와 소통을 할 수 없게 된다. "외교의 존재자체는 정체성을 기반으로 하는 경계선이 마련될 때이며, 아울러 이러한 정체성이 상호 교차할 때 발생하는 것이 된다."[70] 근대적 외교의 성립은 이와 같이 근대국가체제의 성립과 관련되어야만 한다. 대내적으로 볼 때 근대국가는 잘 알려진 바와 정치적 주체로서 이전의

---

69) Costas M. Constantinou, *On the Way to Diplomacy* (Minneapolis: University of Minnesota Press, 1996), p. 112.

70) Constantinou(1996), p. 113.

신의 영역을 대신하는 국가이성 내지는 주권이라는 개념을 성립시키면서, 주어진 정치적 단위 내에서 최고의 권위를 행사하게 되었다. 무엇보다도 다양한 정체들을 통합, 복속시켜가면서 정치적 단일성을 확보하게 된다. 대외적으로 볼 때 근대국가체제는 유사한 정치적 영역을 가진 여러 근대국가들의 병렬적 체제가 된다. 이 국가체제내에서는 가치와 이해를 공유하는 여러 개의 국가들로 구성되어 있다.[71] 이러한 근대국가의 주체(주권 내지는 국가이성의 개념)와 타자성(국가체제)이 존재할 때 외교는 비로소 근대 외교라는 외피를 획득하게 된다.

V. 결론

이 장은 르네상스 이탈리아의 외교가 근대적 의미의 외교라 할 수 있는가를 주로 검토하였다. 니콜슨은 근대적 의미의 외교가 13-4세기에 이탈리아에서 발생하였다고 강조하였지만, 최근의 다양한 연구는 이러한 견해에 반대하여 근대적 의미의 외교 성립은 유럽근대국가체제 형성 이후라는 주장을 하고 있다. 이에 따라서 이 논문은 상반된 주장에 대한 검토를 통해서 르네상스 이탈리아 외교의 성격을 추적하려고 하였다.

이러한 작업을 위해서 우선 이 장에서는 르네상스 이탈리아 외교

71) 이에 따라 근대적 외교의 성립은 결국 베스트팔렌 모델(the model of Westphalia)의 출발과 관련되어야 할 것이다. 이 모델과 관련하여 자세한 내용은 David Held, Democracy and the Global Order (Cambridge: Polity Press, 1995), p. 78을 참조하라.

의 시대적 배경에 대하여 살펴보았다. 르네상스 이탈리아 시대의 가장 큰 특징은 말 그대로 혼재성(complexity)이라 할 것이다. 이와 같은 혼재성은 고대 문명의 부활이라는 르네상스 문명의 특징으로 작동되는 것일 뿐만 아니라, 당시 이탈리아가 가지고 있던 경제적 성격, 나아가서 정치적 성격, 말하자면 국가의 성격에까지 투영되어 있었다. 전일적인 자본주의 경제체제를 성립하지 못한 부분과 함께 봉건영주, 도시 참주 및 공화정 등의 병립 등은 이러한 성격을 적절히 말해주는 부분이라 할 것이다. 사실상 이러한 혼재성은 이탈리아 외교가 중세와 근대를 이어주는 특징을 가진다는 점의 상징적인 부분이었다. 유사한 능력을 가진 도시국가들이 국가의 존재를 담보하기 위한 전쟁의 또 다른 모습으로 "르네상스 이탈리아 외교"를 만들어 냈지만, 이는 근대외교의 성격을 완전히 담아내지 못하는 상당히 복합적인 것이었다.

상주사절 제도의 발명으로 대표되는 이탈리아 외교는 여러 가지 면에서 제도적 혁신을 보여주었던 것이 사실이다. 도시 국가의 안위를 보장받기 위해서 발명된 이와 같은 상주사절제도 자체는 이 시절 주로 상대방 국가의 중요한 정보를 본국으로 전달하거나, 상대방 국가에 대한 전복 활동에 가담하거나, 상대방 국가와의 동맹 및 연합을 모색하는데 복속되었다. 사실상 르네상스 이탈리아의 외교가 조약체결을 위한 교섭절차방식, 회의외교의 체계적 발전 및 외교사절들의 상석권 문제 등 근대 외교의 실제 및 원칙에 상당한 정도 기여를 하였다고 하더라도, 여전히 중세 유럽의 외교적 성격을 함께 보여주었다. 이를테면 이 시절 외교를 주로 담당하고 관리하는 정부의 통일된 조직이 없었다는 것이 중세 유럽 외교와 차이가 없다는 점을 보여주는 좋은 증거라 할 것이다.

르네상스 이탈리아 외교의 선구적인 연구를 보여주는 마팅리가 이 시절의 외교를 "새로운 외교는 새로운 국가의 기능적 표현"이라고 강조하였지만, 르네상스 이탈리아 국가 자체가 근대 국가의 성격을 담보하지 못하고, 심지어 절대주의 성격을 가진 국가로도 보기 힘들다는 점에서, 르네상스 이탈리아의 외교는 새로운 국가의 기능적 표현이 아니었다고 할 수 있다.[72] 더 나아가서 최근의 연구에서 나타나는 바와 같이 근대 외교는 근대국가의 형성에서 주체적인 주권 개념의 성장 및 객관적인 근대국가체제의 성립을 고려하지 않고는 존재할 수 없다는 점에서 르네상스 이탈리아 외교와는 사뭇 차이가 난다고 할 것이다. 전체적으로 이 논문은 르네상스 이탈리아 외교의 시대적 배경, 르네상스 이탈리아 외교의 실제 및 르네상스 이탈리아 외교의 성격 등을 검토하여 르네상스 이탈리아의 외교는 근대 외교와는 "본질적인" 차이가 있다는 점을 규명하고자 하였다.

72) 특히 최근의 한 연구자는 데리앙이나 콘스탄티노우의 연구와는 별도로 르네상스 이탈리아의 외교에 대한 마팅리의 견해가 문제가 있다고 주장한다. "이탈리아에서 혁신적인 외교적 실제의 강조는 무엇인가 잘못 위치지워진 것이다. 국가건설과 그것의 외교관계 중요성에 대한 영향은 15세기 후반의 백년전쟁이후의 유럽적 현상이다." Michael Mallett, "Italian Renaissance Diplomacy," *Diplomacy and Statecraft* 12(1) (2001), p. 64.

참고문헌

김정하옮김. 『미완의 통일: 이탈리아사』 크리스토퍼 듀건 지음, 서울: 개마고원, 2001.

김홍철. 『외교제도사』서울: 민음사, 1985.

오두영역. 『이탈리아사』 H. Hearder and D.P. Waley, 서울: 학사원, 1990.

안쏘니 기든스 (Anthony Giddens)저. 『민족국가와 폭력』 진덕규 역, 서울: 삼지원, 1991.

차하순. 『서양사총론』서울: 탐구당, 1986.

해롤드 니콜슨 경 지음. 『외교론』 신복룡 옮김, 서울: 평민사, 1998.

페리 앤더슨(Perry Anderson)저. 『절대주의 국가의 계보』 함택영 외 공역 서울: 경남대 극동문제연구소, 1990.

크리스토퍼 피어슨. 『근대국가의 이해』 박형신 · 이택면 옮김, 서울: 일신사, 1997.

H. 니콜슨. 『외교방식의 변천』 서울: 경희대학교 출판국, 1983.

J.R. 스트레이어. 『근대국가의 기원』 서울: 탐구당, 1982.

Constantinou, Costas M. *On the Way to Diplomacy* Minneapolis: University of Minnesota Press, 1996.

Derian, James Der. *On Diplomacy: a Genealogy of Western Estrangement* Oxford: Basil Blackwell, 1987.

Hamilton, Keith and Langhorne, Richard. *The Practice of Diplomacy: its Evolution, Theory and Administration* London: Routledge, 1995.

Held, David. *Democracy and the Global Order* Cambridge: Polity Press, 1995.

Maglhåes, Jose Calvet De. *The Pure Concept of Diplomacy* trans. by Bernardo Futscher Pereira London: Greenwood Press, 1988.

Mallett, Michael. "Italian Renaissance Diplomacy," *Diplomacy and Statecraft* 12(1) (2001).

Mattingly, Garrett. *Renaissance Diplomacy* Cambridge: The Riverside Press, 1955.

Poggi, Gianfrnaco. *The State: Its Nature, Development and Prospects* Cambridge: Polity Press, 1990.

제3부

미국과 일본의 외교

21세기 미국의 외교

김 호 준

Ⅰ. 일극체제와 미국의 파워

헌팅턴 교수는 지금의 세계정치구조를 일·다극체제(uni-multipolar system: 군사분야 에서는 일극체제, 경제·사회분야에서는 다극체제)로 보고 있지만[1) 대부분의 국제정치학자들은 현 세계를 팍스 아메리카나, 미국패권의 시대, 미국유일초강대국 지배체제, 일극체제로 규정하는데 동의하고 있다. 소련의 붕괴는 국제정치의 힘의 배분상태에 큰 변화를 초래했다. 냉전의 양극체제의 종식은 미국, 러시아, 중국, 일본, EU 등에 의해 힘이 분산되어있는 다극체제를 만들어낸 것이 아니라 미국이 정점에 서있는 일극체제를 만들었다.[2)

---

1) Samuel P. Huntington, "The Lonely Superpower," *Foreign Affairs*, Vol. 78, No. 2 (March/April, 1999), p.36.

2) Charles Krauthammer, "The Unipolar Moment," *Foreign Affairs*, Vol. 70, No.1 (winter, 1991), pp.23-33.

러시아는 2급 강대국으로 전락했고, EU는 민족주의와 정치적 통합이라는 상반되는 가치 속에 빠져있으며 경제적 거인, 정치적 피그미, 군사적 유충의 단계에 있다. 일본은 여러 가지 인상적인 힘을 보유하고 있으나 군사력에서 미국의 패권에 도전할 수 없고 미국에 의해 완전히 길들여져 있다. 중국은 지금의 경제성장이 지속된다면 2030년쯤에는 미국과 대등한 경쟁자가 될 수 있을 것으로 보인다. 그러나 중국은 미국에 비해서 지금은 군사적으로 약하고 직접적 위협이 될 수 없다. 과거의 패권 국가는 누가 자기를 따라오는지 어깨 너머로 보아야 했다. 2000년대의 세계는 과거와 다르다. 미국의 패권적 계승자는 앞으로 30년 정도는 없을 것으로 보인다. 세계 최강대국으로서의 미국의 위치는 불변이며 가까운 장래에 미국을 제외한 어떤 국가도 세계리더십을 떠맡을 수 없을 것으로 보이며 미국주도의 세계지배체제 구축을 의미하는 일극체제가 당분간 지속될 것으로 보인다.

세계정치에서 지도적, 패권적 위치를 유지하는데 필요한 모든 파워자원을 미국이 보유하고 있으며, 21세기 초의 미국은 군사, 경제, 정치, 문화 모든 분야에서 세계를 이끌고 있다. 인류의 역사에서 하나의 제국이 이렇게 팽창하여 전 세계를 지배한 적은 없었다. 프랑스 외무장관의 말대로 미국은 hyperpower이며 글로벌 파워게임에서 독주체제를 갖추고 있다. 국제정치의 장기판에는 오로지 성조기를 가슴에 단 선수 한 명만 존재한다. 역사적으로 다른 국가와의 파워불균형이 이렇게 심하게 차이가 난 적이 없었다. 로마도 오늘날의 미국과 비교할 수 없다. 로마는 멀리 뻗어나갔지만 반대편에 페르시아 제국과 중국제국이 있었다. 진정한 의미의 글로벌 파워는 미국이 역사적으로 처음이다.

미국의 대외정책과 세계전략은 미국의 파워에서 나오는 것이며 미국의 파워에 대한 이해없이는 미국의 외교를 알 수 없다. 군사적으로 인류역사상 제1의 세계파워와 제2의 세계파워간의 격차가 이렇게 벌어진 적은 없었다. 미국의 범세계적 최고 위치는 제국을 연상시킨다. 미국의 글로벌 파워와 침투는 유니크하다. 미국의 군은 세계의 모든 해양을 컨트롤하고 있고 유럽에서 아시아 대륙 끝까지 관리하고 있다.[3)] 20층 건물 높이에 70대의 전투기가 탑재된 요새도시인 엔터프라이즈 선단 하나만으로 지구상의 대부분을 파괴할 수 있다. 이런 선단을 미국은 12개나 보유하고 있다. 엘베 강에도 호르무즈 해협에도 38선에도 미군이 있다. 미국은 135개 국가에 군을 가지고 있다. 이것은 전 세계 국가의 70%에 군을 주둔시키고 있다는 의미이다. 해외군사시설은 약 700개에 육박하고 있다.[4)] 미국의 국방예산은 2006년도에 5150억 달러로 전 세계 국방예산의 50%를 넘었다. 이것은 미국을 제외한 나머지 200여개 국가의 국방비를 합친 것 보다 많다는 의미이다. 이론적으로 200여개 국가가 연합을 해서 미국을 공격한다고 해도 미국을 이길 수 없다는 의미이다. 미사일 방어체제 구축을 통하여 다른 국가의 핵은 무용지물로 만들고 미국만이 창과 방패를 동시에 보유하게 되는 세계군사패권을

---

3) Zbigniew Brzezinski, The Grand Chessboard: American Primacy and Its Geostrategic Imperatives (New York: Basic Books, 1997).

4) Laurence M. Vance, "The U.S. Global Empire," (http://www.lewrockwell.com/vance/vance8.html), 2004; Chalmers Johnson, "America's Empire of Bases," (http;//www.alternet.org/story/17653), printed Jan. 18, 2007.

강화하고 있다.

경제적으로 미국은 세계 국내 총생산의 약 28%를 차지하고 있다.[5] 2000년에서 2006년 사이에 세계 성장의 1/5을 미국이 차지하고 있다. 미국의 국내총생산은 12조 4천 5백억 달러로 세계 2위 국가인 일본의 4조 5천억에 비해서 거의 3배 정도 된다.[6] 모든 길이 로마로 통했듯 세계의 모든 경제 문제는 워싱턴으로 귀결된다. 미국은 세계 경제를 관리하고 이끌고 있다. IMF 프로그램도 미국으로부터 지시되는 것이다. 미국의 경제적 경쟁자의 사활적 에너지와 천연자원의 소스와 공급루트를 미국이 컨트롤하고 있다.[7] 미국은 자기 손에 세계의 운명을 가지고 있다. 인류가 사용할 수 있는 석유 매장량이 60년 정도인 것을 감안할 때 미국이 이라크 점령을 통해 중동의 석유를 지배했다는 것은 의미가 크다. 미국의 패권적 지배에 위협이 되고 걸림돌이 될 수 있는 중국이 지금의 경제성장을 지속하여 석유에너지가 급격히 증대될 경우, 미국은 중국에 대해서 석유를 무기로 상당한 레버리지를 가지게 될 것이다. 미국은 풍부한 천연자원, 기업 에너지, 투자, 과학기술의 다이나미즘, 성장 중심의 안정적 경제정책, 선진화된 교육, 건강한 하부구조를 가지고 세계 시스템에서 중심적 역할을 할 것이다.

정치적으로 국제정치의 중요한 모든 것은 미국의 적극적 참여 없이는 이루어질 수 없다. 미국은 게임의 규칙을 만든다. 세계정치

---

5) Peter Gumbel, "A Precarious Balance," *Time*, January 29, 2007, p.34.

6) World Bank July 1, 2006.

7) Robert Wade, "The Invisible Hand of the American Empire," unpublished MS (15 February 2003).

의 어젠다는 미국이 결정한다. 세계의 분쟁과 갈등에 세계경찰로서 미국이 개입한다. 일본과 독일은 미국을 빅브라더로 생각하고 미국의 렌즈를 통해서 세상을 바라보고 있다. 유럽의 안보는 미국이 책임져주고 있다. 아시아에서도 정치적 안정과 경제적 번영의 보장자, 중국과 일본의 아시아 패권 갈등의 균형자로서의 미국을 원하고 있다.

문화적으로 영화, 햄버거, 블루진, 팝송, 코카콜라 등 미국의 문화가 전 세계를 지배하고 있다. 영어는 세계어로서 군사력, 달러, 하이테크, 대중문화와 더불어 오늘날 미국이 행사하는 파워의 버팀목이 되고 있다. 영어를 배워야 한다는 현실론 앞에 이념도, 과거의 갈등도 다 묻혀버린다. 세계 55개국에서 영어는 모국어 또는 공용어로 쓰이는 랑구아 프랑카(세계어)이다. 인터넷 사이트의 80%는 미국 소유이며 인터넷 사용언어의 90%가 영어이다. 지배당하는 자가 지배받고 있다고 느끼지 못하면 그것처럼 효과적 지배는 없다. 할리우드는 21세기의 콜로세움이다. 트로이의 목마를 탄 신제국 미국은 우리의 정신 깊은 곳까지 침투해 있다. 세계는 코카콜라의 식민지화, 또는 미국화(Americanization) 되고 있는 것이다.

Ⅱ. 미국외교의 목표

미국외교의 목표는 미국의 파워와 국익의 고려에서 나온다. 패권국가의 제1목표는 지배적인 국제체제를 유지하는 데 있다. 미국의 정책을 인정하는 국가에 의해 세계리더로 불리든, 반대하는 국가에 의해 제국이라 불리든, 미국은 오늘날 일극적 세계 질서에 있어서 패권 국가이다. 미국외교의 목표는 두 가지, 즉 패권 프로젝트(hegemony project)와 민주주의 프로젝트(democracy project)이다. 군사력으로 뒷받침되는 또 하나의 대안적 초강대국은 국제정치에 존재하지 않으며, 세계 유일초강대국으로서의 미국의 위치는 불변이며 미국을 제외한 어떠한 국가도 세계리더십을 떠맡을 수 없다는 가정아래 세계패권을 유지, 강화, 확장하는 미국주도의 세계체제 구축이 패권프로젝트이다. 민주주의 프로젝트는 미국의 가치인 민주주의, 자유, 자유무역, 시장경제의 세계적 확산을 통해 미국적 세계질서(American world order)를 구축하는 것이다.

냉전기간 동안 미국외교정책은 대 소련 봉쇄정책이었다. 냉전 종식 후 미국은 봉쇄정책을 버리고 봉쇄정책의 대체논리로 부시 아버지는 신세계질서전략을 채택했다. 클린턴은 다극전략(multipolar strategy)으로서 세계정치에서 균형자 역할을 추구했고 관여(engagement)와 확대(enlargement)정책을 외교정책의 목표로 삼았다. 부시는 일극전략(unipolar strategy)에 기초하여 범세계적 지배, 패권을 추구하고 있으며 선제공격 독트린(preemption)을 채택하고 있다.

부시의 세계전략은 딕 체니, 럼스펠드, 울포위츠, 라이스, 아미티지 등의 네오콘 또는 불칸(vulcans: 로마의 불의 신)이 그 이론적 기초를 제공하고 있다. 네오콘의 아이디어와 스타일을 이해하는 것이 미국외교정책을 해석하는 데 가장 중요하다. 이들은 세계에서 미국의 지위와 역할에 대한 새로운 견해를 제시하고 있다. 딕 체니와 울포위츠가 작성한 1992년 국방부의 방어계획지침(Defense Planning Guidance)은 지금의 워싱턴 외교 전략의 논리를 제공해 주고 있다. 이 보고서는 미국이 계속해서 세계체제를 지배해야하며 선진국가가 미국의 리더십에 도전하는 것을 막아야한다고 주장하고 있다.[8)] 미국은 미래의 잠재적 경쟁자의 출현을 막아야하며 동맹에게 미성년자에 대한 성인후견전략(adult supervision strategy)을 채택해야 한다.[9)] 유럽이나 일본을 보호해줌으로서 그들이 독립적인 요새를 구축하고 범세계적 파워투사능력(power projection capability)을 가진 군사력을 보유하지 못하도록 하여야 한다는 것이다.

미국지상주의자인 네오콘은 2000년도에 새로운 미국세기를 위한 프로젝트(project for a American Century)라는 호전적이고 공격적 논문을 발간했다. 이 논문에서 그들은 전 세계적으로 지배적 군사력 배치와 범세계적 미제국 구축을 주장했다. 미국에 대한 가장 큰 위협은 적에 직면해서 약한 것을 보이는 것으로부터 나오는 것이고 또한 자기의 우월성을 믿는데 실패한 것으로부터 나온다고 주장하고 있다. 네오콘은 다음과 같은 가정과 신념을 가지고 있다.[10)] 첫째, 테러와 대량파괴무기, 독재자, 미치광이의 세계는 위험하다. 둘째,

8) "Excerpts from Pentagon's Plan: 'Prevent the Re-Emergence of a New Rival," *New York Times*, March 8, 1992, p.A14; Patrick E. Tyler, "US Strategy Plan Calls for Insuring No Rivals Develop," *New York Times*, March 8, 1992, p.A1.

9) Benjamin Schwarz and Christopher Layne, "A New Grand Strategy," *The Atlantic Monthly*, January 2002, pp.1-10.

10) Ivo H. Daadler and James M. Lindsay, "The Bush Revolution: The Remaking of America's Foreign Policy," The Brookings Institution, May 2003 (http://yaleglobal.yale.edu/about/pdfs/bushrevolution.pdf).

국가가 가장 중요한 행위자이다. 셋째, 군사력이 국제목적을 달성하는데 가장 효과적 수단이다. 군사력은 미국의 국익을 위해 사용되어야 한다. 넷째, 위기 시에 민주적 절차는 단호한 리더십에 비해서 부차적인 것이다. 다섯째, 국제법이나 조직은 외교적 목표를 달성하는데 보조적 가치이다. 여섯째, 미국은 특별한 강대국이고 좋은 의도를 가진 파워이기 때문에 다른 국가의 승인을 필요로 하지 않는다.

2001년 9·11 테러는 부시의 외교정책을 과격주의로 흐르게 했고 부시는 미국외교정책의 혁명을 이끌고 있다. 9·11 이후의 테러리즘과의 전쟁은 미국의 외교정책을 국내정치에 앞서는 최우선순위(top priority)로 만들었을 뿐만 아니라 미국에게 새로운 미션을 부여했다. 2차세계대전후 50년 동안 미 행정부는 UN과 같은 다자기구나 동맹과의 긴밀한 협력을 통해 미국의 파워를 증대시킬 수 있다고 믿었다. 9·11 테러 이후 부시는 이러한 접근방법을 버렸다. 미국안보를 확보할 수 있는 가장 좋은 방법은 친구나 동맹, 국제조직에 의한 제약을 버리는 것이라고 부시는 생각했다. 미국은 다른 국가가 반대한다 할지라도 미국이 가기를 원하는 방향으로 세계를 푸시해야 한다는 것이다. 미국은 자신의 이익을 보호하는데 집중할 것이며 다른 국가는 미국을 따르든지 아니면 테러리스트와 함께 하든지 결정해야 한다고 주장했다.[11)]

부시는 2002년 6월 1일 웨스트포인트 연설에서 미국은 대등한 경쟁자의 부상을 막는 정책을 추구하겠다는 의지를 드러냈다. 미국

---

11) George W. Bush, "Address to a Joint Session of Congress and the American People," September 20, 2001.

은 집단안보를 보장하기 위해 강대국의 동맹에 의존하지 않겠으며 잠재적 범세계 라이벌의 부상을 막고 미국의 군사력이 도전받지 않게 유지하겠다고 주장했다. 2002년 9월 17일 국가안보전략(National Security Strategy) 리포트는 냉전 시작이후 나온 미국의 대전략 중에서 가장 급격한 변화를 보여주고 있는 것이다. 냉전 때 채택된 억지전략, 봉쇄정책, 세력균형정책은 낡은 것이고 테러리즘과 같은 보이지 않는 적에 대비하기 위해서는 선제공격전략이 필요하다는 것이다. 미국은 여타세계로부터 초연히 서서 일극의 파워를 사용하여 선과 악을 중재하고 평화를 집행하겠다는 것이다. 국제정치의 무정부상태에서 세력균형이 아니라 미국의 지배로서 국제문제를 해결한다는 것이다. 미국은 세계 안보를 제공하고 대신 세계는 미국을 다르게 취급해야 한다는 제국주의적 특성의 패권적 전략이다.[12)]

미국이 세계 제1의 위치(American primacy)를 차지하는 것이 미국의 이익을 확보하는 핵심이라는 패권적 세계관(hegemonic world view)은 다섯 가지 전제에 기초하고 있다.[13)]

첫째, 미국은 칸트의 영구평화가 아니라 홉즈의 자연 상태, 만인의 만인에 대한 투쟁 상태, 위험한 세계에 살고 있다. 둘째, 국가는

12) 국가안보전략에 관하여 좋은 논문으로: John Lewis Gaddis, "A Grand Strategy of Transformation," *Foreign Policy* (November/December 2002); Robert Jervis, "Understanding the Bush Doctrine," *Political Science Quartely*, 118 (Fall 2003), pp.365-88; G. John Ikenberry, 'America's Imperial Ambition," *Foreign Affairs* (September/October 2002).

13) John Langmore, "The Bush Foreign Policy Revolution, Its Origins, and Alternatives," August 2004, Global Policy Forum (www.globalpolicy.org/empire/analysis/2004/DBrevolution.pdf).

자기 이익을 추구한다는 것이 세계정치의 본질이다. 세계가 상호의존하는 세계화 시대에도 달라진 것은 없다. 셋째, 군사력을 세계정치의 중요한 화폐단위로 본다. 핵심 국익을 방어하기 위해 군사력을 보여주는데 주저해서는 안 된다. 넷째, 다자주의적 기구나 협정은 미국의 이익에 본질적인 것이 아니다. 미국의 국익에 도움이 될 때만 유효하다. 다섯째, 미국은 특별한 국가이다. 미국은 다른 사람이 원하는 것을 하는 국가이다. 미국에 좋은 것은 세계에 좋다. 미국의 패권적 세계관은 당구공과 같다. 미국이 가장 큰 당구공이고 미국이 원할 때 원하는 곳에 다른 공을 움직일 수 있다. 세계 질서는 미국에 의해서 만들어져야 한다.

미국외교의 목표에서 민주주의 프로젝트는 패권 프로젝트와 밀접히 연결되어 있다. 사실 하나는 다른 하나 없이 존재할 수 없다. 민주주의 확산이 미국의 국익에 도움이 된다는 논리 뒤에는 미국예외주의의 개념이 포함되어 있다. 미국은 다른 국가와 다르고 우월하다는 것은 미국이 국경을 넘어 미국의 꿈과 가치를 확산시키는 것이 신이 부여한 임무라는 것은 의미한다. 만약 미국적 방식이 미국에 좋은 것이라면 그것은 여타 세계에도 좋다는 것이다.14)

20세기와 21세기는 미국의 세기이며 이것은 또한 민주주의의 세기이다. 미국의 민주주의 프로젝트는 군사적 개입과 점령에 의해 지원되었다. 1900-1930년대 중앙아메리카, 1940-1950년대 서독, 오스트리아, 이태리, 1940-1950년대 일본과 한국, 1960-1970년대 남

---

14) Michael Cox, "Empire, Imperialism and the Bush Doctrine," *Review of International Studies*, Vol. 30(No. 4), pp.585-608.

베트남, 2003년 이라크 전쟁이 군사적 점령을 통한 민주화 추구의 사례들이다.[15)]

윌슨은 민주주의를 위해 세계를 안전하게 만들기를 원했다. 부시는 이것을 바꾸어 민주주의 세계에서만이 미국은 안전하다고 주장했다. 이러한 주장은 두 가지 가정에 기초하고 있다. 첫째, 민주체제는 서로 공격하지 않는다는 일반화이다. 세계가 민주화되면, 세계는 미국에게 좀 더 평화롭고 우호적일 것이다. 둘째, 민주주의가 좀 더 국제정치에 안정을 가져다준다는 신념이다. 이라크, 이란, 북한의 독재자를 권력에서 제거하고 민주주의 정부로 변화시키는 것이 핵 확산을 막는 유일한 방법이라는 것이다. 모든 국가가 민주주의로 전환되면 세계는 안전할 것이다. 이질적 세계는 안전하지 못하다. 부시는 미국의 이미지에 맞게 국제체제를 새롭게 만드는 미국적 국제질서 구축을 목표로 하고 있는 것이다.[16)]

Ⅲ. 미국의 선택

미국이 범세계적으로 자국의 외교목표를 달성하는 방법에는 고립주의(isolationism), 다자주의(multilateralism), 일방주의(unilateralism)가 있다. 이것은 협력과 패권, 글로벌 리더와 세계 경찰, 자유주의적

15) James Kurth, "Ignoring History: U.S. Democratization in the Muslim World," *ORBIS* (Spring 2005), pp.305-322.

16) Robert Jervis, "The Remaking of a Unipolar World," *The Washington Quarterly* (Summer 2006), pp.7-19.

지배와 패권적 지배 사이의 선택의 문제이다. 부시는 일방주의 어프로치를 채택하고 있다.

고립주의는 개입주의, 국제주의와 대립하는 개념으로 세계경찰로서의 역할을 포기하는 것을 의미한다. 고립주의는 다른 국가의 문제에 관여하는 것을 피하는 비개입주의적 대외정책으로 정의될 수 있다. 고립주의는 미국 이익을 신장시키는 가장 좋은 방법은 세계의 다른 부분의 문제에 개입하지 않는 것이라고 주장한다. 어떠한 강대국도 세계정치를 좌지우지하기는 어렵다는 가정에서 헤게모니와 지위의 고수가 어려울 뿐만 아니라 밑바닥에서부터 새어나가는 권력을 누가 원하느냐에 있다. 확실히 미국의 재정적자, 대외채무, 무역적자를 고려할 때 유일초강대국 지배체제의 유지는 미국의 선택으로는 무리일 수밖에 없고 대외개입주의가 아니라 국내우선주의 (put America first initiative) 입장을 취해야 한다는 것이다.

세계의 두 초 강대국 중 한 개의 몰락은 미국정치 스펙트럼에서 국외 대 국내 우선순위 간의 논쟁을 가열시켰다. 부시의 대외개입주의 정책에 대한 비판자들은 부시가 대외적으로 쥴리어스 시저 역할을 하고 있고 대내적으로 불타고 있는 로마를 즐기는 네로와 같다고 주장한다. 타 국가의 문제가 왜 미국의 문제냐고 반문한다. 제 2차 세계대전 후 50년이 지난 지금 독일과 일본은 우리의 시장을 훔치고 있는데 왜 우리는 그들을 방어해야 하는가? 뉴욕의 센트럴 파크에서 개를 데리고 나온 여자가 건달에 의해 목숨을 잃고 있는데 우리는 왜 이라크를 평정해야 하는가? 중동에 십자군 원정을 할 만큼 충분한 돈도, 군인도, 친구도 없다는 것이다. 고립주의의 요점은 국내정치에 최우선 순위를 두어야 하며 변화된 위협에서 안으로냐, 밖으로냐의 선택은 미국의 역할을 생각할 때 명확하며 이제 냉전이 끝났으니 미국은 집으로 돌아와야 하며 동맹국에게 더 이상 사탕수수 아저씨나 Big Brother의 역할을 할 필요가 없다는 것이다.

사실 오늘날 미국정치에서 고립주의는 존재하지 않으며 미행정부의 선택이 되지 못할 것이다. 미국 국민과 정치 엘리트들이 고립주의를 원하고 있지 않다. 또한 미국이 세계에서 리더십 지위를 포기하고 미국군을 요새미국으로 후퇴시키고, 미국파워를 급격히 축소시키는 것은 불가능하다. 세계화 시대에 상호의존, 미국의 수출주도형 경제, 상품과 아이디어와 사람의 대량이동, 시장경제로의 경제적 통합 등을 고려할 때 고립주의는 생각하기 어렵다. 지역적 문제로 시작한 것이 모든 사람의 문제로 순식간에 바뀔 수 있다. 미국 개입의 성격과 범위는 바뀔 수 있으나 불개입은 있을 수 없다. 고립주의는 학자들의 지적인 유희에 불과하며 고립주의를 선택하게 되면 미국을 위험에 빠지게 만들고 쇠퇴하게 한다고 부시는 믿고 있다.[17] 국제적 개입에서의 후퇴인 고립주의의 선택은 경제력을 증가시킴이 없이 미국의 영향력만 후퇴시키는 결과를 초래할 것이다. 미국은 세계 어디에서나 자국의 이익과 가치를 포기하려들지 않을 것이다.

다자주의는 일반적 행위 원칙에 기초해서 3개국 또는 그 이상의 국가 사이의 국제협력관계를 의미한다. 다자주의는 타 국가와의 파트너십을 바탕으로 외교, 국방, 정치, 사회, 경제 등에 있어서 상호

17) Andrew J. Bacevich, "What Isolationism?" *Los Angeles Times*, Feb. 2, 2006.

협력과 의존을 촉진할 목적으로 국제법, 국제기구 등을 통한 국제문제 해결을 추구하고 국제관계의 무정부상태로부터 오는 갈등을 다루는 데 목적이 있다.[18)]

다자주의의 기본전제는 첫째, 세계화 시대에 미국 혼자서 국제문제를 해결할 수 없다. 둘째, 국제법의 기본적 준수가 필요하다. 셋째, 미국은 국제적 합의의 제약 속에서 행동해야 되고 단순한 미국 국가이익의 정당화를 넘어서야 국제적 파워의 정통성을 획득할 수 있다.[19)]

국제관계의 가장 중요한 현실은 언제나 강대국만의 정치이고, 미국 외교정책의 최우선 목표는 이들 간의 협력을 제도화하는 데 있으며 파워의 협조(concert of power)가 미국의 글로벌 리더십을 보장해준다고 다자주의는 믿고 있다. 미국은 국제법에 무게가 실리고, 민주주의와 안정된 정부가 확산될 때 진정한 안보를 발견할 수 있다고 주장한다. 자국의 안보를 군사력에 의존하는 무정부 상태로 국제정치를 바라보는 시각을 미국은 바꾸어야 한다. 안보란 위협과 능력사이의 역동적 비율로서 위협을 줄이거나 능력을 높임으로서 달성할 수 있다. 다자주의적 접근 방법은 군사력을 증대시키는 것이 아니라 위협을 줄이는 데 있다. 탈냉전에 있어서 평화모델의 보장자로서 군사력이 아니라 상호협력과 이해, 신뢰구축이 중요하다는 것이다. 다자주의는 각 국가들이 파트너십의 의식을 가지고

18) John G. Ruggie, "Multilateralism: The Anatomy of an Institution," *International Organization*, Vol. 46, No.3 (Summer 1992), pp.561-598.

19) David C. Hendrickson, "Imperialism Versus Internationalism: The United States and World Order," Gaiko Forum (Fall 2002), pp.35-42.

상호이익을 가져올 수 있도록 노력해야하며 평등주의적 원칙에 의해 상호자문을 구해야 미국외교정책이 타 국가로부터 도덕적 설득력 (moral suasion)을 가지게 된다는 것이다. 다자주의에 대한 최대 도전과 위협은 민족주의에서 오는 것이 아니라 국내이익에만 몰두하는 편협한 이기주의에서 나오는 것이다.

다자주의 비판론자들은 다자주의가 순진하고 이론적 아이디어라고 주장한다. 다자주의가 미국 외교정책의 정당화를 가져올 수 있는 장점이 있지만 이 정책은 두 가지 위험성을 가지고 있다고 비판한다. 첫째, 세계여론, 유엔결의 등의 환상이 미국의 파워로 혼동될 가능성이 있다. 둘째, 미국의 행동의 자유, 운신의 폭을 빼앗아 갈 수 있다. 다자주의적 접근 방법은 미국의 영향력과 파워를 희석시켜 미국 리더십의 후퇴를 가져올 수 있다는 것이다. 크라우사머는 미국이 다자주의를 택할 경우 난장이가 거인을 잡는 걸리버 효과 (Gulliver effect)가 발생할 수 있으며 미국 파워를 제약하고 길들이려는 것으로 볼 수밖에 없다고 주장한다. 다자주의는 홉즈의 세계를 로크의 세계로, 자연 상태를 규범이 지배하는 공동체로, 정글의 법칙을 법의 지배로 국제사회를 새롭게 만들려는 시도이며 이는 너무나 순진한 소망적 사고이고 이상주의적 접근 방법이라는 것이다. 그러한 국제사회를 만들기 위해서는 미국의 파워와 국가이익을 파기해야 하고 미국의 세계지배를 포기해야 한다고 주장한다.[20)]

일방주의는 한 국가에 의해 정책이 집행되고, 그것이 다른 국가의

---

20) Charles Krauthammer, "Democratic Realism," Feb. 12, 2004 (http://www.freerepublic.com/focus/f-news/1078705/posts).

국민에게 중요한 영향을 미치며, 쌍무적 또는 다자적 조약의 지배를 받지 않는 것으로 정의된다. 일방주의는 미국만이 자신을 보호할 수 있다는 가정 하에 필요에 따라서 다른 국가의 의견이나 동의 없이 미국 혼자서 세계 문제를 처리할 수 있다는 접근방법이다. 일방주의는 미국이 미국의 국가이익을 명확히 정의해야 하고 동맹을 무시하거나, 국제법이나 과거 협정을 파기할 지라도 미국의 대외 정책 목표를 충족시키기 위해 행동해야 한다는 것이다. 일방주의는 세계에서 미국의 이익과 가치를 확인, 확보하려는 것으로서 미국의 가치와 갈등이 있는 곳에는 언제라도 개입하려고 하는 군사적 개입주의 또는 세계경찰로서의 미국의 역할을 의미한다. 베이스는 일방주의가 나쁜 말로 씌어지고 있으나 미국은 이를 무시해야 하며 세계 모든 국가는 국익에 따라 생각하고 행동하기 때문에 모두가 일방주의자라고 주장하고 있다.[21)]

미국의 일방주의는 세계에서 미국행위의 동기와 방법과 관련이 있다. 일극의 국제체제에서 미국은 일방주의를 할 수밖에 없다고 크라우사머는 주장한다. 미국의 미션이 동맹을 결정하지, 동맹이 미국의 임무를 정의할 수 없다. 미국의 임무를 성취하는 데 도움을 주기위해 미국은 친구를 선택한다. 미국의 국익, 예를 들면 안보, 전쟁수행, 군사배치의 행동의 자유와 같은 문제에 있어서 독립적 판단에 의해 가이드 되어야 한다는 것이다. 미국이 다른 국가의 인질이 되어서는 안 된다. 다자주의는 무용하고 나태의 은폐에 불과하다.

21) Matthew Baise, "Unilateralism: Not a Bad Word," *National Review Online*, March 14, 2002.

일방주의와 다자주의의 차이점은 행동(action)과 비행동(inaction)의 차이점이고 미국은 일방주의 외에 다른 선택이 없다는 것이다.[22)]

미국은 지금 세계를 관리, 경영할 수 있는 절호의 기회를 맞고 있고 미국이 파워의 진공상태를 허용하면 그것은 다른 국가에 의해 채워질 것이고 결국 미국을 쇠퇴하게 만들 것이다. 부시 행정부는 일방주의를 선택하고 있으며 부시의 세계전략의 핵심은 21세기를 새로운 미국의 세기로 만들기 위한 미국 파워의 미래에 관한 것이다. 또 하나의 초강대국은 존재하지 않으며 미국과 여타 강대국들과의 힘의 불균형을 고려할 때 미국은 파트너십이나 동맹, 규칙에 방해를 받지 않고 파워를 행사하여야 하며 제국적 지위에 대한 변명도 필요 없다는 것이다. 베리(Barry)는 부시의 국가안보전략이 세 가지 특징을 가지고 있다고 분석한다. 첫째, 공격적 반 다자주의로서 지구 온난화에 대한 교토협약 거부, 국제형법재판소 거부, 걸프전에서의 UN 동의의 무시와 같이 세계 문제를 홉즈의 세계에서처럼 이성과 협력이 아니라 파워로서 해결하고자 한다. 둘째, 군사지상주의로서 미국의 절대적 군사우위를 추구하고 있다. 셋째, 도덕적 절대주의로서 미국 최우선의 원칙, 예외주의에 기초하여 미국의 대외정책 임무를 선과 악의 계시록적 갈등으로 연계시키고 있다. 이는 가치중립적이 아니라 미국 중심주의적 사고이다. 타국으로 하여금 일방적으로 미국 편에 서거나 아니면 미국의 적이 되거나의 선택을 강요하고 있다.[23)]

---

22) Charles Krauthammer, "American Unilateralism," Aug. 30, 2003 (http://www.angelfire.com/ca3/graybrook/unilateralism.htm).

23) Tom Barry, "The U.S. Power Complex: What's New," IRC Special Report,

부시의 일방주의에 기초한 세계전략은 미국이 파워를 어떻게 행사하고 세계질서를 어떻게 만들 것인가에 대한 새로운 패러다임이다. 이 세계전략은 다음의 몇 가지 요소를 포함하고 있다. 첫째, 파트너나 세계규칙, 제도에 구애받지 않고 테러리스트 위협에 대한 공격이나 대량파괴무기(WMD)를 추구하는 깡패국가(rogue state)와의 대결에서 일방주의적 접근방법을 사용할 것이며 세계질서를 관리하는 데 무적의 군사력을 사용하겠다는 것이다. 둘째, 대등한 경쟁자나 반미동맹이 패권을 달성하도록 허용하지 않겠다는 전략이다. 기존의 군사, 경제, 기술적 우위(로봇, 레이저, 위성 등)의 장점을 지속하여 단일국가나 연합세력이 글로벌 리더 또는 보호자로서의 미국의 지위에 도전하지 못하도록 하는 정책이다. 셋째, 선제공격(preemption)전쟁을 허용함으로서 공격적 성향을 가지고 있다. 테러리즘에 대응하기 위해 타 국가의 주권을 침해할 수도 있다. 넷째, 미 동맹국가의 동의나 협조 없이도 위협에 대해 독자적으로 또는 직접적으로 대처하겠다는 구상이다.[24)]

Ⅳ. 미국외교의 평가

미국 외교정책의 일반적 원칙은 일방주의에 기초한 패권유지 또는 확대전략에 있다. 세계무대에서 미국의 역할과 미국 파워를 어떻

November 2002.

24) Robert Jervis, "The Compulsive Empire," *Foreign Policy*, No.137, 2003, pp.83-87.

게, 어디에서, 왜, 언제 사용해야 하는지에 대한 많은 논쟁이 학계에서 있어왔다. 부시의 외교정책에 대해서도 찬성과 반대의 논리가 있다. 부시 행정부는 미국이 원하는 대로 세계를 작동시킬 수 있다고 생각하고 있고 반대론자들은 미국 파워의 공격적이고 일방주의적 행사에 대해서 우려하고 있다.

세계 유일 초강대국으로서의 패권적 지위와 미국 파워의 적극적, 일방적 행사가 필요하고 바람직하다는 주장은 다음의 몇 가지 전제에 기초하고 있다.[25]

첫째, 중앙적 권위의 부재, 즉 무정부 상태의 국제정치체제에서, 다른 국가들은 미국의 리더십에 필연적으로 의존할 수밖에 없다. 위험한 위협에 직면해서 미국이 리드하지 않으면 다른 국가들은 그렇게 할 의지나 능력이 없다.

둘째, 미국의 일방적 세계지배는 정당하고 그럴만한 자격이 있다는 것이다. 20세기 3번의 전쟁(1·2차 세계대전과 냉전)에서 승리했으며 특히 막시즘과 자유자본주의 대결에서 악마제국인 소련을 붕괴시켰다는 것이다. 미국은 민주주의의 전파를 위해 수많은 희생, 위험, 비용을 지불했다. 미국은 유럽을 구했고, 소아마비를 치료했고, 달에 갔으며, 아이디어와 문화로 전 세계를 밝혔고 아프가니스탄과 이라크의 독재자를 몰아냈다는 것이다.

셋째, UN과 같은 국제기구는 우리 시대의 긴급하고도 중요한 문제에 효율적이지 못하다는 것이다. 국제법이나 국제조직에 세계

---

25) Robert J. Lieber, *The American Era: Power and Strategy for the 21st Century* (Cambridge: Cambridge Univ. Press, 2007).

문제를 맡기는 것은 소망적 사고에 불과하다. 국제기구란 국가의 피 창조물로서 창조주인 국가의 권력을 제한한다는 것은 근본적으로 한계가 있다. UN은 세계경찰의 역할을 하기에 매혹적인 도구가 될 수 없고 세계질서를 유지하는 임무에 적합하지 않으며 그 일은 미국만이 할 수 있다는 것이다.

넷째, 군사적 이슬람 테러리즘, 대량파괴무기는 새로운 차원의 위협을 제공하고 있고 이는 미국의 국가 안보전략에 선제공격이나 예방전쟁과 같은 새로운 사고를 요구하고 있다는 것이다.

여러 가지 문제 해결에 있어서 안정을 가져다 줄 수 있는 미국과 같은 패권적 파워의 존재는 체제에 미덕이며 은총이라고, 미국 주도의 일방주의적 세계전략을 옹호하는 사람들은 주장한다. 국제정치에 있어서 힘의 집중은 안정을 증대시키며 반대로 패권의 쇠퇴로 인한 힘의 분열은 무질서를 만들어낸다는 것이다. 국제정치는 국내정치와 달리 경찰도 없고, 집행자도 없고, 실질적 힘을 가진 재판소도 없는 정글의 법칙이 작용하는 홉즈의 자연 상태이기 때문에, 국제체제는 구조를 가져야 하고 세계를 이끄는 파워에 의해 유지되어야 한다는 것이다. 국제무대에 미국이 800 파운드의 고릴라 역할을 수행하지 못하면 세계는 더 악화될 것이다. 미국이 세계질서를 받쳐주지 못하면 세계는 무정부 상태가 될 것이다.[26] 사회주의 중국, 러시아 마피아, 이란이 세계를 지배하는 것보다 민주주의, 시장경제의 미국이 세계를 지배하는 것이 좋다는 논리이다.

---

26) Niall Ferguson, *Colossus: The Price of America's Empire* (New York: Penguin, 2004).

세계에서 테러리즘과 같은 반인륜적 범죄가 자행되고 독재자에 의해 인권이 유린될 경우, 국제 사회가 팔짱을 끼고 아무 것도 하지 않는다면 미국이 나서야 한다는 것이다. 르완다, 중동, 한반도에서 미국이 아무 것도 하지 않고 내버려두면 세계는 오히려 미국을 비난할 것이다. 약자가 되어가는 위험이 강자가 되어가는 위험보다 더 크기 때문에 미국은 세계에서 파워를 주장해야 하며 적극적 세계경찰 역할을 수행해야 한다. 로스앤젤레스와 뉴욕에 경찰이 필요한가에 대한 질문에는 모두가 찬성한다. 마찬가지 논리로 세계에서 갈등과 분쟁과 악이 존재하는 한 국제체제도 약한 자로부터 평화로운 국민을 보호하기 위해 미국과 같은 세계경찰이 필요하다는 것이다.

위와 같은 긍정적 평가와는 달리 부시에 대한 비판론은 미국외교정책에 있어서 외교의 군사화와 일방주의 문제점과 한계점을 지적하고 있다. 소련의 붕괴는 미국에게 외교와 국제기구, 국제법을 통해서 협력과 갈등해결의 기회를 부여했다. 그러나 기회는 낭비되었고 군사력이 미국 외교정책의 원칙과 가장 중요한 도구가 되었다. 미국 외교정책의 중심이 국무부에서 국방부로 이동되었고 백악관은 테러리즘에 대한 범세계적이고 지속적인 전쟁을 확대함으로서 세계를 좀 더 위험하게 만들고 있다. 이라크에 대한 군사력의 사용은 성급했고 무모했다. 군사력이 처음이 아니라 마지막 수단이라는 기본 전제를 무시했다. 미국과 미국 이익에 즉각적 위협이 없었다. 대량파괴무기도 테러리즘과의 연계도 발견되지 않았다. 군사력의 일방적 남용은 미국의 정통성을 훼손하고 미국의 안보와 세계 안정

을 오히려 감소시킬 수 있다.[27)]

미국의 일방주의 추구는 다음의 몇 가지 문제점과 한계점이 있다.[28)] (1) 미국 혼자서는 글로벌 이슈를 해결할 수 없다. (2) 미국파워를 견제하기 위한 동맹이 형성될 수 있다. (3) 패권적, 제국주의적 세계지배는 엄청난 비용이 든다. (4) 미국 주도의 국제질서의 정통성을 훼손하고 전 세계적으로 미국에 대한 증오와 불만이 생겨날 수 있다.

개별 국가의 컨트롤을 넘어서 있는 범세계적 문제는 국가행동의 기준을 만들고 그 수락을 모니터할 수 있는 제도적 구조가 없이는 관리될 수 없다. 미국파워가 역사적으로 유례가 없는 파워풀한 것이라 할지라도 미국이 혼자서 해결할 수 없는 글로벌 이슈는 증가하고 있으며 다자주의의 필요성과 효용성이 증대되고 있다. 미국은 다차원적 파워임에 분명하나 미국 혼자서, 다른 국가의 협력 없이 환경, 질병, 빈곤, 기아, 에너지 고갈, 마약 거래, 기후온난화 등의 글로벌 문제를 처리할 수 없다. 미국의 세계전략은 군사력에만 너무 포커스를 두는 일차원적 사고이다. 부시 행정부는 일극체제가 지속되는 한 다른 국가들은 선택의 여지가 없기 때문에 미국이 시키는 대로 따라야 한다고 생각하고 있다.

21세기 미국 파워의 모순 (paradox of American power)은 세계정치가 미국 혼자서 해결할 수 없는 형태로 변화되고 있다는 것이다. 나이(Nye)교수는 일방주의의 강력한 비판자로서 일방주의가 작동

---

27) Mel Goodman, "Militarization of U.S. Foreign Policy," *Foreign Policy In Focus (PFIF)*, Policy Brief, Vol.9, February 2004, No.1, pp.1-4.

28) Stephen G. Brooks and William C. Wohlforth, "International Relations Theory and The Case against Unilateralism," *Perspective on Politics*, Vol.3, No.3 (September 2005), pp.509-524.

하지 않을 것이라고 분석한다. 그에 따르면 세계정치는 모든 국가가 수직적, 수평적으로 플레이하는 삼차원적 체스 게임이다. 꼭대기 체스 판은 미국이 최고 우위에 있는 전통적 군사 갈등이고 중간 체스 판은 국가간 경제이슈가 있고 파워의 분배는 다극체제이다. 맨 아래 체스 판은 테러리즘, 기후 변화, 문화와 같은 초국가적 이슈이다. 이러한 3차원적 체스 판에는 국가간 협력이 가장 중요하며 부시 행정부는 단지 첫 번째 체스 판에서만 경기하고 있다고 비난한다.[29] 글로벌 이슈를 해결하는 데 있어서 군사력 사용은 비생산적이며 위협과 전 세계적 도전을 공유하기 위해 국제적 공조체제를 구축해야 한다. 세계는 거미집처럼 상호의존하고 있는 세계이며 미국의 국익을 세계이익을 포함시키는 개념으로 재정의해야 세계인들로부터 환영받을 수 있다.

일방주의에 반대하는 가장 보편적 주장은 다른 강대국들에 의한 견제(counterbalance)를 유발 또는 촉진시킬 수 있다는 것이다. 이 주장은 현실주의 사고의 핵심인 세력균형이론에서 나온 것이다. 세력균형이론은 국가들이 장기적으로 생존을 극대화시키려는 이익을 가지고 있기 때문에 위험한 파워의 집중을 막기 위해 협력한다는 가정이다. 또한 한 국가는 패권 국가에 대한 대응으로 군사력을 증강시킬 수 있다.

일방주의 지지자들은 세계 여타 국가들이 미국에 반대하기 보다는 오히려 미국 편에 서는 것이(bandwagon) 자국의 이익에 도움이

29) Joseph S. Nye, *The Paradox of American Power: Why the World's Only Superpower Can't Go It Alone* (London: Oxford University Press, 2002); "Limits of American Power", *Political Science Quarterly*, Vol.117, No.4, 2002-3, pp.545-559.

된다고 주장한다. 예를 들어 아시아에서 중국이나 일본이 지배하는 것보다 미국과 동맹하는 것이 지역 내 국가들에게는 인센티브가 크다는 것이다. 또한 미국과 여타 국가와의 파워 격차가 심각한 세력균형을 저지할 것이고 약간의 저항은 있으나 기본적으로 미국의 우위에 도전할 수 없고 미국 파워를 받아들일 것이라고 주장한다.

미국과 공개적으로 마찰과 투쟁을 벌이는 반미동맹이나 반미연합전선을 구축하지 않더라도 우리는 soft balancing을 예측할 수 있다. 소프트 균형은 공식 동맹은 아닐지라도 패권국가에 대응해서 제한적 군비증강이나 지역적 국제기구에서 공조를 도모할 수 있는 개념이다.[30] 실제 세계정치에서 소프트 균형은 미국 혼자서 일을 처리하게 내버려두고 팔짱을 끼고 앉아서 미국에 협조하지 않을 수 있으며 또한 비밀리에 불량국가에게 미사일 기술이나 핵물질을 넘겨줄 수 있다. 이것은 사실 프랑스, 중국, 러시아가 정도의 차이는 있지만 최근 했던 일이다. 중장기적으로는 미국의 독주를 우려한 국가들은 미국을 견제하기 위한 대안을 찾을 것이다. 이러한 과정이 오늘에는 중요하게 보이지 않을 지라도 궁극적으로 미국 주도의 세계는 분열되고 사라지게 될 수도 있다.

일방주의가 작동하기 어렵다는 또 하나의 이유는 비용의 문제이다. 미국이 아무리 강력하다 하더라도 세계의 형태를 미국 마음대로 그린다는 것은 대단한 모험과 엄청난 비용을 수반하는 것이다. 제2차 세계 대전 직후 미국이 세계 부의 50%를 점유하고 미국의 의지

30) T. V. Paul, "Balance of Power Theory and Practice in the Twenty-First Century," in T. V. Paul eds., *The Enduring Axioms of Balance of Power Theory* (Stanford: Stanford University Press, 2004), pp.1-28.

와 군사력, 핵 독점, 지갑이 두둑했을 때도 혼자서 일방적으로 세계를 지배하지는 못했다. 제국의 비용은 현실이다. 미국의 국방비용은 미국 본토를 방어하기 위해 필요한 것이 아니라 세계를 방어하기 위해 필요한 것이다. 2007년 부시는 의회에 국방비로서 6100억불 이상을 요청해 놓고 있다. 이 비용은 세계패권을 위해 지불하기에는 너무 크다. 인명손실도 고려해야 한다. 미군은 전쟁터로 나가야 하고 이라크에서 보여주듯이 전후 복구에도 미국의 희생은 불가피하다. 미국이 감내할 수 없을 정도의 군사적 대외개입은 군비의 과다 지출로 인한 경제력 약화를 초래할 수 있다. 폴 케네디의 입장에서 보면 일방주의에 기초한 미국의 패권유지전략은 제국주의적 과도 팽창 (imperial overstretch)의 전형적인 예에 속하며 이는 미국 헤게모니 상실의 시기를 앞당길 수 있는 위험한 발상이다.

미국의 일방주의는 미국 주도의 국제질서의 정통성을 훼손시킨다. 미국의 국가이익이 세계이익과 일치하고 패권이 정통적이라면 반 패권 행위나 전략은 고려되지 않을 것이다. 요점은 정통성이 없는 패권은 불쾌하고 잔인하고 짧다는 것이다. 미국이 국제규범이나 조직이 규정한 역할과 신뢰성 내에서 활동하는 데 실패한다면 국제 질서의 정통성은 위협받고 패권적 질서는 쇠퇴할 수밖에 없다. 남들이 원하는 것을 하지 않고 혼자서 간다는 것은 국제질서의 정통성에 위험하다. 경제, 군사, 정치의 물질적 절대 우위와 효과적인 정치적 영향력 사이에 관계가 반드시 비례하는 것은 아니다.[31] 미국

31) Christian Resus-Smit, "The Misleading Mystique of America's Material Power," *Australian Journal of International Affairs*, Vol.57, No.3 (November 2003), pp.423-430.

은 이미 교토의정서 탈퇴나 국제 형법 재판소 반대에서 여타 국가들의 지지를 잃었고 좌절을 맛보았다. 이라크 전쟁과 점령에서 정통성을 상실했고 부시의 선제공격 전략은 다른 국가의 안보와 주권을 위협하고 있다.

정치적 영향력의 비물질적 소스는 외교의 질과 국가의 행동의 정통성 확보에 있다. 미국의 행동이 정통성을 가지려면 국제사회의 지지가 있어야 하고 미국의 이익 추구가 세계이익과 부합되어야 한다. 부시 행정부 이전에는 전 세계를 돌아다니면서 자문을 구하고 다른 국가의 말에 귀를 기울였다. 부시 행정부의 외교적 스타일은 이런 것이 없고 일방주의적이고 세계를 화나게 한다. 프랑스 관리는 부시 독트린을 백악관 웹 사이트에서 다운로드 받고 알았다고 한다. 이것은 동맹과 소통하는 방법이 아니다.

미국적 가치의 보편성과 문화적 자력을 타국에 강요하는 것은 반미감정을 불러일으킬 수 있다. 자유와 민주주의, 시장경제의 가치를 실제 세계에서는 사람들이 다른 방식으로 이해하고 있다. 미국과 다른 다양한 정치체제로 구성된 세계는 세계 질서에 대한 미국의 계획에 저항할 수 있다. 사람들은 또한 한 머리에 두 개의 아이디어를 가질 수 있다. 하버드 대학과 나이키는 좋아하지만 미국 대외정책을 두려워하고 불신할 수 있다는 것이다. 미국에 좋은 것은 세계에 좋다는 인식을 가지고 전 세계는 미국에 추종해야 한다는 오만함이 세계인의 감정을 건드리고 있다.

유사시 기댈 수 있는 또 하나의 초강대국은 이미 존재하지 않고 세계에는 한 명의 보안관만 있다. 세계는 아프가니스탄과 이라크에서 보여준 가공할 만한 미국의 군사력에 당황하고 있다. 미국과 친하게 지내면 관계가 없지만 그렇지 않을 경우 보복을 걱정해야 한다. 세계는 미국의 행동을 우려하고 있다. 미국은 다른 국가의 행동을 막고, 파괴하고 벌을 줄 만큼 강력하다. 그러나 다른 국가의 협력이 없다면 워싱턴의 대외정책은 실패할 것이며, 미국 파워의 유용성은 줄어들고 미국의 비전은 위기에 빠질 것이다. 부시가 추구하는 세계 비전의 심장부에 기본적인 모순이 있다. 부시 행정부는 안보의 범세계적 제공자를 원함과 동시에 자기 이익으로 정의되는 전통적 보수적 대외정책을 추구하고 있다. 미국 파워를 이용하여 다른 국가의 희생 속에서 민족주의적 목표를 추구하고 국제규칙이나 제도에 대한 공약을 줄이고 있다. 미국은 국제공동체를 피하면서 국제공동체를 위해서 일한다고 말할 수 없다. 국제행위 규칙을 무시하면서 국제행위 규칙을 집행한다고 말할 수 없다. 보편적 가치를 추진한다고 하면서 미국의 예외주의를 주장하는 것은 모순이다. 세계문제 해결을 위해 강압적, 일방적, 보수적 리바이턴은 실패로 끝날 것이며 자유주의적 리바이턴이 되어야 할 것이다. 국제법의 기본 원칙 준수와 국제적 컨센서스의 제약 속에서 행동할 때 미국은 정통성을 획득할 수 있다.

한스 모겐소는 어떠한 국가도 한계가 없는 국가는 없다라는 사실을 미국은 명심해야 한다고 역설했다. 따라서 미국의 정책은 다른 국가의 파워와 이익을 존중해야 한다. 미국이 국제문제를 혼자서 해결할 수 있다는 오만은 언젠가 범세계적 저항을 야기할 수 있다. 큰 망치를 가졌다는 것이 모든 문제가 못이라는 생각은 잘못된 것이다. 세계 인구의 5%가 안되는 미국이 미국 국경 밖에 살고 있는 95%가 넘는 사람들에게 세계 질서를 강요할 수 없다.[32)]

미국은 강제보다는 협력, 일방주의 보다는 다자주의, 무관심보다는 정의, 무시보다는 국제여론의 존중, 공격보다는 방어, 선제공격보다는 봉쇄와 억지, 군사력 보다는 외교, 전쟁 보다는 평화를 선택해야 할 것으로 보인다.

참고문헌

Bacevich, Andrew J. 2006. "What Isolationism?" *Los Angeles Times.* Feb. 2.

Baise, Matthew. 2002. "Unilateralism: Not a Bad Word." *National Review Online*. March 14.

Barry, Tom. 2002. "The U. S. Power Complex: What's New." IRC Special Report. November.

Brooks, Stephen G. and Wohlforth, William C. 2005. "International Relations Theory and The Case Against Unilateralism." *Perspective On Politics.* Vol.3, No.3, September, pp.509-524.

Brzezinski, Zbigniew. 1997. *The Grand Chessboard: American Primacy and Its Geostrategic Imperatives.* New York: Basic Books.

Bush, George W. 2001. "Address to a Joint Session of Congress and the American People." September 20.

Daddler, Ivo H. and Lindsay, James. M. 2003. "The Bush Revolution: The Remaking of America's Foreign Policy." The Brookings Institution. May

32) Walter Russel Mead, *Power, Terror, Peace, and War: America's Grand Strategy in a World at Risk* (New York: Knopf, 2004).

(http://yaleglobal.yale.edu/about/pdf/bushrevolution.pdf).

Ferguson, Niall, 2004. *Colossus: The Price of America's Empire*. New York: Penguin.

Cox, Michael. 2003. "Empire, Imperialism and the Bush Doctrine." *Review of International Studies*. Vol.30, No.4, pp.585-608.

Gaddis, John Lewis. 2002. "A Grand Strategy of Transformation." *Foreign Policy*. November/December.

Goodman, Mel. 2004. "Militarization of U. S. Foreign Policy." *Foreign Policy In Focus*. Policy Brief. Vol. 9, No. 1, February, pp. 1-4.

Gumbel, Peter. 2006. "A Precarious Balance." *Time*. January 29.

Hendrickson, David C. 2002. "Imperialism Versus Internationalism: The United States and World Order." Gaiko Forum. Fall, pp. 35-42.

Huntington, Samuel P. 1999. "The Lonely Superpower." *Foreign Affairs*. Vol.78, No. 2 (March/April).

Ikenberry, G. John. 2002. "America's Imperial Ambition." *Foreign Affairs*. September/October.

Jervis, Robert. 2006. "The Remaking of a Unipolar World." *The Washington Quarterly*. Summer, pp.7-19.

Jervis, Robert. 2003. "Understanding the Bush Doctrine." *Political Science Quarterly*, 118. Fall. pp.365-88.

Jervis Robert. 2003. "The Compulsive Empire." *Foreign Policy*, No.137, pp.83-87.

Johnson, Chalmers. 2007. "American's Empire of Bases." (http://www.altermet.org/story/17563).

Krauthammer, Charles. 2003. "American Unilateralism." Aug. 30. (http://www.angelfire.com/ca3/graybrook/unilateralism.htm).

Krauthammer, Charles. 2004. "Democratic Realism." Feb. 12. (http://www.freerepublic.com/focus/f-news/1078705/posts).

Krauthammer, Charles. 1991. "The Unipolar Moment." *Foreign Affairs*. Vol.70, No. 1(Winter). pp.23-33.

Kurth, James. 2005. "Ignoring History: U. S. Democratization in the Muslim World." *ORBIS,* Spring, pp.305-322.

Langmore, John. 2004. "The Bush Foreign Policy Revolution, Its Origins, and Alternatives." August, Global Policy Forum (www.globalpolicy.org/empire/analysis/2004/DBrevolution.pdf).

Lieber, Robert J. 2007. *The American Era: Power and Strategy for the 21st Century.* Cambridge: Cambridge University Press.

Mead, Walter Russel. 2004. *Power, Terror, Peace, and War: America's Grand Strategy in a World at Risk.* New York: knopf.

Nye, Joseph S. 2002. *The Paradox of American Power: Why the World's Only Superpower Can't Go It Alone.* London: Oxford University Press.

Nye, Joseph S. 2002-3. "Limits of American Power." *Political Science Quarterly.* Vol.117, No.4, pp.545-559.

Paul, T. V. 2004. "Balance of Power Theory and Practice in the Twenty-First Century." in T. V. Paul eds., *The Enduring Axioms of Balance of Power Thoery*. Stanford: Stanford University Press, pp.1-28.

Reus-Smit, Christian. 2003. "The Misleading Mystique of America's Material Power." *Australian Journal of International Affairs*. Vol.57, No.3, November, pp.423-430.

Schwartz, Benjamin and Layne, Christopher. 2002. "A New Grand Strategy." *The Atlantic Monthly*, January. pp.1-10.

Tyler, Patrick E. 1992. "U. S. Strategy Plan Calls for Insuring No Rivals Develop." *New York Times*, March 8.

Vance. Laurence M. 2004. "The U. S. Global Empire." (http://www.lewrockwell.com/vance/vancef.html).

Wade, Robert. 2003. "The Invisible Hand of the American Empire." unpublished MS (15 February).

Wohlforth, William. 1999. "The Stability of a Unipolar World." *International Security*. Vol.24, No.1, pp.5-41.

일본의 외교
: 미중일관계의 정치역학*

손 기 섭

Ⅰ. 머리말

이 글은 일본의 동아시아 외교정책의 성격과 구도를 분석하고자 하는 바 그 사례로서 일본외교의 근간을 이루는 미일동맹과 중일관계의 발전과정과 그 구조적 특성 및 상관성을 분석하고자 한다.

1972년 중일 간의 국교정상화가 실현된 이후 중국은 미국과 일본 쪽으로 외교적 경사를 하게 된다. 1978년 중국에서의 덩샤오핑의 등장과 중일 평화우호조약의 실현, 1979년 1월 미중 국교정상화는 이러한 미중일 외교안보 제휴의 시발점으로서 이 구도는 1980년대 말까지 지속되었다. 1980년 전반에 일본의 나카소네 내각과 미국의 레이건 정권, 그리고 중국의 후야오방 정권은 미중일 3국의 정치지

* 이 글은 한국세계지역학회, "일본의 동아시아외교 : 미일동맹과 중일관계의 상관성", 『세계지역연구논총』제25집 3호(2007) 논문을 일본의 외교정책 입장에서 내용을 가필하고 보완한 글임을 밝힌다.

도자들 간의 친밀한 관계를 토대로 국가전략의 이해관계가 일치된 시기였다. 1984년 경 중일관계는 최상의 상태를 맞이하였다. 하지만, 1987년 이후로 미일 간에 통상마찰이 가속화되고 중국 내에서는 민주화운동에 대한 탄압이 시도되면서 서서히 균열상태를 노정하며 1989년 중국의 천안문사건을 계기로 미중일 우호 구도는 결정적으로 무너졌다.

1990년대 이후 미일관계는 세 시기의 특징 변화를 보였는데, 미일관계의 변화에 따라 1990년대 및 2000년대의 중일관계는 민감하게 영향을 받았다. 미일 안전보장관계에서의 변화가 모색되는 1990년 중반기까지 중일관계는 천안문사건에 따른 중국고립의 국제환경 하에서도 '중일 특수론'에서 비롯된 특유의 친밀성을 과시했다. 당시 중일관계 특수성은 미일안보체제의 약화와 더불어 동아시아의 다자간 안보협력의 가능성까지 고려되는 함축적 의미를 지니고 있었다. 이렇듯 미일관계와 중일관계는 1980년대와는 달리 힘의 역학관계가 서로 반대방향으로 작용했다. 미일동맹이 확인되고 강화되는 1996년도 이후 중일관계는 점진적으로 약화되었으며 2001년 고이즈미 내각 때는 다양한 외교적 쟁점을 두고 심하게 대립하는 상황에까지 이르렀던 것이다.

2007년 9월 후쿠다 신임수상은 국회 소신표명 연설에서 신정권의 일본의 외교안보정책으로서 미일동맹과 국제협조, 북한의 비핵화를 위한 6자회담에서 국제사회와의 연계, 적극적인 아시아외교 추진, 러시아와의 끈기 있는 영토 협상을 강조했다. 특히, 한국과는 미래지향적 신뢰관계를 강화하며 중국과는 '전략적 호혜관계'[1]의 확립을 희망했다.

전후 일본외교정책에서 미일관계를 분석한 논문과 저작은 수없이 많이 존재한다. 대표적으로 몇몇 저작을 소개하자면, 이가라시 다케시(五十嵐武士, 1999), 이오키베 마코토(五百旗頭眞, 1999), 와타나베 아키오(渡辺昭夫, 1998), 후지모토・아사노(藤本一美・淺野一弘, 1994)의 연구업적 등이 있다.

중국과 일본 간의 정치경제관계를 분석한 주요 연구업적은 다나카 아키히코(田中明彦, 1991), 소에야 요시히데(添谷芳秀, 1995), 오가타 사다코(緖方貞子, 1992), 벳시 유키오(別枝幸夫, 1988) 등의 연구가 있다.

이들 연구업적은 각기 부분적으로 적합성이 높은 수작이며 각기 의미 있는 연구결과를 제시하고 있으나 미일관계와 중일관계의 부분적인 사례나 단면적인 분석에 그치는 한계도 동시에 지닌다. 이 글은 상기의 문제제기와 연구목적을 토대로 논문전개의 두 분석변수로서 일본의 외교정책에서의 미일동맹 변수와 중일관계 변수를 설정하여 분석을 진행한다.

---

1) '전략적 호혜관계'는 아베 신조 정권의 중일관계 개선을 위한 새로운 대중 외교전략 구상이었다. 전임 고이즈미정권의 대중외교는 중국에서 보면, '정냉경열(政冷經熱)'로 표현되듯 정치적으로 대단히 냉각되어 양국 정상의 상호초청 내지 방문이 전혀 없을 정도였다. 아베 수상은 '정냉' 국면을 타파하고자 했고 이러한 구상이 양국의 공통의 이익에 토대를 둔 '전략적 호혜관계' 구상이었다(小島朋之, 2007 : 48-49).

Ⅱ. 일본 외교정책의 결정요인과 주요 행위자

일본외교의 결정요인은 무엇이며 외교정책결정에는 누가 관여하고 어떠한 정책결정의 특성을 지니는 것일까? 일본외교의 결정요인을 보면 일본의 외교정책에 영향을 미치는 결정요인은 크게 보아 국제적 요인과 국내적 요인으로 대별해 볼 수 있다. 물론 일본의 외교정책이므로 일본 국내적 요인이 더 큰 결정요인이 되겠으나, 일국의 외교정책은 국제사회나 타 국가 또는 국제관계에 강한 영향력을 미치므로 국제적 영향요인도 결코 간과할 수 없다. 국제적 요인과 국내적 요인 외에도 일본의 외교정책에는 일본열도가 가지는 지정학적 요인과 일본의 근대역사나 전후역사의 특수성에서 발생하는 역사적 요인이 존재할 것이다(조양현, 2006). 하지만 이러한 요인은 일정 부분 국제환경적 요인과 국내적 요인으로 흡수될 수 있겠다.

전후 일본의 외교정책에 가장 강한 영향력을 미치는 국제적 요인은 미국의 외교정책 내지 미국의 동아시아 외교정책이었다. 즉, 일본외교는 미국의 외교정책에 크게 영향을 받아 왔으며 일본의 외교정책을 수립 결정할 때에는 미국과의 관계설정을 우선적으로 고려하는 특성을 지녀왔던 것이다. 1952년 4월 전후 일본이 미군정으로부터 독립을 획득하는 그 시점부터 일본 외교정책은 미일 안전보장조약체제의 발효라는 구조적 성격을 가지고 태동하였고, 독립 직후 초대 정권이었던 요시다 정권은 미일동맹과 미일 협조외교의 구도를 가지고 외교정책을 전개했다.

일본 외교정책의 국내적 요인은 다양하게 존재한다. 게이오대학의 구사노(草野) 교수가 지적하듯이, 일본의 외교정책 형성과정은 정책결정에 관여하거나 영향력을 미치는 다원적 행위자(액터)의 참가에 의한 복잡한 성격의 동태성을 지닌다. 국내적 요인과 관련된 주요 특성을 다음과 같이 집약해볼 수 있겠다.

첫째, 전후일본의 신헌법 즉 평화헌법이라는 역사적 및 구조적 요인이 존재한다. 일본의 전후 평화헌법은 제9조 1항과 2항에서 전쟁포기와 전력 불소유를 명시하고 있다. 국제분쟁의 수단으로서의 전쟁이란 수단을 명시적으로 포기하고 전쟁을 수행할 수 있는 군대를 가지지 않겠다고 약속한, 국제사회에서 유례를 찾아보기 힘든 평화적인 헌법이다. 이러한 헌법 구도 하에서의 일본 외교정책은 태생적으로 국제사회의 안보정책에 관한 강하고도 적극적인 역할을 하기 힘들었고, 안전보장외교보다는 경제통상외교나 문화외교 또는 환경외교 등에 적극적으로 관여하는 성격을 띠었다.

둘째, 외교정책결정에 관여하는 주요 행위자는 수상과 내각, 외무성을 비롯한 관료집단, 자민당을 위시한 정당과 국회정치, 국내압력집단으로서 기능하는 재계와 노조 및 미디어집단 등이 존재한다. 각 주요 행위자의 영향력과 관여도는 외교정책의 중요도와 외교분야의 사안에 따라서 상이할 수 있으나, 직접적인 정책결정자는 외무성과 외교정책에 관여하는 관료집단 및 수상관저라고 판단되며 최종 정책결정자는 수상이 된다. 일본은 유례를 찾아보기 힘들 정도로 자유민주주의국가이면서 장기집권을 실현한 국가인 바 정부여당인 자유민주당(자민당)의 영향력은 외교정책에서도 막강하다.

셋째, 일본외교의 분야는 안전보장외교, 통상외교, 대외원조외교, 환경외교, 문화외교, 국제기구외교 등으로 대별이 되며, 이 외교정책 분야에 따라서 정책결정과정과 결정요인 및 관여하는 주요 행위자가 상이하거나 영향력의 강약이 달라진다. 안전보장외교에서는 미국이라는 국제적 요인과 함께 방위성과 자민당의 요인이 증대되며, 통상외교에서는 관료집단 중 통산성(현 경제산업성)과 게이단렌(經団連) 등의 재계가 강력한 영향력을 행사했다. 대외원조외교에서는 '경제협력 4성청'이라고 불리는 외무성, 통산성, 대장성(현 재무성), 경제기획청(현 내각부) 등이 주요 행위자로서 기능했다.

Ⅲ. 일본 외교의 근간 구도로서의 미일동맹

1. '요시다 노선'과 미중일 관계

요시다내각(吉田內閣)은 독립 직후의 국가전략으로서 소위 '요시다 노선'으로 불리는 미일동맹, 미일협조외교, 점진적 재군비, 경제중심주의 노선을 선택했다. 요시다는 미군정으로부터 조기독립을 실현시키고 조속한 경제회복을 위해 반면강화론[2])을 바탕으로 샌프란시스코강화조약, 미일 안보조약 및 일화 평화조약을 전략적으로 선택함으로써 미일관계를 우선시하고 중일관계의 정상화를 포기했

2) 반면강화론은 단독강화론, 부분강화론 또는 편면강화론 등 다양하게 불린다. 반면강화론은 자유당, 민주당의 보수정당과 재계가 지지했고 전면강화론은 사회당, 공산당, 총평 등의 혁신세력이 지지했다(內田健三, 1969 : 17-26).

다. 요시다 수상의 선택은 조기독립과 전후부흥을 위해 대미자주와 대미독립의 중간노선이자 평화헌법과 미일안보와의 양립을 꾀하는 중용적인 선택이었지만, 상호 양립키 어려운 두 시대조류의 혼합을 의미하는 '전후 리얼리즘'(添谷芳秀, 1997 : 5)의 표현이기도 했다.

이러한 요시다의 정책노선은 대장성과 통산성을 중심으로 한 경제관청의 관료와 관료출신 정치가가 주역의 역할을 담당하고, 자민당과 재계가 이를 보완 지원하는 구도를 그렸다. 미국은 이후 이러한 요시다의 미일 협조노선을 후원하면서도 때에 따라서는 외압을 행사하는 역할을 맡았다. 일본의 외교안보정책의 형성과 전개에 주요한 행위자로서의 영향력을 행사한 것이다.

대일 강화조약과 미일 안보조약은 1951년 9월 8일 샌프란시스코에서 조인되어 동년 10월과 11월에 중의원과 참의원의 승인을 거쳐[3], 이듬해인 1952년 4월 28일에 발효되었고, 이 양 조약이 발효된 같은 날에 일본은 대만 국민정부와 일화평화조약을 체결했다. 이러한 강화조약, 안보조약, 일화조약의 세 조약에 의해서 전후일본의 외교구도의 큰 틀은 짜여진 바 일본과 중국 본토와의 관계는 불완전한 상태의 불행한 출발을 하게 되었던 것이다. 샌프란시스코강화조약에 중국은 초청되지 않았고, 일본은 중국본토 국민을 대표하지 못하는 대만 국민당정부와 조약을 체결하면서 전 중국과의 전쟁상태 종결을 선언했다.[4]

3) 중의원에서 강화조약은 찬성 307표, 반대 47표로, 안보조약은 찬성 289표, 반대 71표로 승인되었다. 안보조약에서의 반대표가 약간 증가한 것은 사회당우파가 강화조약 때와는 달리 반대로 돌아섰기 때문이었다. 같은 모양으로 동년 11월18일 참의원에서도 안보 및 강화조약은 승인되었으나 사회당 좌파, 공산당 및 일부 민주당 친중파가 반대했다(内田健三, 1969 : 17-18).

중국은 물론 이러한 미영 주도의 강화조약, 안보조약, 일화조약이란 일련의 샌프란시스코체제를 강하게 비판했지만, 저우언라이 수상을 비롯한 당시의 지도부는 미국의 대일 점령정책에 대한 비난에 중점을 두었고 일본의 보수정권에 대해서는 비판을 하면서도 강온 양면의 현실적인 접근을 시도했다. 결국 중국정부는 1954년 10월 '중소 공동선언'에서 일본과의 평화공존, 국교정상화를 희망하기에 이른다.

1950년 한국전쟁의 발발에 의해 중국과의 적대관계가 첨예해진 미국의 압력에 의해 요시다 내각의 선택지는 극히 제한되었다. 미국무성은 덜레스의 방일을 통해 샌프란시스코강화조약의 상원 승인을 무기로 일화평화조약을 강요하는 '요시다 서한'을 작성케 했다.[5] 요시다 내각은 고심했지만 미국의 압력을 받아들이지 않을 수 없었고 냉전이 격화되어 간 동아시아에서 미일 협조외교를 기조로 하고 중국과의 정상화는 포기하는 외교적 구도가 이후 약 20년간 지속되었던 것이다.

1972년 중일 국교회복에 이르기까지 중일관계는 미일관계와 일본 국내정치에 직접적으로 연동되었다. 그것은 지구적 규모에서는 미소 냉전이 동아시아지역에서는 미소 및 미중 간의 냉전이 가속화되는 국제환경 속에서 두 개의 중국론이 일본 국내정치에 그대로 투영되었

---

4) 일화평화조약의 내용은 일본과 중화민국과의 전쟁상태의 종료, 조약의 적용지역으로서 '현재 중화민국의 지배하에 있으며 앞으로 들어올 모든 영역'으로 정한 점 및 부속문서에서 배상을 청구하지 않을 것을 규정한 점이 주목되었다(外務省アジア局中國課, 1970 : 32-38).

5) '요시다서간'은 일본이 대만과 평화조약을 체결하되, 중국 공산정권과는 2국간조약을 체결하지 않을 것임을 밝힌 것이다(廣島平和硏究所編, 1983 : 468).

기 때문이다. 일본은 평화헌법에 기초를 둔 외교노선과 평화헌법을 개정해서 냉전현실에 맞는 역할을 모색하는 외교노선과 충돌하는 구도가 성립되었다.6)

다나카 내각 때 국교정상화가 실현되고 후쿠다 내각기에 중일 평화우호조약이 체결됨에 따라 전후 중일 정치경제관계에 있어서 '72년 체제'가 완성되었다. 첫째, 동아시아 국제관계에 있어서 미중일 제휴가 확고히 된다. 중일 평화우호조약 성립 이후의 동아시아 국제정세를 보면, 소련은 미중일 접근에 대한 반응으로 베트남과 우호협력조약을 체결했는데, 베트남이 캄보디아를 침략하자 이번에는 중국이 베트남을 침공했고, 79년 1월부터 미국과 공식적으로 국교를 수립했다. 동년 12월 소련이 아프가니스탄에 침공한 이후 동아시아에는 반소 전선의 미중일 포위망이 형성되는 신냉전기를 맞이하게 되었다. 이후 80년대의 대소 포위망적인 미중일 협력유지는 나카소네 내각기에 이르러 절정을 이루었다.

2. 탈냉전기의 미일동맹의 유동화

1951년 9월 강화조약과 동시에 체결된 미일 안전보장조약은 1960년 기시내각의 안보조약 개정을 거쳐 1996년 이후 미일동맹의 재정의와 강화의 여정을 걸어왔다. 1989년 12월 미소 냉전 종결

6) 소에야는 전후일본의 외교노선을 대미협조, 대미자주, 대미독립의 세 노선으로 정리했다. 대미협조노선은 미국 주도의 국제질서 속에서 경무장을 유지하여 경제부흥을 꾀하는 '요시다 노선'이고, 대미자주노선은 헌법9조의 개정과 미일안보조약의 파기를 통한 재군비 및 중소와의 관계개선을 추구하여 대미일변도를 시정하는 노선, 대미독립노선은 미일안보조약의 파기와 비무장 중립의 호헌노선으로 파악했다(添谷芳秀, 1995 : 8-23).

선언 이후 미국의 국방정책은 큰 변화를 보였다.[7)]

1990년 8월 이라크의 쿠웨이트 침공으로 발발한 걸프전은 미일동맹관계에 큰 영향력을 미쳤다. 미국과 일본은 안전보장조약을 매개로 한 동맹국으로서 냉전 하에서는 미국의 억지력이 효과적이 기능하여 군사 면에서 동맹의 운용성이 주목을 받지 않았지만 걸프전을 계기로 동맹국 미국에 대한 일본의 협력 내용이 크게 문제시된 것이다. 걸프전은 중동으로부터 석유수입에 의존하는 일본의 위기이기도 하다며 미국은 동맹국 일본의 '책임분담'을 강하게 요구했다. 냉전 하의 미일동맹이나 자위대는 군사력 본래의 구체적인 운용에 대해서는 거의 주의를 기울이지 않았고 국경을 초월한 미일 군사협력이나 자위대의 해외파병 등은 금기시되었다.

걸프전에서의 일본의 공헌은 90억 달러의 전비 부담과 40억 달러의 부흥자금 제공으로 귀착되었다. 일본정부가 총 130억 달러라는 거액의 정부자금을 제공했지만, 일본에 대한 미국의 평가는 대단히 차가웠던 바 일본정부는 매우 충격을 받았다(Pharr, 1993 : 252-257 ; 渡辺昭夫, 1993 : 19-30). 거액을 자금협력을 하면서도 미국으로부터 전혀 평가를 받지 못했기 때문이었다.

미국의 차가운 평가는 두 가지 요인에 기인했다. 첫째는 일본정부는 자금협력을 솔선해서 적극적으로 하지 않고 미국의 강력한 요청이 있은 다음에 조금씩 금액을 추가하는 상황대응적인 소극자세로

7) 1990년 8월 당시의 부시 미 대통령은 국방정책의 중점을 소련의 위협에서 대규모 지역분쟁에의 대처로 전환하는 '지역방위전략'을 발표했다. 이 전략에서의 주요 키워드는 기반전력(The Base Force)이었으며, 207만 여명의 총병력을 1995년도까지 165만 명으로 축소 재편하는 방침이 확인되었다.

일관했기 때문이었다. 둘째는 인적 공헌을 하지 않는 동맹국 일본에 대한 불만이었다. 전후 일본정부는 국제문제에서 군사적 관여를 피해 경제외교, 통상외교에 치중했지만, 90년대 탈냉전기에 들어 미일동맹에서의 새로운 역할을 요청받는 상황에 직면한 것이다. 냉전 종언 직후 미일동맹은 60년 안보개정 이후 최대의 위기에 직면했던 것이다.

이러한 환경 속에서 1992년 1월에 발표된 미야자와 수상과 부시 미대통령 간의 '미일 공동선언'은 미일 안보체제가 아시아 태평양 지역의 평화와 안정을 위해 계속해서 중요함을 피력한 동시에 글로벌 파트너십 하에서 세계의 평화 및 안정을 확보하기 위해 각자 역할과 책임을 지는 협력을 약속했다. 냉전기의 미일동맹은 일본의 안전을 지키고 극동의 안전과 평화에 공헌하는 것이 주된 의의였지만, 냉전 후의 미국은 세계의 평화와 안정이라는 보다 글로벌 차원의 역할을 일본정부에 요청했다. 물론 책임분담의 구체적 표현이 자금이냐 인적 공헌이냐에 대해서 미국정부가 통일된 견해를 나타내지 못했다. 일본정부로서는 탈냉전기 안보환경에 대한 적응과 새로운 국가전략의 수립이 절실해졌다.

일본정부는 1994년 8월에 발표된 '일본의 안전보장과 방위력의 모습 - 21세기를 향한 전망(히구치 리포트)'을 통해, 미국정부는 1995년 2월의 '미국의 동아시아 태평양지역에서의 안전보장전략(나이 리포트)'를 통해 미일 안보관계의 틀을 재정립하고자 하는 움직임을 구체화시켰다. 탈냉전기의 안전보장정책을 모색하는 일본정부의 견해는 통일적이 아니었다. 우선 일본정치가 크게 변모한 것과 무관하지 않았다. 일본정치는 1993년 7월 55년도부터 유지되어 온 자민당 단독정권이 무너지고 비자민 연립정권인 호소카와(細川) 내각이 등장했다. 호소카와 내각은 냉전 하에 책정된 '방위계획대강'을 개정하고자 '방위문제간담회'를 설치하여 1994년 8월 '히구치 리포트'를 제출했다(渡辺昭夫, 1998 : 24-25, 35).

이 보고서의 특색은 다자간 안전보장전략을 제창한 데 있었다. 자위대의 역할을 자국의 방위라 본래 역할에 한정하지 않고, 유엔평화유지활등에의 협력 등 다각적인 것으로 할 것을 강조했다. 군비관리 추진, 지역적 안전보장대화의 촉진 등 다양한 안전보장정책의 확립을 제언했으며, 다자간 안전보장을 위한 방위력의 역할을 '미일안전보장협력의 충실' 항목 보다 먼저 서술함으로써 일본의 안전보장정책이 미일안보 중심에서 다자간 안보협력의 모색으로 전환시키려는 인상을 주었다. '히구치 리포트'는 1995년 11월에 각의결정에 의한 '신 방위계획대강'[8]의 책정으로 발전한다.

미일동맹에 있어 공통위협의 소멸, 미일 경제마찰의 심화, 55년체제의 붕괴 등 근본적인 변화가 일어났고, 일본의 군사 불개입의 일국 평화주의에 대한 미국의 의구심이 증폭되어 미일 간의 알력은 90년대 초반 두드러졌다.

1995년 2월 클린턴정권은 미일 안보관계를 미국의 아시아 태평양 정책의 요체로 인정하여 미일동맹이 미일 안보는 물론이고 아시아 태평양의 평화와 안정을 확보하는 주요 요소임을 확인했다. '나이 리포트'는 미 정부가 일본의 다자간 안보협력 지향을 우려하여 미일

8) 1976년에 책정된 방위계획대강의 제1차 개정임(防衛廳, 1997 : 328-335).

방위협력의 공고화를 의도한 것이었다. 금후 20년에 걸쳐 아시아에서의 전방전개능력으로서 10만 명 규모의 미군병력을 유지할 것을 명확히 하고, 전방전개능력의 유지와 운용을 위해 미일간의 긴밀한 협력과 미일동맹의 역할을 아시아 태평양지역으로 확대시킬 것을 주장했다.

3. 미일 공동선언과 신가이드라인

중국에 의한 1996년 3월 대만총통 직접선거를 전후로 한 일련의 미사일발사연습 및 군사합동연습은 일본으로 하여금 '중국위협론'를 깨우쳐 주고 미일 안보협력을 강화시키는 결정적 계기가 되었다.[9] 중국은 7월 하순의 핵실험을 끝으로 포괄적 핵실험금지조약(CTBT) 조인의 자세를 표명하며 핵실험 정지를 선언했다.

1996년 4월 방일한 클린턴 미대통령과 하시모토(橋本)수상과의 정상회담을 통해 '미일 안전보장 공동선언'에 합의했다. 미일동맹의 '확인'과 '재정의'라는 냉전 후의 미일안보조약의 의의를 설정한 이 공동선언은 냉전기에도 좀처럼 사용하길 꺼리던 동맹이란 단어를 명백히 사용했으며, 아태지역의 평화와 안정을 위해서는 주일미군의 전진배치와 일본의 적절한 지원이 긴요하다는 점을 재확인했다. 또한 동 공동선언은 일본방위를 위해 가장 효율적인 틀은 자위대의 적절한 방위능력과 미일 안보체제의 결합이며, 미일 안보조약

9) 중국은 동 군사연습이 주권의 범위 안에서 일어난 것이라며 1996년 6월 또다시 핵실험을 실시했다. 일본은 무상원조 동결 지속을 통고했으며 연립내각의 정부 여당 내에서도 엔차관 협력 동결 압력이 거세졌다.

에 근거한 미국의 억지력은 일본의 안전보장에 긴요함을 선언한 것이었다. 동아시아에서의 약 10만 명의 전방전개능력의 유지와 미일간의 안보협의의 강화, '미일 방위협력지침'의 개정 등을 확인했다.

1997년 9월에 개정된 미일 '신 방위협력 지침'은 상기 공동선언이 설정한 원칙을 구체화한 것이다. '신 방위협력 지침'은 '평시', '직접 무력공격', 일본의 안전을 위협할 수 있는 '주변사태' 등 세 가지 경우를 상정했다.[10] 국내외의 주된 관심은 '주변사태'에 관한 정의와 구체적인 행동계획에 쏠렸다. '주변사태'에 대한 대응으로서 미일 정부는 주체적으로 수색구조 작전이나 경제제재 시행과 관련한 선박검문을 할 수 있고, 무엇보다도 '시설의 사용' 및 '후방지역지원'으로 분류한 '미군의 활동에 대한 일본의 지원'을 구체적으로 명기했다.[11] 즉, 주변 유사시에 양국은 '미일 각자 주체적으로 할 수 있는 활동', '미군의 활동에 대한 일본의 지원' 및 '운용 면에서의 미일 협력' 등 세 분야에서의 40여 항목의 협력내용을 규정했다.[12]

1999년 5월 일본 정부는 신가이드라인의 실효성을 확보하고자 주변사태 제 법안을 통과시켰다. 이 법안에는 '주변사태 안전확보법', '자위대법 개정안', '가이드라인 관련법안'이 포함되었다. '주변사태 안전확보법'에서는 미군에 대한 '후방지역 지원' 및 '후방지역 수색구조 활동'이 규정되었다. '후방지역 지원'이란 주변사태

10) 구체적인 세부내용은 (小林秀之＊西沢優, 1999 : 7-95).

11) 미군에게는 자위대 시설 및 민간공항항만 등의 사용이 허용되고, 자위대는 미군의 활동에 대한 후방지원으로서 보급, 수송, 정비, 위생, 경비, 통신의 활동이 가능하게 되어 행동반경이 넓어짐.

12) 가이드라인에 대한 다면적인 평가는 다음 책 참조(北岡伸一, 1999 : 25-26).

시 미군에 대해 후방지역의 보급, 수송, 정비, 의료 등 물품과 역무 제공 및 편의제공을 말하며, '후방지역 수색구조활동'이란 주변 유사시 조난한 병사의 수색구조 활동을 후방지역에서 자위대가 실시하는 것을 말한다.

미국에서도 1999년 12월 클린턴 정부가 공표한 '국가안전보장전략'에서, 미일동맹이 '아시아 태평양지역에서의 평화와 번영을 유지하기 위한 초석'으로 정의했다. 이처럼, 냉전 후의 미일 안보는 동아시아지역의 불안정한 상황에 따라 전방전개전력으로서 미군의 주둔 유지의 필요성을 역설하고, 미일동맹을 2국간 관계의 동맹구조에서 동아시아 지역의 안정과 분쟁방지의 협력 틀로서 재평가했다.

4. 미국의 반테러 전쟁에의 협력

2001년 1월 미국 공화당의 조지 부시 정권의 탄생과 동년 9월 11일의 뉴욕과 워싱턴에서의 동시다발 테러의 발생은 지금까지의 전통적 안보 개념을 근본적으로 뒤흔들었다. 9.11 테러에 경악한 부시 미대통령은 즉각 반테러전쟁을 선포하고, 일본을 비롯한 전통적 우방 국가들에게 반테러전쟁에의 참가를 요청했다.

일본의 고이즈미 수상은 가능한 범위 내에서 최대한의 협력을 약속했고, 당면조치로서 의료, 수송, 보급 등 후방지원을 행하기 위한 자위대 파견과 정보 수집을 위한 자위대 함정의 파견 등 7항목의 지원책을 발표했다. 일본정부는 10월 29일 대테러대책특별조치법을 가결시키며, 해상자위대의 보급함을 인도양에 파견시켜 미영 군함의 연료보급을 실시했다. 전투중의 미군에 자위대가 지원한 것은 이것이 처음이었다. 일본정부는 1991년의 걸프전의 실패로부터 탈피하여 유사시 미국에게 '얼굴이 보이는 지원'으로 정책전환을 함으로써, 미일동맹이 새로운 차원으로 진전되었다. 하지만, 이러한 자위대 해외파병은 군대를 가질 수 없고 전쟁을 못하도록 규정된 일본의 전후 평화헌법의 규정에 위반하는 성격을 지니므로 한국, 중국 등 동아시아 각국에게 일본 재무장에 대한 우려를 심화시켰다.

4년 마다 공표되는 부시정권의 2001년 최초의 『4년 주기 국방검토보고서』(QDR)은 테러 같은 비대칭위협에 대한 미 본토방위를 중시하고 동아시아지역의 불안정성을 강조했다(Harding, 2003 : 43-56). 이는 테러전 수행에서의 책임분담의 중요성을 의미했다. 2002년 일본정부는 자위대의 대미 지원협력활동 기간을 연장하고, 해상자위대 이지스함의 인도양 파견을 결정했다. 2003년 3월 대량파괴무기의 확산을 우려한 미국은 이라크 공격을 감행했다. 미국의 단독주의 행동에 국제여론이 양분되는 속에서 고이즈미 정권은 미국을 지지했고, 전쟁종결이 선언된 5월 이후 이라크 부흥지원에 자위대의 파견을 약속하고, 이라크 부흥지원 특별조치법을 성사시켰다. 유엔 주도의 평화유지활동(PKO)이 아닌 미군 주도의 다국적군 지원이라는 점과 사실상의 전쟁 상황이 계속되는 지역에의 자위대 파병은 미일동맹의 강화를 상징했다. 2000년 10월 부시 정부의 국무성 부장관에 취임한 아미티지는 '미국과 일본-성숙한 파트너십을 향해' 라는 정책제언 보고서(아미티지 리포트)에서, 미일 안보관계가 진짜로 돈독해지면 아시아에서 분쟁 발발 가능성은 현저히 줄어든다며 미일동맹을 미영동맹의 수준으로까지 발전시킬 필요성을 주장했다(『世界週報』2001.1.30 : 68－72 ; Ikenberry, 2002 : 47).

일본정부는 미일동맹을 강화하는 형태의 일련의 자위대법 개정과 더불어 일본본토의 유사시를 상정하는 유사법제를 2003년 6월에 제정했다. 또한, 2004년도 12월에 발표된 방위계획대강 제2차 개정에서는 일본은 미일동맹을 강화하고자 하는 보다 구체적인 세 가지 중요한 안전보장 내용을 담고 있다. 즉, 국제적 안전보장, 실효적 안전보장, 통합적 안전보장 및 국제적 안전보장이 그것이다. 실효적 안전보장은 육상, 해상, 항공으로 구성된 일본 자위대가 보다 실효적이고도 탄력적, 기능적으로 재편되고 강화되어야함을 천명한 것이고, 통합적 안전보장이란 국제사회, 주일미군 및 자위대가 보다 유기적 통합적으로 행동할 것임을 천명한 것이다. 국제적 안전보장은 동아시아 이외 지역에서도 국제평화와 일본안전에 중요하다면 일본이 적극적으로 관여할 수 있음을 의미했다. 또한 중국이 일본에게 '위협'임을 구체적으로 명기했다.

Ⅳ. 일본외교에서의 중일관계의 전환

1. '중일 특수론'의 약화

1972년 9월 다나카 내각기에 중일관계가 정상화된 이후 양국 간에는 정치외교적 특수성과 지정학적 인접성, 역사문화적 동질성 등으로 인해 일본 국내에서 '중일 특수론'은 중일 정치경제관계의 긴밀화, 대중원조의 복수년도 총액결정으로 발전했다. 또한 천안문

사건 직후는 물론이고 무라야마 내각기인 1995년도까지 이러한 '중일 특수론'은 일본의 외교안보정책에 중요한 영향요인으로 기능했다.[13] 일본정부 내에서 다수의견을 차지한 '중일 특수론'은 과거를 보아서나 인국에 대한 예의에서 거센 비난은 자제해야 되며, 미국과 같은 입장은 취할 수 없다고 주장하는 내용이었다.[14]

하지만, 1990년대 전반 중국의 거듭된 핵실험과 군사비 증대 및 눈부신 경제성장으로 인해 일본정부 내에서 '중일 특수론'은 크게 약화된다. 중국이 10%를 상회하는 눈부신 성장을 배경으로 방위비를 급증시키고 핵실험을 강행함으로써 미국을 중심으로 '중국위협론'(小島朋之, 1993) [15]이 대두되었다.

2005년도 중국의 공식적 군사비는 약 300억 달러에 이르렀다. 이는 일본의 2005년도 방위비 예산 약 450억 달러에 미치지는 못하지만 미 국무성 특별라인의 분석에 의하면 비공식 잠정 방위비는 600억 달러에서 900억 달러에 이르렀다. 무엇보다 방위비의 증가율이 매년 14-15%에 달했다. 중국 방위비의 급증은 중국의 경제성장률 8-10%를 상회하는 속도여서 미국과 일본의 우려를 초래했다.

---

13) '중일 특수관계'론의 반대축으로 기능한 것이 '서구협조론'으로, 서구 선진국과 보조를 맞추어 적극적으로 대중제재에 나서야 한다는 주장이었다. 우노내각은 89년 7월 목전에 다가온 G7 파리정상회담 및 미일관계를 고려하여 외무성 주도하에 엔차관 동결조치를 취한다(『日本経済新聞』1989. 6. 21).

14) 당시 자민당의 가키자와 외교조사회장, 경제동우회의 이시하라 대표간사, 공산당의 가네꼬 간사장 및 노조인 '렌고' 지도자들이 중심이 되었다(渡辺昭夫, 1993 : 12).

15) 다나카는 '중국위협론'에 대응하는 일본의 대중방책으로서 리얼리즘적 관점에서의 방책 (군사강국화의 저지, 불안정화의 저지)과 리베를리즘적 관점에서의 방책 (경제발전의 촉진, 정치체제의 개방화, 다국간 국제제도에로 유도)등을 제언(田中明彦, 1994).

국방비의 증액으로 신형 전투기와 미사일, 고성능 첨단무기가 강화되었고 핵잠수함의 건조, 항공모함의 건조계획까지 수립한 상황이다.

탈냉전기의 중국의 경제성장은 놀라운 것이었다. 1980년의 국내총생산(GDP)은 3천억 달러에 불과했지만, 2005년에는 약 2조 2천억 달러에 이르렀다. 중국 무역량 역시 2005년도엔 1조 4,200억 달러 (전년 대비 27% 증가) 이상이 되었고 2005년엔 일본의 중국 및 홍콩에 대한 합계 수출액은 128,000억 엔으로서 거의 미국 수출액에 필적했다.[16]

냉전 후의 불안정한 동아시아의 국제관계가 미중일의 대국간 관계로 재편성되면서 중일 양국은 상호의 필요성에 의해 협력을 강화시켰지만, 중국의 빈번한 핵실험 강행과 군비증강으로 인해 양국의 갈등도 94년경부터 표면화되기 시작했다. 일본정부는 중국의 군비증강과 핵실험에 대해 우려를 표명하고 자제를 요청하기에 이르렀다. 일본정부는 중국의 핵실험에 대단히 민감했다. 1993년 10월의 핵실험에는 호소카와 내각의 하다 외상이 그리고 94년 6월의 핵실험에는 하다내각의 가키자와 외상이 각각 공식적으로 항의했으며 94년 3월에 중국을 방문한 호소카와 수상도 핵실험의 자제를 요청했다.

1995년 5월과 8월에까지 중국이 핵실험을 거듭하자 일본정부는 무상원조의 동결[17]을 결정했으며, 중국도 일본의 불충분하고 잘못

16) 外務省, 「最近の中国情勢と日中関係」 http://www.mofa.go.jp/mofaj/area/china/kankei_02.html (검색일 : 2007.10.25). 미국 22.5%, 중국+홍콩 19.7%), 수입액에 있어서는 중국이 단독으로 21%를 차지하여 미국의 12.4%를 능가했다.

된 역사인식과 무상원조동결에 대한 비판을 멈추지 않았다. 일본의 열악한 역사인식 비판과 중국의 핵실험 강행에 대한 비판이 악순환되면서 양국관계는 악화되었다. 중국은 입장표명을 유보하고 있었던 일본의 유엔안보리 상임이사국지위문제에 반대하는 논조를 펴기 시작했고 1990년대 초반 가이후 내각(海部內閣)이 천명했던 동아시아의 전후 특수관계로서의 '세계 속의 중일관계'는 결정적 위기에 봉착했다.

1996년 이후 급속도로 진전된 미일 안보협력관계의 강화는 핵실험, 대만문제, 센카쿠 열도문제 등과 함께 중일관계를 긴장시키는 역할을 했다. 중국은 미중 대립이 구조화되어 있고 중일관계가 순탄치 않은 가운데 진행된 미일 방위협력지침의 개정을 미일에 의한 사실상의 중국 봉쇄정책으로 간주하고 민감하게 반응했다. 중국은 미일동맹의 존재가 일본의 군사대국화 및 핵무장을 막아주는 역할을 일부분 수행한다고 인식하면서 미일동맹이 아태지역에 있어서 미국의 군사적 전개를 지원하는 최대의 골격이며 일본의 정치적, 군사적 입장을 강화시켜 주는 장치라는 점을 우려했다.[18)]

1997년경부터 중일관계를 호전시키고자 하는 일본정부의 노력이 병행되어, 1997년 3월 대중 무상원조의 재개를 결정했으며 외무성과 방위청의 실무당국자들이 중국을 방문하여 방위협력지침 개정의 중간내용을 설명했다. 1996년의 위기상황을 거치면서 협조적

---

17) 무라야마(村山) 내각의 무상원조 동결결정은 ODA대강 및 중일관계 전반을 종합적으로 판단한 결과임을 밝힘.

18) 중국은 96년에 두 가지의 중요한 외교노선 전환을 모색한 바, 소극적이었던 아시아지역안보포럼(ARF)에의 적극적인 참여와 러시아와 관계를 개선하여 '전략적 파트너십'을 선언함.

경쟁관계의 다각적 구축에 몰입했던 일본은 중일관계를 경제적으론 상호의존성을 증대시키면서도 외교적으로는 선택적 협조와 경쟁이라는 보통관계로 환원코자 했다(五百旗頭眞, 1999 : 32-33). 동아시아 지역에서 1997년경부터 확대된 협조적 경쟁의 다각적 구축은 중일관계의 개선을 도모할 수 있는 절호의 기회를 제공했다.

1998년 11월의 장쩌민 국가주석의 일본 공식방문은 이런 상황 속에서 이루어졌다. 이 정상회담에서는 '중일 공동선언'을 채택하여 '평화와 발전을 위한 우호협력 파트너십'의 구축에 합의한 반면, 역사인식문제를 중심으로 양국 간의 의견 상충이 극명해진 점도 분명했다. 일본정부는 과거사 사죄의 공동선언 명기를 원하는 중국의 요구를 거부했으며 대만문제에 있어서도 미 정부와 같은 명확한 '삼불정책' 을 약속하지는 않았다. 장쩌민 국가주석은 방문기간 중 내내 역사문제를 거론하면서 불편한 심기를 감추지 않았다. 장쩌민 국가주석의 방일을 통해 양국은 우호협력 파트너십을 선언하면서도, 역사인식문제로 인해 본격적인 관계개선의 실현은 고사하고 쌍방 간의 감정만 악화시킨 결과를 초래했다.

이후 중일 간에는 협조와 경쟁을 반복하는 양상을 띠었다. 정치적으로는 대립하면서도 경제적 상호의존성은 높이는 보통의 관계를 유지한 것이다. 중국은 장쩌민의 방일 이후 '신방위협력 지침' 관련 법안들의 통과를 비롯한 일본의 일련의 보수화 경향에도 불구하고 대일비판을 자제했으며, 일본은 1999년 7월의 오부치(小渕) 수상의 중국방문을 통해 중일관계의 개선을 시도했다.

2. 중일 '72년 체제'의 전환

일본정치시스템은 1993년의 비자민 연립정권의 등장과 1994년 중의원 선거제도를 중선거구제에서 소선거구 비례대표병립제로 전환한 이후 '55년 체제'를 종결하고 이후 21세기 들어 '2003년 체제'적 속성을 강하게 띤다. 1993년 7월 자민당의 분열과 붕괴로 비자민 연립정권이 등장했고, 중선거구제에서 소선거구 비례대표병립제로의 선거제도의 변경에 따른 세 번의 총선거와 연립내각의 다양한 정치과정을 통해 2003년 및 2004년도 시점에서 일본정치시스템은 뚜렷한 변화의 특징을 보였다. 2003년도 말의 중의원선거와 2004년도 여름 참의원선거 이후 여야 간 대립축이 이념 중심에서 정책 중심으로의 이행, 자민당 우위의 다당제에서 자민-민주 중심의 2와 1/3정당제로의 점진적 수렴, 자민당 우위의 연립내각 구도, 소선거구 비례대표병립제로의 전환이 실현된 상황이다.

<표1> '55년 체제'와 '2003년 체제'의 비교

쟁점 \ 일본정치	'55년 체제'	'2003년 체제'
정치노선	보수본류	신보수본류
평화헌법	유지	개헌
미일동맹	미일안보조약 유지	미일동맹 강화
방위정책	기반적 방위력 (전수방위)	실효적 방위력 (통합적 안전보장)
외교정책	경제외교 중심	안보리 상임위 외교
중일관계	전후적 '특수관계' ('72년 체제')	탈전후적 '보통관계' ('72년 체제'의 전환)

일본정치가 '2003년 체제'로 재편됨에 따라 자민당 우위의 연립내각은 신보수본류의 다수세력이 형성되어, 개헌 지향, 미일동맹 강화, 실효적 방위력, 안보리 상임위 지향외교의 새로운 정책노선으로 전환되는 양상을 띤다. <표1>에서 나타나듯이, 일본정치의 '2003년 체제'에서는 미일동맹이 강화된 반면, 중일관계는 전후적 특수관계에서 탈전후적 '보통관계'라는 '72년 체제'(손기섭, 2004 : 94-96 ; 国分良成, 2001)[19]의 전환이 명백해졌다.

한편, 1998년 '장쩌민 방일' 이후 경제적 협력과 외교적 견제를 반복하면서 선택적 협조와 경쟁의 미묘한 균형을 유지하던 중일관계가, 고이즈미 수상의 계속된 야스쿠니신사 참배를 계기로 급속히 악화되었다. 중국은 고이즈미 내각의 역사인식의 미흡에다 2003년 여름경부터 구 일본군 독가스사고에서부터 2004년도 센카쿠열도 영유권분쟁까지 발생하여 대일여론 악화를 무시할 수 없게 되었다. 2005년도에는 동중국해 해양자원 조사문제의 갈등을 비롯하여 교과서 왜곡문제, 야스쿠니신사 참배문제, 일본의 유엔안보리 진출문제까지 겹치고, 중국에서 대규모 반일시위가 중국 전역에서 동시다발적 발생함에 따라 중일관계는 '72년 체제' 하에서는 상상키 어려운 심각한 국면을 맞게 되었다. 중일간의 다양하고도 복합적인 갈등의 증폭은, 이제 더 이상 중일관계가 '72년 체제'의 안정된 제도적 틀 안에 머물고 있지 않음을 입증했다.

---

19) 중일관계의 '72년 체제'란 1972년 다나카내각과 마오쩌뚱 · 저우언라이 정권이 국교정상화에 합의하여 작성한 중일 공동성명과 후쿠다내각기 때 덩샤오핑 · 화궈펑 정권과 합의한 중일 평화우호조약을 두 축으로 하여 성립되어 정치외교의 정상화, 경제교류의 긴밀화, 미중일 외교안보 제휴로 발전한 중일관계의 기본틀을 의미한다.

고이즈미의 야스쿠니신사 참배를 위시해서 해양자원조사 마찰, 교과서왜곡 마찰, 엔차관협력 중단론 등 다양한 갈등적 쟁점이 동시다발적으로 표출되었다. 첫째, 고이즈미 수상의 야스쿠니신사 참배에 대한 중국의 불만과 반일시위 격화에 대한 일본정부의 불만이 상호 대립되었다. 야스쿠니 참배문제가 중일관계의 개선을 가로막는 최대 장애물로서 2005년 4월 중국 국내의 심각한 반일시위에 봉착했다. 고이즈미는 재임 중에 한국과 중국의 거센 비판에도 불구하고 매년 한 번씩 참배했다. 중국정부는 후진타오 국가주석 및 리자오싱 외상, 원자바오 총리가 직접 나서서 공개적으로 고이즈미 일본수상의 야스쿠니신사 참배중지를 요구했으며, 반일시위 격화의 원인이 일본에 있다고 비판했다. 일본정부는 북한 핵문제에 대한 공조와 중국 고속철도의 신칸센 수주와 관련해 중국과 관계개선을 도모해야 하는 형편이었으나, 일본정부도 반일데모로 입은 피해보상과 사과를 요구하고, 2008년도를 시한으로 대중 엔차관 협력의 중단을 통보했다.

둘째, 동중국해의 영토문제와 해양자원 개발을 둘러싼 중일 갈등이 격화된 바, 센카쿠열도 영유권문제와 동중국해 천연가스 발굴 갈등이다. 1978년 후쿠다 내각 때 중일 평화우호조약이 체결된 이후 잠복해 있던 센카쿠열도의 영유권 분쟁이 2004년도 경부터 현안 쟁점으로 등장하여 중대한 외교문제로 비화했다. 중일간의 영토 및 영해 영유권문제는 센카쿠열도 영유권 자체의 문제와 동중국해 해양자원조사문제의 두 문제로 나뉘어 전개되는 양상이다. 중국은 2003년 8월경부터 중일 중간수역에서 춘샤오(春曉), 단챠오(斷橋)

의 두 천연가스전을 개발 중임을 표면화시켰고, 이에 대항하여 일본정부는 동년 7월부터 동 수역 주변의 지층구조를 조사했다. 일본정부는 2005년 4월 춘샤오, 단챠오 두 천연가스전은 일본과 연결된다는 조사결과를 발표하면서, 중국측에 자료제공과 개발중지를 요구했다. 중국의 반응이 없자 경제산업성은 4월 13일 일본 민간기업이 신청한 시굴권을 인가하는 수속에 착수했으며, 실제로 2005년 7월에 '테이코쿠 세키유'(帝國石油)에 시굴권을 부여했다.[20)]

셋째, 일본의 대중 엔차관 감액과 중지를 둘러싼 갈등이다. 1979년도 오히라 내각기에 처음 결정되어 제4차 엔차관 패키지를 거쳐 현재 단년도 베이스로 제공되는 대중국 엔차관협력은 2005년 4월 17일에 열린 중일 외상회담에서, 마치무라 일본외상이 중국 리자오싱 외상에게 2008년도 북경올림픽을 끝으로 공식적으로 종결할 것을 통보했다. 2001년도 이후 대중 엔차관의 감액 및 불요론의 대두와 관련된 양국의 갈등도 깊어졌다.[21)] 2000년도 이후 일본정부는 대중 엔차관 제공과 관련하여 매년도 단위의 공여, 환경보전과 인재육성 중시, 일본 국익 중시, 대중 외교카드인 점을 분명히 했다.[22)] 대중 엔차관은 3년 연속 20%정도 감액된 바, 14년 만에 1000억엔 이하로 떨어졌으며, 일본의 대외원조 총액이 1위 인도, 2위 인도네시아에 이어 3위로 떨어진 것이다. 일본정부는 재정적자로 정부개

---

20) 일본 외무성은 중일관계의 혼란을 이유로 소극적이었지만, 수상관저는 경산성 지지의 정치결정을 내렸다.

21) 대중 엔차관원조에 대해서는 다음 서적을 참조(Orr, 1990 ; Yasutomo, 1986 ; 손기섭, 2004).

22) 일본의 ODA 전략 전체가 '국익'과 '국제공헌'과의 균형을 강조하는 가운데, 대중 엔차관 원조는 수정과 재고의 비판대에 올랐다.

발원조(ODA) 예산을 삭감하는 가운데, 급속한 경제성장을 계속한 중국에 대한 엔차관 공여 비판을 수용했던 것이다.

넷째, 일본의 유엔안보리 상임이사국 진출문제에 대한 갈등이 2005년에 증폭되었다. 일본정부는 2005년도 유엔 안보리 확대 개혁안을 G4와 연대하여 제출함으로써, 안전보장이사회의 상임이사국이 되고자 의도했지만 실패로 끝났다. 미국이 대폭적인 유엔 상임위 개혁에 소극적이고, 중국과 한국 등 동아시아 주요 각국이 반대했기 때문이다. 일본은 G4와 AU와의 연대를 통해 동아시아 지역대표성을 강조했지만, 가장 중요한 한국과 중국과의 교감이 없었다.[23]

양국 사회의 근간에는 상호 불신감도 증대되어 '중국위협론' 대 '일본 군국주의론' 갈등으로 비화하는 특성이 나타났다. 일본정부는 2004년도 12월에 발표된 '방위계획대강 제2차개정' (신방위계획대강) 및 2005년도 방위백서를 통해 중국의 경제적 급성장과 방위비 증대 및 핵능력을 북한의 핵 및 미사일 위협과 더불어 일본의 안전에 '중대한 위협'으로 작용할 수 있음을 명기했다. 일본의 2005년도 방위백서에 '중국의 위협'이 명시됨에 따라, 중국 외교부는 이것을 '완전히 근거 없는 것으로서 무책임한 행위'로 규정하며 비판했다. 한편, 고이즈미 때에 중국정부가 직접 일본 군국주의론을 펴지는 않았으나, 중국 국내의 반일감정이 일본 군국주의에 대한 비판으로 발전하는 양상을 띠었다.

23) 외무성의 니시다 외무심의관은 우다웨이 중국 외무차관과 회담하면서, 일본 개혁안에 대한 중국의 저지노력에 대해 너무 심한 네거티브 활동은 일본 국민감정을 해친다며 비판했다(『朝日新聞』2005. 8. 25).

V. 후쿠다 정권의 외교정책

2007년 9월 23일 후쿠다의 자민당 총재·총리의 승리 원인은 자민당 파벌연합의 후쿠다 지지, 아소 전 간사장에 대한 책임론, 후쿠다의 온건 리더십에 대한 기대 및 자민당 실력자정치인들의 후쿠다 지지 등이었다.[24] 후쿠다 내각은 참의원 선거 후의 전임 아베 신조 개조 내각을 이어받았다. 전체 각료 17명 중 13명이 재임되고, 각료 이동 2명[25], 신임이 2명인 '필요최소한의 교대'에 그쳤다. 이는 차기 총선을 위한 선거관리내각의 성격을 나타내며 위기에 처한 당내 갈등을 봉합하고 화합을 다진 의미가 있다.

후쿠다 수상은 조각을 끝낸 후 수상관저에서 자신의 내각을 '배수의 진 내각'[26]으로 명명하여 참의원 선거의 패배로 인한 역전된 참의원 상황 하에 11월 1일 기한의 대테러대책 특별조치법의 기한 연장을 비롯한 중대한 안건의 산적에 대한 비장감을 드러내었다. 오자와 이치로(小沢一郎) 민주당은 후쿠다 내각을 국민의 민의를 얻지 않은 불충분내각으로 규정지어 대결자세를 가속화했다.

국내정치 면에서 후쿠다 수상은 국회에서 민주당을 비롯한 제 야당과의 성의있는 대화를 약속한 '저자세 국회운영'과 '희망과 안심의 정치'를 표방했다. 이는 생활자의 정치를 표방한 것으로 개헌

---

24) 아소 전간사장은 총재선거에서 열세적인 선거상황에도 불구하고 비교적 선거에 선전(197표)한 바, 이는 젊은 국회의원들의 파벌영수들에 반발 심리와 유권자들에 친숙도 우위뿐만 아니라, 후쿠다의 야스쿠니정책과 온건한 아시아외교 추진 가능성에 대한 반발 심리에 기인했다.

25) 마치무라 외상의 관방장관 이동 및 고무라 방위상의 외상으로의 이동.

26) '한 치라도 잘못되면 자민당이 정권을 잃을 가능성이 있는 내각'이란 의미로 사용.

이나 교육기본법 등 이념에 치우친 정치에서 벗어나 국민의 고통에 다가가는 정치, 중앙과 지방 등 격차 줄이기 정치, 저출산 고령화사회에의 대비한 생활자의 정치를 표방한 것이다. 또한 투명한 정치자금법으로의 개혁과 중앙-지방 격차 줄이기, 저출산 고령화사회에서 안심을 보장하기 위한 행재정개혁 등을 천명했다.

외교정책면에서는 미일동맹과 국제협조가 일본외교의 기본임을 천명한 가운데 북한의 비핵화를 목표로 한 6자회담에서의 국제사회와의 연계, 적극적인 아시아외교 추진, 러시아와의 영토문제에서의 끈기 있는 협상 지속 등을 약속했다. 특히, 한국과는 미래지향적 신뢰관계를 강화하며, 중국과는 '전략적 호혜관계'를 확립할 것을 희망했다.[27)]

후쿠다 내각의 외교안보정책의 근간은 그 강도나 추진방법은 상이하지만, 전임 아베정권의 2006년 11월의 신전략선언인 '가치의 외교'의 추구와 '자유와 번영의 호' 외교를 추진했다. 즉, 21세기의 일본 외교안보전략으로서 미일동맹을 토대로 EU, 호주에다 인도와 중앙아시아와의 외교안보 연대 국제메커니즘을 구축하는 전략을 택하고, 동아시아 외교의 복원을 통한 '가치의 외교'를 중시한 것이다. 여기에서는 중국과 북한 같은 사회주의 국가에 대한 견제가 전제되어 있다. 후쿠다 내각은 고이즈미, 아베 시기보다는 훨씬 온건하고 유연한 동아시아외교를 시도했다. 고이즈미의 동아시아 외

27) '평화외교'로 총괄된 후쿠다의 신 외교노선은, 미일동맹과 국제협조를 토대로 북일관계의 타개, 중국과의 전략적 호혜관계, 한국과의 미래지향적 신뢰관계, 동남아와의 경제연계관계 강화를 밝힌 것이다.
http://topics.kyodo.co.jp/feature57/achives/2007/10/post_23.html(검색일 : 2007.10.25)

교는 미일동맹의 강화와 유사법제 및 자위대법의 정비 등에만 치우쳐 동아시아에 대한 진정한 배려가 부족했다. 중일관계는 야스쿠니 참배에 대한 비판이 주요인이 되어 악화일로를 걸었으며, 한일관계 또한 난관에 봉착했다. 아베 시기는 이러한 악화된 외교관계를 일정 부분 완화시켰으나 미진했고, 이데올로기적으로는 보수 강경의 외교안보정책의 범주에 머물렀다.

후쿠다 수상은 첫째, 동아시아 외교의 최대 장애요인이었던 야스쿠니신사 참배를 후쿠다는 공식적으로 하지 않겠다고 약속했다. 이는 중국과 한국을 포함한 아시아외교의 복원을 의미한다. 차제에 일본정부가 야스쿠니문제의 해결을 시도할 가능성, 즉 새로운 전몰자 추도시설의 건립이라든가 A급 전범 위패의 분리도 고려될 수 있겠지만, 위패분리는 현실적으로 불가능하며, 새로운 추도시설의 확립이 바람직하다.

둘째, 아베 정권기에 꽉 막힌 북한문제 해결에 대한 기대가 높았다. 일본의 북한문제는 국제적 공조를 통한 북한 핵문제와 미사일문제에 대한 해결과 일본인 납치문제의 해결이다. 아베 내각기는 북한문제에 있어서 강경일변도였다.[28] 이에 비하면, 후쿠다는 고이즈미 내각기의 장수 관방장관으로서, 외무성의 대북한 정책에 있어서 히라마츠(平松) 동북아과장, 다나카 히토시(田中均) 심의관, 후쿠다 관방장관, 고이즈미 수상으로 연결된 온건라인의 최고책임자였다. 이러한 대북한 온건라인의 최고 정책결실이 2002년 9월 17일의

28) 특히 납치문제에 있어 납치문제담당 장관을 임용했고, 수상 직속의 납치담당 수상보좌관을 두어 그 해결을 국민 앞에 약속하는 바람에 오히려 문제를 악화시켰다는 비판을 면키 어려웠다.

고이즈미 제1차 대북한 방문과 '평양 공동선언'으로 이어졌다. 이 점을 고려하면, 후쿠다는 대북한문제에 있어서 미일공조의 틀 속에서 때로는 북한과 비밀협상으로 납치문제의 성과를 이끌어내는 신중하면서도 실리적인 정책선택을 할 가능성이 높았다.

셋째, 한일관계 또한 고이즈미나 아베 때보다는 순항했지만 단명으로 끝났다. 노무현 정권이 끝나는 2008년 3-4월 시점을 전후하여 한일 양국정부는 획기적인 관계개선을 도모하고 한미일 공조를 강화하는 정책선택을 할 가능성이 높다. 이 점은 북한문제는 물론이고, 21세기 부상하는 중국에 대한 대응으로서의 전략적 제휴이다. '동아시아공동체론'에 대한 접근방식이나 지구적 문제의 해결 등에서 한일공조가 고양될 수 있는 정책구상도 가능하다.

넷째, 중일관계는 2007년 봄 아베-원자바오가 약속한 '전략적 호혜관계'의 틀을 유지 확대하는 선에서 점진적 관계개선이 진행되었다. 하지만, 중일 간에 동중국해 해저자원, 특히 천연가스의 개발을 두고 재충돌할 여지가 있으며 중국 해군력의 지속적 증강도 위협요인이다.

Ⅵ. 맺음말

미일동맹은 1996년도 미일 안보 공동선언 이후 매우 강화되는 양상을 거듭해왔고, 이에 따라 중일관계는 약화되고 이완되는 작용을 보였다. 즉 1990년대 중반이후 미일동맹과 중일관계는 상호 비대

칭적 역행의 방향성을 보인다. 걸프전의 결과가 대변하듯이, 90년대 전반에는 미일동맹의 의의와 역할이 유동화 되면서 일본의 미일동맹에서의 역할이 모호해졌고 이 점을 미국정부가 비판했다. 일본은 이 시기에 동아시아의 다각적 안보협력에 적극적이었다. 하지만, 중국의 핵실험과 군사비 증액 불투명성에 대한 비판을 계기로, 결국 미일 양국은 96년 이후 미일동맹을 재확인하고 강화하는 제반 정책 조치를 취했다. 미일동맹의 강화는 21세기 일본의 새로운 국가전략 구상과 국방계획에 토대를 둔 것이다. 전후에서 2007년까지의 미일동맹과 중일관계의 상관성과 변화추이를 분석하면 다음과 같다.

<표2> 미일동맹과 중일관계 상관성 추이

변수 \ 시기		1972 - 1996	1996 - 2007
미일동맹	미일 안보조약 유지 (동맹성 : 중)	미일 안보조약 발전 (동맹성 : 중)	미일 동맹 강화 (동맹성 : 강)
중일관계	국교 미수립(정경분리) (관계성 : 약)	'72년 체제' 발전 (관계성 : 강)	'72년 체제' 전환 (관계성 : 중)

일본정치는 '2003년 체제'에서 일본의 외교안보 정책노선이 중대한 전환을 이루었다. 즉, 일본은 평화헌법의 개헌, 미일동맹의 강화, 전수방위의 수정과 실효적 방위력 구상, 안보리 상임위외교 지향 등 신보수본류적 정책노선으로 전환했다. 중일관계에서는 전후적 '특수관계'인 '72년 체제'에서 탈전후적 '보통관계'로서의 '2005년

체제'의 속성을 명백히 했다. 이는 중일관계가 더 이상 70-80년대적 전후적 특수관계로서가 아니라 21세기적 일본의 '국익'의 관점에서 선택적 경쟁과 협조를 병행함을 의미한다.

2005년도 총선 이후의 대중외교도 이러한 탈전후적 보통관계로서의 중일관계를 추구했다. 고이즈미 내각은 강화된 정치주도권을 바탕으로 중일간의 상당한 정치외교적 마찰을 감수하면서도 미일동맹을 강화하고 야스쿠니신사 참배를 멈추지 않았다. 고이즈미의 정치신념은 신보수본류의 강경노선에 입각해 있었으며, 중국의 급속한 성장과 더불어 이러한 일본의 구조적 속성은 앞으로도 역사인식, 해양자원, 국방계획 등의 중일 간의 갈등적 쟁점이 쉽게 해소되지 않고 더욱 첨예하게 대립될 수 있는 여지를 남긴다. 중일관계가 더욱 악화된다면, 그 기폭제는 동중국해 천연가스 개발문제에서 비롯될 가능성이 높다. 중일 간에 해양자원을 두고, 자칫 감정적 외교전으로 비화하면, 민족주의 고조로 반일시위, 반중감정의 팽배를 몰고 올 것이며, 소규모 제한적 군사적 충돌을 배제할 수 없는 위험성이 상존한다.

2006년 후반기에 등장했던 아베 내각은 악화된 동아시아외교를 개선하고자 정권 직후에 한국과 중국을 직접 방문하여 관계개선을 시도했고, 2007년 초 원자바오 수상이 일본을 방문하여 '전략적 호혜관계'라는 합의를 이끌어 내었으나 진정한 의미의 중일관계를 복원하지는 못했다. 오히려 미일동맹을 바탕으로 인도, 호주, 중앙아시아와의 외교안보 연대 구축을 시도했다. 이는 중장기적으로는 대중국 대책의 전략적 선언의 의미가 높으며, 일본정치의 '2003년

체제'가 잉태한 중일관계 약화라는 구조적 속성을 해결하기에는 한계가 있다. 일본의 국익외교를 강조하고 애국심과 일본적 전통의 미학을 강조한 아베정권으로서는 고이즈미 외교의 밀폐성을 어느 정도 해소는 했지만 갈등의 근원은 풀 수 있는 정권역량을 가지지는 못했다.

후쿠다 정권은 '배수의 진 내각'으로서 중차대한 정책과제를 중심으로 국회에서 참의원 다수를 차지한 민주당과 씨름을 벌여야만 했던 정권이었다. 특히, 인도양 상에서 미 전함에 해상자위대에 의한 급유활동을 지속하기 위한 '대테러대책 특별조치법'의 연장은 실패하여 신법을 상정하여 겨우 통과시켰다. 야당 민주당이 참의원에서 다수를 차지한 상황에서 후쿠다정권의 외교안보정책에 협조해줄 가능성은 희박했다. 후쿠다 내각의 동아시아외교가 전임인 고이즈미, 아베 외교보다는 희망적이었지만 이는 후쿠다 내각의 정권기반이 돈독할 때에만 가능한 것이었다.

참고문헌

손기섭. 2004. 「중일 정치경제관계에서의 '72년 체제'의 발전과 전환」『일본연구논총』제19호, 여름호, 현대일본학회.

______. 2004. 「일본의 대중 정부간 경제협력의 정책결정」서울대 국제학연구소 『국제 · 지역연구』제13권 제3호 (가을호).

조양현. 2007. 「일본의 외교정책」『현대 외교정책론』.명인문화사.

진창수 · 백학순 편. 1999. 『북한문제의 국제적 쟁점』.세종연구소.

安倍晋三. 2006. 「美しい国へ」. 文芸春秋.

安藤正士・小竹一彰編. 1994.『原典中國現代史 日中關係』岩波書店.

五百旗頭眞. 1999.『戦後日本外交史』有斐閣アルマ.

五十嵐武士.1999.『日米関係と東アジアー歴史的文脈と未来の構想』東京大学出版会.

內田健三. 1969.『戰後日本の保守政治』岩波書店

外務省アジア局中國課監修.1970.『日中關係基本資料集 1949ー1969年』霞山會.

北岡伸一. 1999.「日本の安全保障 - 冷戦後10年の地点から」『外交フォーラム』1999年特別編「21世紀の安全保障-帰路に立つ日本外交」.

国分良成. 2001.「冷戦終結後の日中関係ー72年体制の転換」『国際問題』No.490.

小島朋之. 1993.「高速度發展の中の中国脅威論」『東亞』No.310.

_______________, 2007.「動き始めた日中関係」外務省『GAIKO FORUM』2007.1.

鈴木米勝. 2007.「新戦略宣言'自由と繁栄の弧'考」『GAIKO FORUM』2007.4.

添谷芳秀. 1997. 「1970年の米中関係と日本外交」日本政治学会編『危機の日本外交ー70年 代』岩波書店.

______________. 1995。『日本外交と中國』慶應通信

田中明彦. 1991.『日中関係 1945ー1990』東京大学出版会.

______________. 1994.「東アジア国際政治と対中政策」『東亜』No.319.

廣島平和研究所編. 1983.『日本外交主要文書年表 第1巻 1941ー1960』原書房.

藤本一美・淺野一弘. 1994.『日米首脳會談と政治過程』龍溪書舍.

別枝幸夫, 1988.「日中国交正常化の政治過程」日本国際政治学会編『国際政治：変動期における東アジアと日本ーその史的考察』第66号.

防衛廳. 1997.『日本の防衛』平成9年版.

山口二郎. 2000.『危機の日本政治』岩波書店.

渡辺昭夫. 1993.「国際情勢変動期における日本の外交政策の決定過程 ー天安門事件後の中国と湾岸戦争のケース・スタディー」日本国際問題研究所編『1990年代における日本の戦略的課題』pp.19-30.

_____________. 1998.「日米安全保障関係の新展開」『国際問題』No.456.

Harry Harding, 2003. "Asia in American Grand Strategy : The Quadrennial Defense Review and the National Security," Robert M. Hathaway and Wilson Lee, eds., *George W. Bush and Asia : A Midterm Assessment* (Washington D. C. : Woodrow Wilson International Center for Scholars.

Ikenberry, G. John. 2002. America's Liberal Grand Strategy in the Asia-Pacific, Takashi Inoguchi, ed., *Japan's Asian Policy: Revival and Response.* N.Y. Palgrave Macmillan.

Orr, Robert M.,1990. *The Emergence of Japan's Foreign Aid Power*, N,Y., Oxford : Columbia University Press.

Pharr, Susan J. 1993. Japan's Defensive Foreign Policy and the Politics of Burden Sharing, Gerald L. Curtis, ed., *Japan's Foreign Policy - After the Cold War Coping with Change* - M. E. Sharpe.

Vogel, Ezra F.,Yuan Ming and Tanaka Akihiko, 2002. *The Golden Age of the U.S.-China-Japan Triangle 1972-1989,* Cambridge and London : Harvard University Asia Center

Yasutomo, Dennis T. 1986. *The Manner of Giving : Strategic Aid and Japanese Foreign Policy*, D.C. Health and Company